越境する都市と
ガバナンス

似田貝香門・矢澤澄子・吉原直樹 編著

法政大学出版局

はじめに

　グローバル化の進展とともに，越境する都市，社会（societies）を越える都市のありようがさまざまな議論を呼んでいる．都市の存立基盤が大きくゆらぎ，国民国家の枠を超えたところで都市のあり方が問われるようになっている．

　社会の望楼として，まさに国民国家の結節点としてあった都市は，いまや異なる諸主体，異なる諸階層が交差し，交感し，交流する共存的世界を招来している．そして，各所で脱統合と多重な分水嶺がキーワードとなるような多様な生活世界をはぐくんでいる．

　そうしたなかで，これまで社会学の展開とともにあったコミュニティとかリージョンとかネットワークといったタームは，現実の都市社会の動向にあわせて変容し，今後の社会構想と関わらせて用いられるようになっている．コミュニティ論の再定式化，場所論の再審が各方面で重要な課題として浮上している．都市に対する社会学的分析と認識もまた「移動性」や「異質性」を中心として，それらが縦横につながり合う理論的・経験的地平において刷新の方向がもとめられている．

　〈グローバル〉と〈ローカル〉が共振して創り出される都市の生活世界は，「複数性」を帯びた多重チャンネルとして立ち現われている．相互に関連のあるネットワークとフローが集散し，合体し，連接し，分解する空間の集合を生み出し，新たな場所のナラティブ（言説，語り）が，さまざまな文脈において再帰性をもって形づくられている．まさに厚みのある共存的な相互作用を特徴とする近接性や親密性と，とめどなくフローし，身体的，仮想的，想像的にいくつもの境界を超えて広がるウェブとネットワークの連鎖が重合

することによって，新たな境界と多様な場所が成立し，問題が生起し，行為やできごとが可能になっているのである。

　本書は，こうした状況——越境と共存的世界——をトータルに見据えながら，それらの世界を構成する具体的な「もの，こと，ひと」の現場に降り立って，変動期の複雑化した社会事象を理論的・経験的に把握しようと企画された。

　そのために社会学的方法論の原点を問い，今日，社会学的知のフロンティアに位置する公共性（公共圏），サステイナビリティ，ガバナンス，ジェンダー，シティズンシップなどの内実に分け入ろうとするものである。あわせて，都市の可能性を「上から」と「下から」，「外から」と「内から」など多面的な視点からみきわめようとした。それにより，21世紀世界における都市創造の方向とトランスナショナルに越境して再秩序化に向かう「グローバルな市民社会」への展望を拓こうとするものである。

　以上のような趣旨のもとに編まれた本書を，研究者，学生・院生，自治体関係者のみならず，変化してやまない都市生活や都市のゆくえに関心を抱く，多くの読者に届けることがきれば幸いである。

編　　者

目 次

はじめに　iii

序　章　越境と共存的世界 ─────── I
新たなる社会の尖端的現象の把握について

1. 変動期の複雑化した社会事象の把握　I
2. 新たなる行為の出現　6
3. 紛れもなく生起した社会問題　23
   ──新たなる社会の尖端的現象把握について
4. グローバリゼーションと民主的ガバナンス　28

第I部　都市空間の変容とローカリティの形成 ─── 33

第1章　グローバリゼーションと都市空間の再編 ─── 35
複数化していく経路への視点

1. グローバリゼーションと都市　35
2. 失速する「世界都市」　38
3. グローバリゼーションがもたらすローカルな変動　41
4. 再帰的なグローバリゼーションの先へ　48

第2章　成長管理からサステイナブル・シティへ ─── 59

1. 都市とサステイナビリティ　59
2. スプロール状郊外開発とアメリカの成長管理　62

v

  3 新たな都市像を模索するサステイナブル・シティ論 71
  4 転換期にある日本の都市成長管理 79

第3章 コミュニティ・リ・デザインとネットワーク ———— 87
  1 都市化の進展と地域共同体の崩壊 87
  2 都市問題と都市計画——行政による都市の管理 91
  3 住民参加から市民活動のネットワークへ 97
  4 コミュニティのリ・デザイン 103

第Ⅱ部 都市の共存的世界とガバナンス ———————————— 113

第4章 グローバル化と個人化のなかの
     ソーシャル・ガバナンス ———————————— 115
  1 2つのグローバル化 115
  2 2つの個人化 119
  3 福祉国家への影響とソーシャル・ガバナンス 124
  4 ソーシャル・ガバナンスにおけるグローバルとローカル 134

第5章 都市の親密圏／公共圏とケアの危機 ———————— 141
  1 「ケアの危機」をめぐる課題——ケアと親密圏／公共圏 141
  2 都市生活におけるケア・ニーズと
    親密圏／公共圏としてのケアの場 146
  3 戦後日本の都市家族の変容と「ケアの危機」 153
  4 介護の社会化とケア労働者の困難 156

第6章 「居住収縮」現象と社会的実践としてのまちづくり — 169
    コモンズ化による地域共同経営のレジーム
  1 住宅政策の転換と「居住収縮」現象 169
  2 事業対応型まちづくりの限界と「反まちづくり的構造」 173

 3 社会的実践としてのまちづくりと現代的コモンズ 178
 4 事業制度の自己収縮と制度の転移的な再帰性 183

第7章　「複数化」する都市のセルフ・ガバナンス ── 189
 1 都市社会におけるセルフ・ガバナンスの可能性 189
 2 セルフ・ガバナンスの展開と質量──北海道を事例に 193
 3 都市と／のセルフ・ガバナンスの複数化 198
 4 生命圏（Bioregion）のほうへ 204

終　章　「グローバルな市民社会」と場所のナラティブ ── 209
 1 「社会」の再審のために 209
 2 グローバル・シティズンシップと「グローバルな市民社会」 210
 3 グローバルなもののローカルな展開 216
 4 場所のナラティブとコミュニティの再定式化 224

あとがき 235
事項索引 237
人名索引 243
執筆者紹介

序 章
越境と共存的世界
新たなる社会の尖端的現象の把握について

> 「これまでの唯物論(フォイエルバッハを含めて)の主要な誤りは,対象,現実,感性が客体あるいは直観の形式のもとでのみ把握され,感性的－人間的活動,実践として主体的に把握されてこなかったということである」(『経済学・哲学手稿』の Feuerbach のテーゼ)

1 変動期の複雑化した社会事象の把握

1) 生起する社会事象の関心領域

　従来,社会科学の理論的な通説においては,一般に,社会形成は構造と変動のたゆまない連続の内にあると考えられてきた。しかし,いまや社会現象はさまざまな複雑性のもとに,多様なできごととして現われることが認識されてきた。このことは,社会現象のなかでの社会形成が,たんに構造に対する変動という従来のような二分法的な扱いでは済まされないテーマを提起している。

　社会の構造メカニズムは,一見,確実的,平衡的,安定的と考えられている。しかし,複雑化や多様化した要因のただ中での,社会形成の〈構造化〉のメカニズムを把握しようとするとそう単純ではない。

　構造化のメカニズムは,反復されるできごとという既存の要素関係にとって成り立つ構造の安定性のメカニズムと,同時に,非確実的,非平衡的,非安定的状況として,そのつどそのつど現出(emergent)する,一時的,具体的,かつ局所的に生起するできごとたる,次なる社会形成の潜在的(可能的)メカニズム,とが併存している。複雑化した社会の構造形成についてこの点に着目することは,大切である。

繰り返されるできごとではなく，個別的，特異的に生起するできごとは，新たなる社会形成にとって，いかなる意味を有するのか。そしてこのできごとに関わる主体にとって，それはどのような意味をもつのか。こうしたできごとは，マクロからみれば非平衡的・非安定的・非確実的であるが，ミクロからみれば，新たな「意味」の生起の潜在的可能性のある事象である。そしてこのような「意味」の生起は，現実性と可能性の架橋となる。

　「意味」とは，人間が現象のなかから注意力を集中して何かを選び出した当の対象，と考えられる。つまり，人間が関わる多く事柄，多くのできごとから，人間が，社会が，ひとつに絞って選び出す可能性の対象を指し示す。

　この点から，「意味」が現実性と可能性を架橋していることを考えてみよう。先に述べたように，何かが現われる，ということに主体が関わることができれば，そしてそのできごとが，制度や社会の構造として再構成されるならば，それは現実性を指し示すことになる。「意味」とはこうして，現実性と潜在的可能性とのあいだの差異である。つまり，「意味」は現実性と可能性を架橋している，といえる[1]。

　「意味」が生起するとはどのようなことであろうか。「意味」の進化とはどのようなことであろうか。現実世界が複雑であるとするなら，人間や社会は存続していくことが困難であろう。現実社会を構成するあらゆる要素は安定的なユニットでない。人間にとってつねに普段に生起するできごとをひとつひとつ「意味」づけることは困難である。多くのできごとから，人間が，社会が，ひとつに絞って選び出す可能性の対象を指し示すということは，実は，これらのできごと（要素）が非安定性・不確実性にもっぱら基礎づけられている，ということにほかならない。

　ある「意味」の存続，そして解体・崩壊と，また新たな「意味」の構築と

1）現実性と可能性のあいだの架橋は，このようにつねにわれわれの生きている状況において常態化している。現象学は，「意味」を「可能性に包囲された現実性」としてとらえる。しかし，それはそれを見いだす主体の存在が不可欠である。これらのことを記述する際，後に述べる〈越境的ダイナミズム〉，〈隙間〉，〈組み込み agencement〉などの概念としてのフレームが必要である。

いう「意味」の進化は，現実世界でつぎつぎと生起するできごとの，継続的な消滅を不可欠の条件としている。「意味」を与えるとは，確定的ではあるが非安定的な現実性と，非確実的であるが安定的な潜在可能性という事態に，交互に集中力を組織化したもの，ということができよう。現実性と潜在的可能性とは，人間や社会の「意味」という問題にとっては，非確実性と非安定性のただ中に置かれている問題群であるということができる。「複雑性」というのは，ここからいいかえれば，現実世界が，確実性と安定性のただ中で構成されているだけでなく，非確実的な安定性と確実的な非安定性という，正反対のテーマによって構成されているといえよう。

つまりこの見方は，複雑に見える多様なできごとのなかに，全体の社会秩序に対して，非確実的，非平衡的，非安定的状況ではあるが，人の次なる共存的世界のあり方，つまり新しい社会形成に向けての構造化が垣間みえる，ということを問うことにほかならない。

別言すれば，新しい行為の出現というミクロ次元から，それを自己準拠のプロセスの起源として，制度・構造へ〈組み込むagencement〉という〈構造化〉のマクロ次元への〈越境的ダイナミズム〉[2]の潜在的可能性を，問うことにほかならない（似田貝 2004）。

人文社会諸科学は，対象領域としての秩序を「意味」の体系としてとらえてきた。そして，その形成・維持・変化を研究の中心問題としてきた。現代社会において私たちが直面している諸課題は，多くのほうふつとして生起

---

[2] 〈越境的ダイナミズム〉を以下のように使用したい。マクロには，新たな行為の出現から制度・構造へと，問題・課題・テーマ・主体が，異なる領域，次元（水平的・垂直的），位相のあいだを，移転，上昇・下降，変容している様相をさし，その結果，新たな領域，次元，位相が生み出されたり，あるいは両者ないしいずれかを再構築したりする。ミクロには，できごとに関わる主体が，多様な自己準拠のプロセスの起源となりえる実存的なできごとから，自己を根拠づけるテーマや振る舞い方の固有の座標を，主体性に組み込む主体過程をさし，その結果，主体の変容と，さらに多様な共存性の可能たる主体の複数性を形成する。この概念は後に触れる，このダイナミズムを可能にする理論的・実践的空間としての私が使用する〈隙間〉，〈カオス・モース〉，〈組み込みagencement〉と不可分である。

てくる社会問題群を，「それはいかなる問題であるのか」と問題化する。複雑化や多様化した要因のただ中で，社会形成の構造化メカニズムを把握しようと，否応なく〈複雑性〉という考え方をレファレンスにせざるをえない（似田貝 2000）。

「複雑性」は人の行為からとらえることも可能である。しかし，人間や社会が，眼前の多様なできごとから何かのできごととその関係そのものを選択しないといけないとするならば，何を選択すべきかを予見することは難しい。この意味で「複雑性」とは，情報の欠如の尺度といえる。

行為・作動と観察との関係は重要な問題である。人間にとって自己と他者（外部環境）との関係性は，他者（外部環境）を観察し，必要に応じて（同一と差異の認識を介して）それを自己に〈組み込み agencement〉，人間を主体として形成し，社会を構造として生産し，再生産していく。

すなわち，主体と対象と関係の分離（主客の分離）でなく，対象の内部化の営みである。花崎皋平の表現でいえば，「対象認識は主体形成をともなう」（花崎 1981）のである。

別言すれば，他者（外部環境）への顧慮としての他者への自己の関わりとは，同一と差異を取り扱う能力が問題とされるのである。「人間はその反省において他の人々のことを顧慮する能力」（イマヌエル・カント）である。つまり，主体からみた「複雑性」の概念は，〈強要された選択の可能性〉にフォーカスを当てているのである[3]。

方法的には，「複雑性」という状態のものの見方とは，現実（reality）の社会の諸領域は多様性によって構成されるがゆえに，構造は，安定性，確実性，法則性（線形性）として現われるばかりでなく，不安定性，非法則性（非線形性）という状態を併存させ，こうした様相を perspective として取り入れる方法，として理解すべきであろう。

---

[3] やがてわれわれはこうした関係を，被災者の生活の再建に関わる支援者（ボランティア）にとって，余儀なくされた応答＝責任，共感，hospitality のテーマとして学ぶことになる。

このような状況を，人間という行為主体からみれば次のとおりになる。すなわち，現実を構成する多くのできごとから，私たちはある時空間において，そのつど，何かを選択して，社会の関係性を構築せざるをえないことのなかに，新しい行為が出現し，制度や構造に関わっていく様相を見いだすことである。

　それは人間主体からみれば，人は現実への不確実のなかで意思決定を行なっていることにほかならない。主体からみれば，「複雑性」とは，主体にそのつどそのつど選択を余儀なくさせている事態にほかならない。

　主体が選択を余儀なくされているということは，そこでは何よりも，現実（reality）[4]を構成するできごとの量が問題なのでなく，できごとへの関わりに選択ということが行なわれているという，質（人間的行為＝意味）が問題なのである。別な表現をすれば，〈主体から所与へ〉ではなく〈所与から主体へ〉という主体の立ち上がりの新しいパラダイムへ向けたテーマが創設されよう。

　「複雑性」は何よりできごととできごととの関係の問題として論じられよう。社会事象のできごとが多く生起すればするほど，これらのできごとを安定した構造と関係づけることは困難になる。〈構造化〉とは，新たなるできごとが制度や構造に関わっていくメカニズムである。

　このように，現実世界を構成するできごとは，反復されるばかりでなく（社会の再生産），そのつどそのつど生起するいわば一回性的，個別性的な作用，相互作用，遡及作用，決定，偶発性によっても織り成されている。

　新たなできごとが生起している場（ミクロ）での新たな行為は，諸領域・次元を越境し，横断していくがゆえに〈構造化〉というダイナミズムを惹起

4）ここでの現実（reality）とは，ミシェル・フーコーやイヴァン・イリイチのように，「主体なき過程」の世界を対象とするのではなく，主体の過程の対象世界を私はテーマとする。新たな行為が生成するユニバースを，客観的現実（actuality）から，主観的現実（reality）へ切り返す方法をテーマとしたい。すなわち，変革可能な，生成世界を考えたい。「いきいきとした未検証のもの inédito viable」（パウロ・フレイレ）の潜在性を信頼し，〈人間化〉しうる可能性を現実化させることへの commitment の学的営為に準拠したく思う。

する。

　本章ではこのように，新たなできごとがどのように，既存の社会の諸制度や構造の諸領域内容を脱構築化し，逆に，新たなできごとを形成していくか，というアプローチを〈主体を介しての「構造分析」〉[5]と呼んでおく。

2　新たなる行為の出現

　社会において，新たなるできごとに対する新たなる行為の出現を，経験として，そして理論として新たなる研究対象としてとらえるということはどのようなことか。

　　1）社会問題として想定されたできごとの社会学的な資料作成
　まずこの問いかけを，私たちが行なった「住民運動調査」（1973～75年），「准看護婦調査」（1995年）で，具体的にデータとして構成し，それを想定された社会問題として剔出した作業を範例として簡潔に論じよう。
　社会学が，新しいできごとを，社会的できごととして現出（emergent）していることを経験的に把握し，かつ，このできごとが，社会学的関心事であることを論ずるには，新しいできごとが人間の新たなる行為であると把握することが何より必要である。社会的できごとであることを経験的に論証するには，できごとを，社会全体の構造との関連のなかに位置づけなければならない。
　当時全国的に生起していた住民運動という社会的現象は，当然ながら既存の統計的なデータや資料としては存在していなかった。そこで，住民運動という新しい社会的できごとの，近似的母集団をデータとして作成せざるをえなかった。こうして表1「全国の住民運動の地帯別・生活環境レベル別の分布」は作成された。このデータから，新しいできごとを上記のように，新し

---

[5] ここではマクロな理論的な表現であるが，経験的な表現での詳細は第2節で論じる。

い社会的できごととして，したがって，構造的に現出（emergent）しているできごとであるという傾向・潮流を読み取ることができた。不均等化された地帯への開発行為が，住民当事者の生活と隔たっていること，および生活の破壊に関連していることから，住民の抵抗行為を惹起しているという，構造と主体の否定的関連性という構造的現出（emergent）を表わしている。

わが国の，特殊なその時代の社会の構造との，深い関連性として読み取られた，こうした住民運動の，いわば構造化されたデータの背後に，新たなる人間の行為が存在していることを理解することが必要である。つまり主体として把握する，という方法である。

そのため，社会的できごととしての住民運動の形成展開のなかの〈epoch〉＝段階区分を探し，できごとの推進持続の変化点，およびその背後に見え隠れする〈運動の論理〉を求めることが必要になる。図1「住民運動展開過程図」はこのような意図から作成された。いわば新しい行為を産出する主体に関する，経験的データの作成である。

それは，新しい社会的できごとが公共政策による地域開発によって，地域生活が破壊されるという不安から，いかなる問題を自分たちがこうむっているのかについて，当該の問題を認識し，その問題を地域住民間で，相互に了解しあう，集合的主体の形成の把握である。この事例が，たんなる個別的な社会事象としてでなく，一般化可能な，したがって比較可能な〈住民運動展開モデル〉であることを，つねに中間総括する必要があろう（図2参照）。

主体からふたたび構造に関わる把握として，図3「住民運動組織関連図」が作成された。先の表1がマクロな構造と運動主体との関連性をとらえたのに対し，このデータは，地域社会における，開発行為と運動主体の行為の，その背後に，社会階級・階層，利害関係者，政治的・社会的集団の存在という，地域社会のありようをめぐる，既存のあらゆる制度と構造が，住民運動という主体行為からみてとれる。つまり，運動主体にとって見えてくる地域社会の構造である。

この視点から認識実践される方法を，ここでは先にふれたように〈主体を介しての「構造分析」〉と呼んでおこう。このような方法は，従来の「構造

表1　全国の住民運動の地帯別・

	Ⓐ 政策関連						
	幹線交通網	エネルギー開発	工業開発	国土保全	水資源開発	都市開発	Ⓐ 計
工業地帯Ⅰ	56 (62.9)	20 (18.2)	7 (12.1)	96 (38.2)	1 (12.5)	23 (60.5)	203 (36.6)
(1) 東　京　都	16 (18.0)	1 (0.9)	1 (1.8)	51 (20.3)	1 (12.5)	10 (26.3)	80 (14.4)
(2) 1 府 3 県	40 (44.9)	19 (17.3)	6 (10.3)	45 (17.9)	0 (0)	13 (34.2)	123 (22.2)
工業地帯Ⅱ	24 (27.0)	38 (34.5)	17 (29.3)	78 (31.1)	5 (62.5)	12 (31.6)	174 (31.4)
(1) 東　日　本	14 (15.7)	21 (19.1)	8 (13.8)	28 (11.2)	1 (12.5)	5 (13.2)	77 (13.9)
(2) 西　日　本	10 (11.2)	17 (15.4)	9 (15.5)	50 (19.9)	4 (50.0)	7 (18.4)	97 (17.5)
農業地帯	9 (10.1)	52 (47.3)	34 (58.6)	77 (30.7)	2 (25.0)	3 (7.9)	177 (32.0)
(1) 主農業地帯(4県)	2 (2.2)	18 (16.4)	5 (8.6)	7 (2.8)	0 (0)	0 (0)	32 (5.8)
(2) (1)を除く東日本	5 (5.6)	30 (27.3)	12 (20.7)	40 (16.0)	2 (25.0)	3 (7.9)	92 (16.6)
(3) 西　日　本	2 (2.2)	4 (3.6)	17 (29.3)	30 (11.9)	0 (0)	0 (0)	53 (9.6)
計	89 (100)	110 (100)	58 (100)	251 (100)	8 (100)	38 (100)	554 (100)

注：生活環境の欲求度合の分類基準は以下の通りに行った。(a)〈必要〉(requisite)。これは，人間が
けるための不可欠の絶対的要件を意味する基準。例えば，個体と種族の生命の再生産に必要な最
求〉(need-disposition)。これは，〈必要〉を充足するために，人間が発達させた諸機能の要求す
度のなかに無限に展開されてゆく，より豊富，より快適な生活諸条件への要求がこの位置にはい
存立の絶対的要件であるのにたいし，〈要求〉の位置は，ある意味で無限の展開性を有し，しか
これは，〈要求〉の一般的な傾向性のうえに，個々の人間が選択する特定の具体的な対象または

資料：利用した文献は以下のものである。〔雑誌〕『住民と自治』(自治体研究社)，『市民』(市民編集委
『地域闘争』(ロシナンテ社)，『現代のエスプリ』(至文堂)，『環境破壊』(公害問題研究会)，『思
央委員会)，『世界政経』(世界政治経済研究所)，『ダイヤモンド』(ダイヤモンド社)，『エック
『労働・農民運動』(新日本出版社)，『エコノミスト』(毎日新報社)，〔単行本〕『公害と住民』
への模索』(都政新報社)，『都市開発と住民』(自治体研究社)，『公害ハンドブック』(読売新聞
本放送協会)，『自治研報告集』(全日本自治体労働組合)。

出所：似田貝（1975：206-207）より引用。

生活環境レベル別の分布

	Ⓑ 生活環境				
必要型	要求型	欲求型	Ⓑ 計	Ⓐ+Ⓑ	
41	414	12	467	670	
(24.7)	(49.9)	(75.0)	(46.1)	(42.8)	
15	251	8	274	354	
(9.3)	(30.3)	(50.0)	(27.0)	(22.6)	
26	163	4	195	316	
(15.7)	(19.6)	(25.0)	(19.1)	(20.2)	
61	206	1	268	442	
(36.7)	(24.8)	(6.3)	(26.5)	(28.4)	
21	54	1	76	153	
(12.7)	(6.5)	(6.2)	(7.5)	(9.8)	
40	152	0	192	289	
(24.0)	(18.3)	(0)	(19.0)	(18.6)	
64	210	3	277	454	
(38.6)	(25.3)	(18.8)	(27.4)	(29.2)	
17	29	1	47	79	
(10.3)	(3.5)	(6.3)	(4.6)	(5.1)	
28	115	1	144	236	
(16.9)	(13.8)	(6.3)	(14.3)	(15.2)	
19	66	1	86	139	
(11.4)	(8.0)	(6.3)	(8.5)	(8.9)	
166	830	16	1012	1566	
(100)	(100)	(99.9)	(100)	(100)	

人間として,すなわち,一個の生命体として存立しつつ低限の物的資源と環境条件がこの位置にはいる。(b)〈要る一般的な傾向性である。例えば,生命維持に必要な限。つまり,〈必要〉が完結可能性を有し,しかも人間も相対的要件であるといえよう。(c)〈欲求〉(desire)。対象群に向けられた志向性である。
員会),『青と緑』(三省堂),『ジュリスト』(有斐閣),想の科学』(思想の科学社)『文化評論』(日本共産党中ス』(時評出版社),『地域開発ニュース』(東京電力㈱),(日報),『公害と住民運動』(自治体研究社),『都民参加社),『公害年鑑』(環境保全協会),『日本公害地図』(日

分析」とは明らかに異なっている。わかりやすく例示すれば,松原・似田貝編(1976)の『住民運動の論理』で行なったように,運動者(実践者)が〈争点 issue〉に立つと,否応なく見えてくるのが,「異議申立て」,「希望」の壁・制度・支配の堅固性である。この状況を,研究主体が,既存のテーマ・カテゴリーに振り分けて,この〈争点 issue〉と,社会の構造の関連性や,組み立てを,思惟的に整序し,現実の構造的関連についての仮説構成に方向性を与える,という方法である。

　ある特定の新たなるできごと(issue)は,運動主体によって,その背後にある当該の地域社会の構造を,またそれを日常として動かしている制度と階級・階層,あるいは計画として意図的に構造を変動させようとする制度としての力を,動的な過程としてとらえられる。私がかつて述べた(松原・似田貝編1976),〈争点 issue(新たなできごと)アプローチとしての構造分析〉,とはこのような意味である。

　主体がこうむったできごとの問

図1 住民運動展開過程図

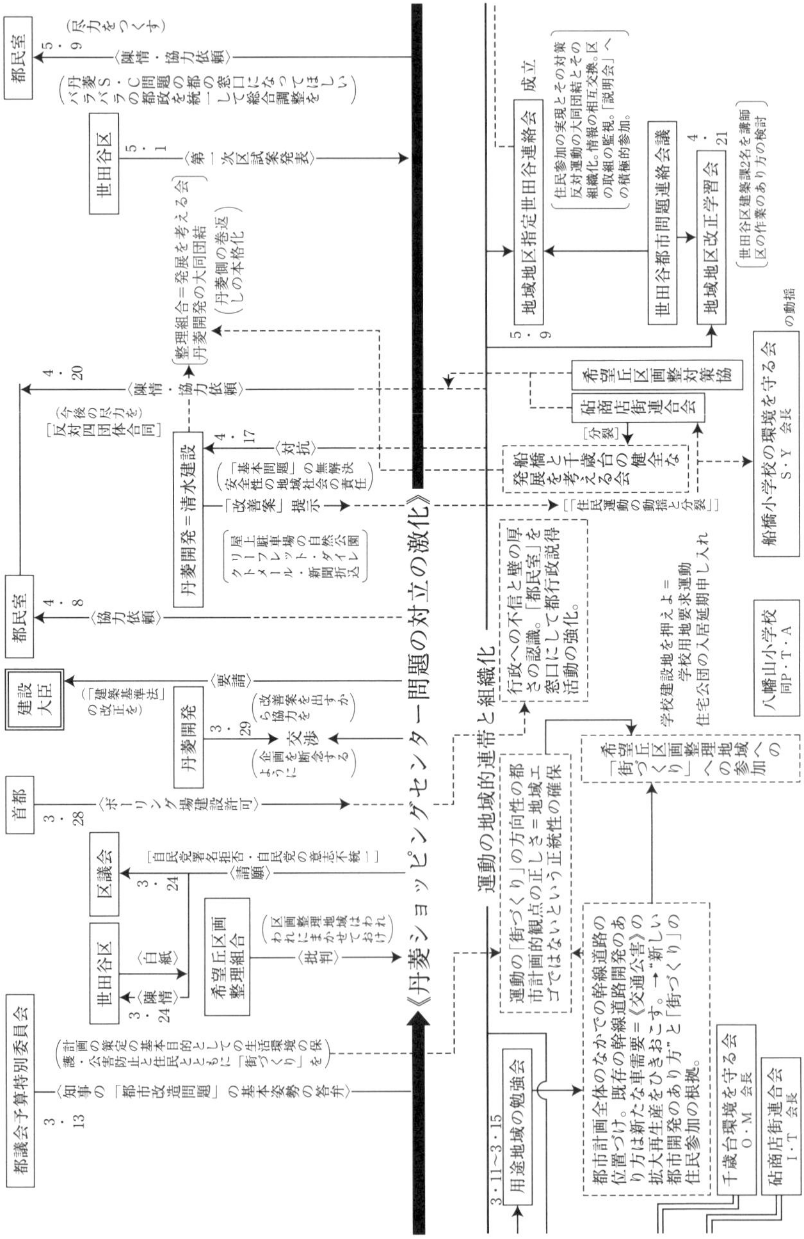

出所：筆者作成。

図2 住民運動の展開過程モデル

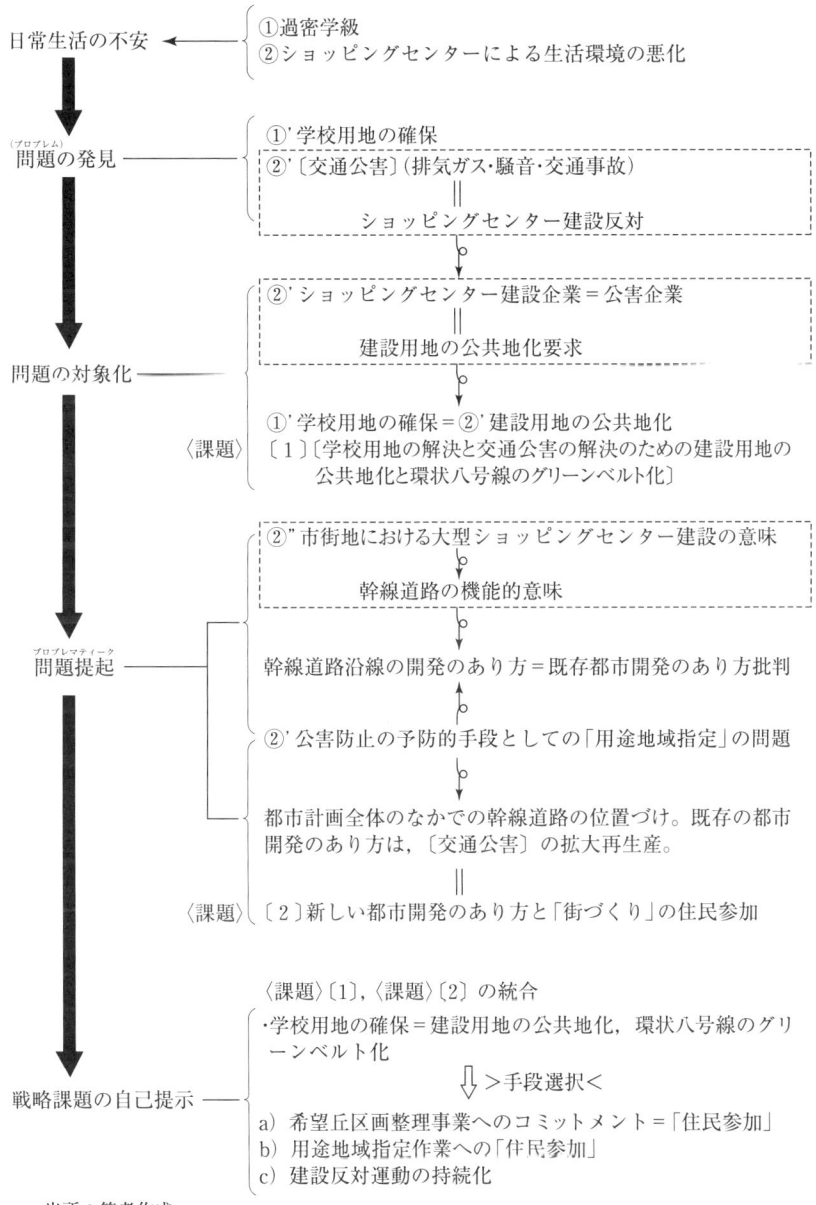

出所：筆者作成。

図3 丹菱ショッピングセンター

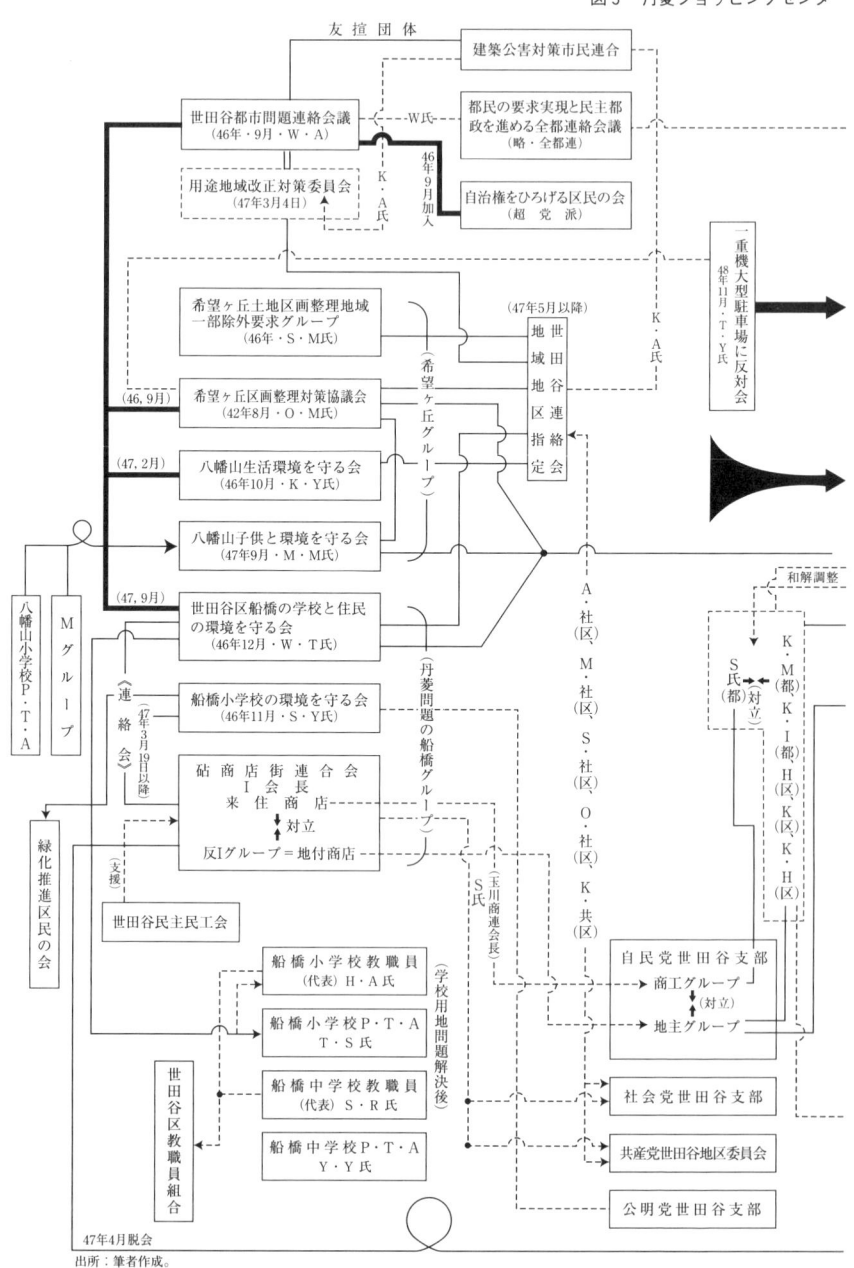

出所：筆者作成。

12　序　章　越境と共存的世界

反対運動組織関連図

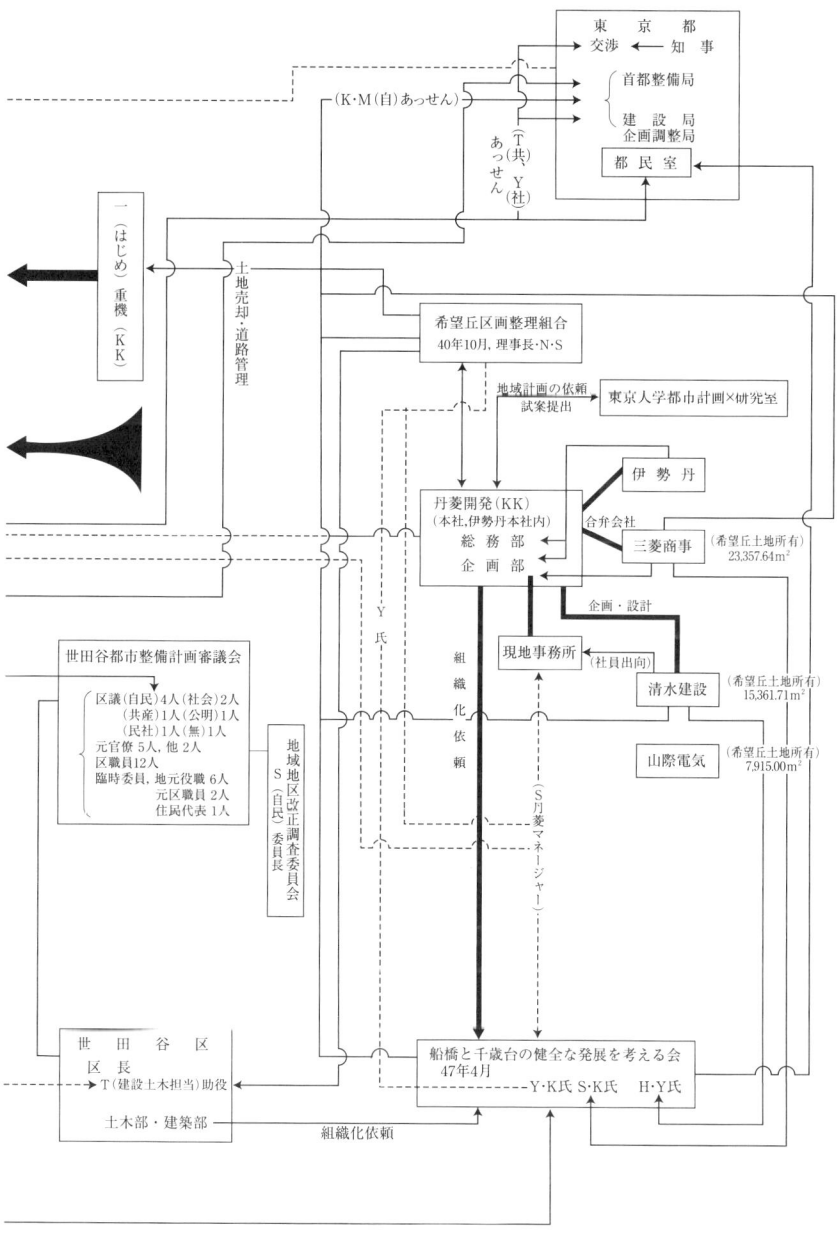

序　章　越境と共存的世界

題を，社会問題として取り扱う方法として，「准看護婦問題調査」を例示してみよう。

この調査当時，本格的な高齢化社会を迎えるにあたり，高度医療化や高齢者に対する国民的健康維持のための予防，看護，介護などにかかわるケアの専門職の人材の量と質の確保を社会全体として取り組まねばならない時期にきているにもかかわらず，人材の質確保問題は依然残されたままであった。

しかも，とくに准看護婦（士）のあり方やその養成のあり方は，准看護婦（士）の水準では現在の医療現場の水準に追いつけないこと，むしろ「保助看法」の禁止する違法な医療行為を行なうことによって国民の医療に対する信頼を失うこと，准看護婦養成所の教育時間では十分でないこと，准看護婦養成所の入所条件として医療機関勤務が義務づけや条件とされており，勤務と教育の両立は生徒の過労や意欲を失わせてきたこと，医療機関はこうした無資格の生徒を教育機関生徒と考えるよりあくまでも労働力確保として扱ってきたこと，准看護婦養成所生徒への奨学金貸与等が資格取得後の勤務に連動され，いわゆる「お礼奉公」的就業が行なわれていること，准看護婦が看護婦の資格を希望してもそのつなぎの看護婦養成二年課程への進学が困難であること，などの多くの問題を抱えているにもかかわらず，解決されずにきた。

看護婦（士）や准看護婦（士）等の職能団体である日本看護協会や労働団体の日本医療労働組合連合会や厚生省が，長らくこうした制度の廃止や准看護婦養成所の廃止を主張してきた。しかし，「今でも准看護婦（士）は必要」，「准看護婦（士）は地域医療に役だっている」，「看護職が不足している」，「働きながらでないと資格が取れない」という趣旨を主張する日本医師会の反対にあい，長らく准看護婦制度とその養成の問題は解決してこなかった。いわば，日本の社会問題の解決をめぐり，利害関係のあるわが国での有数の職能団体が激しく対立していた。社会学としては，このような社会問題を経験的にどのように把握するか。

准看婦養成所学生，准看護婦，看護婦（准看護婦経験），看護婦（准看護婦経験なし）に，看護職の志望，資格向上についての意欲，入学時の奨学金

等の貸与・返済，養成所（准看・二年課程）在学中の勤務状況，養成所（准看・二年課程・看護学校）評価に関する30項目にもわたる質問の回答データ（個別のデータ）から，准看護婦問題として想定されたできごとを，マトリックス状に並べ，そこからできごとを思惟的に整序した。

　この思惟的な整序（主体別のデータのマトリックス）は，できごとを時間空間的に配列し，できごとを思惟的に連鎖的にとらえ，できごとが社会的できごととして，構造的に産出されることを仮説形成叙述可能なように操作する方法である。つまり，准看護婦問題が社会的に形成されてくるプロセスを，できごとの時間空間的連鎖・配列を叙述可能なように仮説形成し，そこから，准看護婦問題というできごとを産出する論理を剔出し，あぶり出す方法である。

　この方法を，調査当時私は，〈collage-montage法〉と呼んだ。つまり，状況の異なる諸主体の，同一質問の回答データを素材として，それを同一空間（画面）に配列し，さらにそれを問題の時間的経過として，思惟的に時間の組み合わせを想定し，そこから問題の構造的な産出を発見しようという方法である。できごとを構成すると考えられる多くの事項の質問群をこのような方法を介することによって，社会問題を構造形成的な仮説としてとらえることができる。

　上に記した，住民運動調査での，運動主体から構造との関連を把握した方法と同じく，当事者を含む関係主体から，問題を構造的に把握する方法である。いずれも，データの背後に，新たなる人間の行為が存在していることを理解する，という基本姿勢で貫かれている。上記の運動主体から構造を把握するという方法と，この調査における主体から構造を把握するデータ作成の相違は，この調査がアンケート調査であったことである。

　准看護婦調査の場合，主体の行為を構造として集約しなければならないのは，主要テーマの准看護婦問題の発生が，構造的に，したがって経過的に，持続していることを示す必要があるからである。

　図4は，「准看護婦確保のための回路」である。この図は，上記の問題意識から，准看護婦調査の准看護婦養成所生徒，准看護婦，医療機関の経験デ

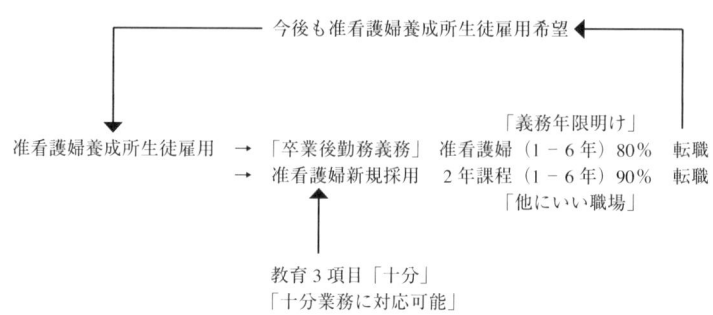

図4 准看護婦確保のための回路

出所：筆者作成。

ータによって，統合されて作成されたものである。これによれば，准看婦問題が，大中医療機関でなく，特殊にクリニック・レベルの労働力確保の問題として現出し，それがゆえに，准看護婦養成所が不可欠なものとして扱われていることが経験的な構造的できごととして，したがって社会的なできごととして，剔出，発見された。ここでいう構造的とは，複数の要因が関連しあって持続している状態をさす。社会学は，経験的に，このような構造を，主体視点から剔出，発見する学問である。

　社会学的な表現をすれば，准看護婦問題を社会問題として，生産し，再生産する場こそ，准看婦養成所そのもの，ということになる。社会問題の把握とは，何よりこのような問題の産出を構造化している場の剔出，発見である。この産出の場は，同時に社会問題をこうむる諸主体の〈通過点〉である。この〈通過点〉とは，主体がこうむる問題のまさに〈通過点〉であり，この場を介して，問題が他の場所で，他の要因によって，いっそう複合化され，いよいよ構造化していく。社会問題の解決とは，このような問題産出の〈通過点〉を，構造として発見し，これを解消することである（似田貝1997）。

2）社会事象としての〈新たなるできごと〉としての確定性
　　──構造として把握する意味
　社会問題として想定されたできごとへの社会学的な関心は，上記で縷々説

明したように，何よりも，新たなできごとが，社会の構造の他の変数（要素・テーマ・制度・規範・言説）と何らかの関わり，すなわちできごととの共存的，対立的，競合的な，構造的な関連性を生成しつつある，ということを剔出，発見し認識することにあった。これが，社会学が捉える社会問題である。

新しいできごと（新たなる行為）は，多領域に関わり‐関わらされ，また問題の尖端領域が，ある領域から他の領域へと〈越境〉し，あるいは問題が，領域間の〈隙間〉を形づくっている。このような複合的関連性をとらえることを，構造的に把握することが必要である。

これらの分析を，私たちは，あらかじめ想定された構造を構成する，既存の諸要素の関係性として把握するのではなく，新たなできごとが生起している当該の場所で，立ち会わされている人間の新たな行為，という視点から構造を立ち上げていく方法を〈主体を介しての「構造分析」〉と呼ぶのである。別言すれば，それは〈争点 issue（新たなできごと）アプローチとしての「構造分析」〉ともいえる。つまり，主体からの構造へのプロセス的把握である。そして少し先取りしておけば，主体の行為が社会の諸構造に〈組み込まれ gencement〉，それと同時相即的に主体が立ち上がるという両者のダイナミクスを〈構造化〉呼んでおきたい。この点は後にあらためて触れることにする。

以上の方法は，社会学が，新たなるできごとを，そしてそのできごとの背後にある新たなる行為を，社会の構造のできごとの変数として認識しようとする試みである。この試みが成功裡に導かれたとき，新たなできごと，そしてこのできごととは不可分の新たなる行為の出現を，社会学の研究対象としてテーマたりうること，したがって社会学のテーマとしての妥当性と，テーマの確実性を獲得することができよう。これが，新たなるできごとの構造分析の基本的視点である。

この視点をより具体的に論じよう。

① 新たな行為＝「論理」の把握

何より構造との関連に向けて構成された，データの背後に，新たなテーマ

の存在を読み取る必要がある。それは研究主体にとっての，問題意識の立ち上がりである。データの背後に，構造的問題として大きな社会問題が生起していることを読み取らなければならない。そして，いわば仮説的に把握されたその構造的問題を新たにテーマ化しなければならない。そこにこそ，新たなる研究対象としてとらえなければならない社会的＝社会学的問題がある。

　新たなるできごと（issue）が，社会の構造に〈組み込まれ gencement〉つつある，あるいは〈組み込まれ〉たことを，人間の行為の連関としてとらえ，〈争点 issue〉の確実性や，その〈争点 issue〉をめぐる他の〈争点 issue〉との連鎖を，人の行為の関連として把握することが肝心である。ただしこの場合，構造的問題は〈争点 issue〉として現出（emergence）するだろう，といういわば直感的前提がある。〈争点 issue〉は当該の問題をこうむった具体的諸個人としての，人の「異議申立て」や「希望」であるとして受け取らねばならない。

　こうして，かりに構造に関わるテーマとして想定された社会問題の背後に，人の新たなる営み＝行為を読み取ることが，方法としての次の手続きである。そこに具体的な〈新たなるできごと〉＝新たなる行為（運動・支援）があるだろう。このできごとを把握する。何が〈新たなできごと〉なのか。

　そのためには，データの背後に，人の新たなる行為を，「論理」として読み取る必要がある。それは，後に触れるように，新たな行為の出現は，それを行なう主体の自らの形成と不可分に現われるからである。この主体形成は，行為主体の当該の対象に対する振る舞い方の根拠として，おおむね，固有の「論理」の形成を，同時相即的にともなう（前掲図1参照）。

　新たな行為というミクロな領域での，具体的な，局所的，一時的なボランタスリックな変化が，マクロの制度・構造の諸領域の変動次元に食い込んでいる描写が必要になる。この視点に立って，生起した新たな行為が，他の社会を構成する諸制度・諸規範からなる社会領域，経済領域，政治領域，文化領域の諸構造・諸過程への〈組み込み agencement〉と，主体形成としての〈組み込み〉との局面で起きる対立，競合，併存のメカニズムを分析しなければならない。

ここで使う〈組み込み agencement〉概念は，主体と社会システムの双方に固有に生まれる構成力のダイナミズムを表現しているが，当面暫定的に，以下のように定義しておこう。
　主体からみれば，新たなるできごとの出現によって，従前の主体としての自己に，新たなる行為（振る舞い方）の「論理」＝準拠の発展のプロセスが創出，持続される，そのような主体形成の様相である。
　同様に，社会システムからみれば，新たなるできごとの出現によって，社会システムの構造としての固有のメカニズム（振る舞い方）に，新しい制度的，規範的準拠づけが創出，持続される社会の構造化の様相である。いわば，新たなできごとをめぐる，主体やシステムの，振る舞い方の新たなる構成力を表わしている。
　当然，〈組み込み agencement〉をめぐって，人の営みの新たなる主体形成と社会の構造化とは，緊張・対立・競合・併存という conflict が，社会的，経済的，政治的，文化的なあらゆる構造の領域で引き起こされる。
　主体形成と，生起している新たな構造形成の契機が同時的であることを認識する方法が，〈主体を介しての「構造分析」〉である。
　②新しい行為と研究者との相互行為——対象世界の相互的再帰性（reflexivity）に向けて
　〈争点 issue〉の問題提起者たる行為主体と，研究主体の有する既存のテーマやカテゴリーによって振り分けられた社会の構造の組み立ての企図，とのあいだでは大きな離齬が生ずることがある。この離齬こそ，研究主体にとって，新たなるテーマ，究明さるべき課題がある，と予感させる事態である。
　この予感を，社会学として妥当なテーマや課題として確立するには，いったん，迂回的ではあるが，行為主体の視点に立って，そこから把握された新たな対象世界を，現実（reality）から生成されたテーマとして，発見的・仮説的に提起する必要がある。つまり，現実（reality）から，可能な方向[6]へのプロブレマティークである[7]。
　この点は，研究主体が，新たなる研究対象に遭遇したときに生起する，主体と対象の再帰性（reflexivity）問題に関わる。
　このような研究対象である行為主体（客体）と研究主体との対象世界把握

との齟齬，という〈裂け目〉的な事態は，おおむね対象世界そのものが，大きな変動過程にある際に遭遇する。

　それは，①社会を構造化している，社会的実践の諸カテゴリーを解体させ，再統合しようとする，尖端的，萌芽的なできごとである。

　そこで，②人びとは，新たなできごとへの，社会的実践がマクロには，社会全体として統合されていない，という痛烈な危機認識を有するにいたる。まさに「つぎあわされた総体」（Touraine 1965）である。そこには，新しいできごとへの行為・実践とマクロの社会との隙間や間隔が〈裂け目〉のように形づけられる。この事態は，人の営み（行為）と構造・システムの乖離である。それは別の表現をすれば，社会構造形成と社会的実践とのあいだの不均衡の同時的進行である。

　フーコーやイリイチのように，主体過程の対象世界をも徹底的に「客観的現実（actuality）」としてとらえる立場では，社会のあらゆる領域は秩序立てられており，または権力関係が不断に張りめぐらされていると説明する。しかし，主体過程の対象世界そのものをとらえようとする場合，認識者はその世界を「主観的現実（reality）」であると把握せざるをえない。この世界では，秩序が統制していない，空白，「権力の真空」状態が見いだされ，それがゆ

6）この立場は，経験主義（帰納法的）と先験主義（演繹法的）のいずれも採用せず，潜在的な，可能的な対象を理論的仮説として取り扱う。つまり，所与の現実的なものから可能的なものへとすすむ方法である。「現実社会の現実性からつかまれた……仮説（提示）が，現実化しうる可能性のモメントを問う」（似田貝 1984）。Lefebvre（1970, 1971）参照。

7）このような齟齬に着目することを，〈隙間〉としてとらえる考え方に関しては，似田貝（2004）参照。ここでいう〈隙間〉とは，問題が生起する場面であり，さらにその問題を人が解決不可能と認識した状況の時空間領域をさす。この事態を認識する者や行為者にとっては，〈隙間〉は制度の〈裂け目〉であり，それがゆえに，それは「危機」である。このような場面からこの「危機」を乗り越えようとする主体や論理が出現することを考察することこそ，この論考の主題である（似田貝 2004）。〈隙間〉が生起する時空間は，「知の地殻変動」が要求されるとき，あるいは「知の組み換え」が要求されるとき，人はいまいちど，〈現実 reality〉に戻らざるをえない。つまり抽象化されたコンセプトや理論を，いまいちど，もっとも具体的な現実へ戻らせるのである。そこでは〈身体という主体〉という，人の感覚，感性の諸次元が，もっとも重要な働きをなす。

えに，個別問題が生起される場となっている。このような場にこそ，新たな争点，新たなアジェンダ，新しい行為が産出される。

研究主体が行為者の視点に立つと，このような状態の③社会的実践の変化の〈兆し〉，〈前兆〉と遭遇せざるをえない。

このように〈主体を介しての「構造分析」〉方法をとる場合，対象客体に対する研究主体の「自立的」振る舞いは禁欲され，したがって研究主体優位でなく，行為主体という，対象客体とともにある[8]「自律的」あり方を方法として追求する必要がある。

すなわち，行為主体という他なるものの存在によって，絶えず自らが脅かされる，と感じざるをえない研究主体の「自立性」の立場に対し，新たなるできごとを受けとめる，個としての研究主体がそのできごととの遭遇によって，自己の有限性があらわになる（＝開示される）がゆえに，他者との関係によって，むしろ自らでありうるような「自律性」のあり方が問われているのである。

このように，既成知と現実のズレや齟齬という事態こそが，研究主体自身の方法的基盤と対象世界の関係を根源的に問う，再帰性へと遭遇させることになる。

かつて変動過程にある地域社会での調査のあり方を，「調査者－被調査者」関係の問題として論じたことがある（似田貝 1974, 1977, 1986, 1996）。そこでは，新たなる対象，新たなる行為を認識するとは，「新たなるできごと」に遭遇することであるが，新たなる対象の認識，またその対象に対する新たなる行為は当事者が発見・認識し，そこから余儀なく実践者となっている。「どのように発見したのか」，「どのように新しい行為」を生み出したのか，を実践者に問わざるをえない。

つまり研究主体は，この行為者を介してしか，新しい対象，新しい行為を

---

[8] この表現は，後に述べられる，被災者と，その自立を支援する実践者との相互行為を，〈居合わせる co-presence〉とか，主体が「共－に－あること」（co-presence; être-avec）とか呼ぶ場合の枠組みとほぼ同じである。

見いだせない。こうして研究主体の既成知や方法の足場が揺らぐ。このときあらためて，研究者の主体性をどのように確立するかが問題となる。と同時に「調査者 - 被調査者」関係が問われるのである。

この「調査者 - 被調査者」関係のただ中で，新たな行為とその振る舞いの根拠〈論理〉は，彼らの生活基底の危機から生まれることを，知ることになる。そこから，日常性（既成知）は揺り動かされ，日常性（既成知）はひとつの可能性にすぎない，という根源的な問いが生起する。この転換のうちに学問の現実的意識は現われ，学問は現実から出立し，また現実へ還ってくる。これが「再帰性」との遭遇である。

ここから reflexive sociology の立場を表明することができる。上記したように，何より再帰性とは，主体の「現実」（reality）への具体性への問いかけである。この問いかけによって主体は変容する。その「現実」は，本質的に新しいできごとであり，すでに人称化された主体からとらえられた行為ではない。このような「現実」は，主体を，絶えず現場へと立ち会わせ，己を開かされる。

新たなテーマは，こうした現実のなかから生まれる。それが社会問題の元来の出発点であり，このようにしてこの社会学は現実から出立するのである。そして，現実は対象であるよりも，まずは，むしろわれわれがそこに立っている足場であり，基底といえよう。誤解を恐れず敷衍すれば，このように再帰性に導く「現実」は，変化しつつある人間生活の基底に，新たな行為が出現しつつあることを問題提起することになる。このような reflexive sociology は既存の研究対象そのものを変え，新たなる研究対象を生み出す。

したがって，その方法を前提とした radical sociology とは，社会問題が多様に生起し，社会の秩序そのものが大きくその安定性を欠き，それがゆえに社会でのデラシムマンの一般化，「討議争点」の多発化，差別と隔離があらゆる領域で生起する，そのようなことを可視化する学問である。そしてコンフリクトがいっそう，既存の秩序を揺り動かす。その場合，この「現実」では，識者は，実践上の諸カテゴリーが解体されつつあること，また discourse と表現は分解されることを，否応なく知ることになる。こうして，新たなる

行為の現出というできごとを，新たなる研究対象としてその行為主体とともに，根源的に求める営為こそ，社会学に固有なことでなくてはならないであろう。

3　紛れもなく生起した社会問題——新たなる社会の尖端的現象把握について

1）人の振る舞い方の新しさと〈出会い rencontre〉

　新たに生起するできごとと，それに否応なく関わって形成される人の振る舞いの新しさ（新たなる行為）は，倫理基準のように普遍的でなく，潜在性の世界（潜在性の共同性）に可能性として存在している。その一例が，阪神・淡路大震災以降みられたボランティアの支援活動である。その新しさとは，彼らの支援活動の特徴が，具体的諸個人の一回性としての〈生の固有性〉への配慮行為，という「こだわり」にあったことにある。

　私たちが出会った被災者の支援活動者から，強力に伝わってきたのは，個々の被災者のもつ一回きりの命への支援，あるいは個々の人の歩んできた生への支援，すなわち〈生（命）＝生活〉の支援へのこだわりであった（似田貝 2001, 2006）。

　このようなこだわりを，阪神・淡路大震災の被災者への自立支援の新たな視点としての〈生の固有性〉，と呼んでおく。新しい支援活動の基本思想と考えてもよい。被災者の生命＝生活の回復という「希望」は，個々の被災者が，生活しその年輪を加えてきた自己の生の他ならなさ，すなわち〈生の固有性〉そのものである。

　〈生（命）＝生活〉の支援の意味は，現代におけるゾーエーとビオス[9]の境界領域の曖昧性が問題となっていることを，支援活動によって，このよう

9）生の一般的事実，生物的生命としてとらえられるゾーエー（biological life），一回性としての個人の生，個人に固有の形式をもった権利としてビオス。2つの相容れない位相としてとらえられた〈生〉は，現代においては公害問題における身体問題や高度医療における臓器の移植等の問題で境界領域の曖昧性が拡大された（Arendt 1958）。

な曖昧性をむしろ両義的な一体性として取り扱おうとする，ひとつの活動の〈越境的ダイナミズム〉である。

　支援活動は，こうした個々の人の現実に生きてきた状況から出発する。その人をその人なりに見ることに，支援の基本がある。この考え方は，従来のように「みんなのために」という発想が中心ではなく，また個人を社会がみんなと同じに扱おうとする支援行為に基本があるのではない。むしろ「その人のために」，「ただ一人のために」，ということこそがサポートの基本思想となっている。

　被災者の自立のため，その人の〈生〉の固有性にこだわるという支援の考え方は，その人その人の，人間としての存在のあり方，生存のあり方としての固有性を尊重し，配慮することを通じて，社会に個と集団の基本的な自立化を促すきっかけの可能性を実践的に目指している。

　これまでのボランティアの思想，支援の思想が，「みんなのため」，「社会のため」に視点が向かっていたとすると[10]，彼らの支援の視点は，「その人のため」，その人の〈生の固有性〉へのこだわりに向かっている。「みんなのため」，「社会のため」に向かう支援思想がこれまでのボランティアの行為とするならば（ボランタリズム），新しい支援のあり方は，ミクロなボランティアの行為と呼ぶべき実践思想である（ミクロ・ボランタリズム）[11]。

　支援者が具体的諸個人の〈生の固有性〉というできごとに〈出会う

---

10) かつて私は住民運動論的〈主体性〉-〈公共性〉のフレームワークと，こうしたボランティアによる支援行為の〈主体性〉-〈公共性〉のそれとの相違を，〈生の共約可能性〉と〈生の共約不可能性（生の固有性）〉と区分した（似田貝 2001）。
11) 被災者の〈生の固有性〉の支援，というかたちで現われるミクロ・ボランタリズムは，一人ひとりの人間の，〈生の固有性〉の問題を私的領域の問題としてとどめたり，あるいは切り捨てることはしない。可能なかぎり，具体的な個人を，「顔の見える」関係としての集団の支援活動を介して，社会へつなごうとする支援行為である。それは社会の領域に，具体的な自立の困難，不安という「痛み」，「苦しみ」を抱えた諸個人の問題を，新たに提起し，それを多くの人によって討議実践されるべき公共性の問題として，あるいは新たに形成されるべき社会正義の問題として組み込むべき，「市民社会」の新たな生成のテーマでもある。

rencontre〉とはいかなるできごとなのか。支援者は，被災一般者でなく，具体的な被災者の現実（reality）に出会う，というできごとである。それは具体的被災者の〈声（呼びかけ）〉に応答することからはじまる（応答できないこともある）。応答するとは，〈声〉を〈聴く〉ことであり，呼びかけの〈声〉−それを〈聴く〉という関係性が成立してはじめて応答関係が成り立つ。他者からの呼びかけに応答するという行為が〈出会い rencontre〉である。

具体的被災者の呼びかける〈声〉の内容たる〈生の固有性〉は，当該者のこうむっている現実（reality）から発せられる。「現実」は，当該者の過去からの生活史そのものである。つまり「現実」は，その時点まで形成されてきた過去からの状況が複合化され，重層化されたものである。さらにこの「現実」は，当該者の将来の時空間かもしれない，という不確実な，予測不可能性の上に主観的には構成されている。

こうした「現実」から発せられる具体的被災者の〈生の固有性〉の内容は，そのつどそのつどの〈声〉となる。呼びかけの〈声〉は，こうして，具体的，一時的，局所的（個別的）という特質を著しく帯びることになる。別な言い方をすれば，この呼びかけの〈声〉を〈聴く〉ことは，偶然的なできごとである。

こうして〈出会い rencontre〉とは，被災者の一回性，特異性としての〈生の固有性〉の回復を試みるため他者に呼びかける〈声〉と支援者が邂逅するという偶然性と，その〈声〉に応答する支援者の関係性の持続性という相互行為の複合的行為である。

2）〈声〉を〈聴く〉という行為

このような呼びかけの〈声〉を〈聴く〉という支援者の行為は，何よりも具体的被災者の呼びかけが，通常なかなかテーマ化されがたい，主題化されがたい支援対象内容に出くわすことが多い。

まさしく〈聴く〉という行為は，自己と異なる，他者と出会っているのである。あるいは他者を経験することを余儀なくされているのである。こうして，支援者の〈聴く〉という行為は，具体的被災者という他者の〈生の固有

性〉という，そのつどそのつど，したがって偶然的に，テーマ化なりがたいできごとに遭遇していることにほかならないといえよう。

　自己と異なる他者との〈出会い rencontre〉という実感は，そのつどそのつど「現実」から発せられる具体的被災者の〈生の固有性〉の内容が，私のそれとは非同一的なるものと判断されるとき，避けがたく生ずる。それは，否応なく自らを超えでた異質的なものに出会った，という実感である。

　他者と出会ったということは，他者を認識することでなく，他者の不幸からの解放途上で示される〈生の固有性〉に関わる他者体験の事実に遭遇した，ということである。支援者の〈生の固有性〉へのこだわり，という支援行為（振る舞い）は，この〈他者体験の事実〉そのものを大切にしていることにほかならない。

　〈聴く〉という行為は，古代ギリシャの哲学者が「《産婆術》と呼んだような」，他者の「《介添え》とでも呼ぶ力」である。この哲学者の指摘は，〈聴く〉ことが可能になるということをもって，他者を受けとめる，理解する力を生み出す，ということである。

　しかしもっとこの内容を深めると，他者の「語り」という，他者の行為を客体として受けとめることではなく，〈語る－聴く〉という応答性，すなわち相互行為性があって，はじめて他者を自己として受けとめられる，ということが不可欠であることを支援活動は示唆する。つまり，〈聴く〉側の能動性ではなく受動性こそが，この〈声〉を〈聴く〉行為の重要なテーマである。

　それは，支援者は，被災者の語る（呼びかける〈声〉）行為を受けとめることによって，はじめて支援者として自律する，ということを意味する。ここで自立という用語でなく，自律という言葉をあえて使用するのは，以下のような考え方からである。

　大切なのは，〈声（支援客体）〉に対する支援者の主観の「自立的」振る舞いでなく，〈声（被災者）〉とともにある，つまり相互行為として立ち現われる「自律的」あり方を追求することが必要とされているのである。すなわち，他なるものの存在によって，絶えず自らが脅かされ，〈個としての自己の有限性〉があらわになると感じざるをえない「自立性」の立場により，むしろ

この〈有限性のあらわ〉なるがゆえに，かえって他者との関係によって自らでありうることを意味する自律という用語のほうが，このテーマをより鮮明にすることができるからである。
　〈聴く〉という行為は，他者の〈声〉を受けとめ，それが相互行為になることによってはじめて支援者は自律の力を得る。支援者の可能性とは，聴くことを介した，他者との結びつき（共同の）可能性である，といっても過言ではない。
　他者との対話（声－聴く）関係が成立する，すなわち複数の主体の関係が成立するタイミングの問題は，時間の相互的な現実（reality）の成立の問題である。
　この一瞬の微妙な動きをとらえる固有な感覚を，支援者はどのように把握しているのか。それは対象化可能な客観的な時間としてではなく，まさに「できごと」としての時間性，（「現実」reality）としての時間性，これがタイミングの問題である（鷲田 1999）。それは〈声〉-〈聴く〉という応答関係の場面（相互行為の場面）においてのみ成立する。そして同時に「間主観的な界面現象」（木村敏）でもある。こうした場ではじめて，そのつどそのつど，したがって偶然的に主体が相互的に形成されるのであろう。したがって，支援の場においては，支援者が他者を選ぶのでなく，他者とそこで〈出会う rencontre〉。そして，いわばこの偶然性のなかに生成する社会性，共同性というものを，支援者の micro-voluntarism は視野の中心に置くのである。
　支援者は，被災者の自立支援を可能にするため，それを阻止している要因を克服対象として認識し，それを変える方法へと切り返す方法として，「人と人が向き合う」，「顔の見える関係」，「自立とは支え合い」という彼らの独自の言葉や行為を表現する。これらは，言葉や表現は異なるが，人びとの〈生の固有性〉への支援が，当事者を含む支援者との「顔がみえる」関係という，いわば小さな具体的集団の形成と不可欠となっている。それは〈生〉の共存世界を形成しようとする社会実践である。
　〈生の固有性〉への支援とはこのような実践的集団性の形をとるのであろう。社会領域に問題を組み込んでいく活動単位は，このように小さな範囲で

ある。彼らのようなこのような動きが，もしあらゆる社会問題のかたわらに生まれたならば，それは地下茎のようにどこからでも，そしてどこへでも広がっていく新しい活動の動き（潮流）を生み出していくにちがいない。

　これらのことをいまいちど，経験的に暫定的なまとめをしておきたい。

　複雑化された現代社会は，新たなるできごととそれに関わる新たな行為が，個別化されたあらゆる領域に独自に現出する。それがゆえに「独自」な認識方法，実践方法，解決方法を要請される。既存の制度・構造ではこうした「独自」の問題は解決することができず，したがって既存の制度・構造の境界＝限界が明確化する。ここから，新たなる行為と既存の制度・構造との「越境」（相互浸透）という dynamism を経て，構造化がプロセス的に展開する。Reflexive sociology の構えと振る舞い方は，経験社会学にとってつねに隅の首石である。

4　グローバリゼーションと民主的ガバナンス

　本書のテーマのグローバリゼーションとローカリゼーションという世界的・空間的再編成という動態的プロセスを，〈主体を介しての「構造分析」〉という視点から，若干最後に論じておく。

　グローバリゼーションは，現象的には，世界のリージョン間の生産・流通・消費の空間的再組織化，それを強力に推進していくエージェントとしての国家間，リージョン間，国内諸リージョン・コミュニティ間の政治的・文化的な空間的再組織化が，世界の秩序を大きく変容させていく過程である。

　グローバリゼーションは単独の統一化された現象ではない。それを推し進める諸推進力と，その諸過程の複合された現象として理解されるべき事象である。この複合的現象をリージョンとして例示すれば，以下のようになる。

　マクロ・リージョン（EU・NAFTA，APEC）は，特定の空間単位内の資本フローを調整し，同時にグローバル化過程を促進する。このマクロ・リージョンは，既存国家の政治を再構造化するとともに，「シティズンシップ（市

民身分)」の再定義と方向づけをはかる。生産領域では,このグローバル化は世界基準という同質化を推し進める。しかし注意深くみれば,アッセンブリー・ラインにおいてはむしろ,地域,地方の文化領域の独自性を強化する場合がある。つまり,地域,地方の文化的境界はグローバル化にもかかわらず,その政治的・経済的な集団編成力の独自性を強化する可能性すら存在する。つまり,世界的に再編成される空間に,「地域」,「場所」がかえって特異化される可能性があることを忘れがちである。この点はこの世界的空間の変容のなかで,具体的都市世界の将来を論ずる場合には見逃すことのできない現象である。リージョンとグローバル,コミュニティとグローバルという異なった空間領域の相互の連接の特異性がここにみられる。

サブ・リージョンは,生産の複数の結節地域の協働化,このプロジェクトを推進するため国家のあいだの交差の推進,それによる地政学的要件以外の接近性(proximity)の要素が重要視される。コンピュータ・リンクとビジネス・パートナーシップを結合させた,リヨンの織物・化学産業,トリノの自動車基地,ジュネーヴの金融事業の協力作用の例が典型的である(Drozdiak 1995)。

ミクロ・リージョンは,主権国家内部での産業的,相対的・自律的な単位で,中国の輸出加工地帯のような経済特区,ケベック,カタロニアのような経済単位。

グローバリゼーションのこうした複合的諸過程の現象は,要するに,①グローバル化の過程への接近可能性を調達するリージョン空間ユニット内の資本フローの調整という経済的領域と,②それを規制緩和,自由化,民営化等の新自由主義的枠組みを介して推進していくエージェントの自己形成としての政治ユニットのリージョナルな再構造化という政治的領域と,諸労働者の世界的分割とそれによるシティズンシップの再構成という社会的領域のセンター化‐周辺化の構造化プロセスである。そして,同時に,経済的領域,政治的領域,社会的領域のそれぞれの内部が世界的に分割され,それらが連接化と分節化をともなって,それがゆえに,この事象のその特徴は何よりも不安定性,不均衡性をともなわざるをえない。

私たちの考察の対象である，個々の都市世界はこのような，経済（資本と労働），政治の力などが国境を越えて，異なる時空間を相互関連させ，相互浸透させるグローバリゼーションの不安定・不均衡な動態的プロセスのただ中にある。そのためには，このようなグローバル・プロセスを，その受難をこうむる具体的地域に視点を据えるミクロ視点からの叙述がどのように可能かが問われるであろう。

　このプロセスを都市世界から社会的にコントロールするには，どうしたらよいのか。ポランニーのいう，社会から自由になり，離床（disembedding）した市場・経済諸力を，いまいちど，社会に「再埋め込む」という現代的形態を実践的に究明することが，そのひとつの選択として不可欠であろう。その究明のためのキーワードは，何より社会的領域レベルでの民主的ガバナンス，リージョン・レベルではグローバル・レベル，ローカル・レベルでの民主的ガバナンスの実践的様相を知る必要がある（Polanyi 1944）。

　「市民社会」論，まちづくり論，コミュニティ・ビジネス，地域貨幣，生活実存経済としてのサブシスタンス，身体と生活のケアの地域的組織化などの地域社会の近年のテーマは，こうした「再埋め込み」の現代的・実践的様相として展開されることが期待される。〈主体を介しての構造分析〉は，地域生活者の視点から社会的領域の「再埋め込み」という課題をどのような具体的できごとから，新たなる行為から導けるか，が当面の課題であろう。

参考文献

Arendt, Hannah（1958）*The Human Condition*, Chicago: University of Chicago Press（志速雄訳『人間の条件』中央公論社，1973年）.

Drozdiak, William（1995）'Regions on the rise: As European borders become more porous', *Washington Post*, 22 October.

花崎皋平（1981）『生きる場の哲学――共感からの出発』岩波新書。

Lefebvre, Henri（1970）*La Révolution urbaine*, Paris: Gallimard.

――――（1971）*Au-dela du Structuralisme*, Paris: Édition Anthropos.

松原治郎・似田貝香門編著（1976）『住民運動の論理――運動の展開過程・課題と展望』学陽書房。

似田貝香門（1974）「社会調査の曲がり角――住民運動調査後の覚え書き」『UP』24号。

―――（1975）「地域問題と住民運動」『現代と理論』第 19 号。
―――（1977）「運動者の総括と研究者の主体性」（上・下）『UP』第 55, 56 号。
―――（1984）『社会と疎外』世界書院。
―――（1986）「コミュニティー・ワークのための社会調査」『公衆衛生』第 50 巻 7 号。
―――（1996）「再び『共同行為』へ――阪神大震災の調査から」『環境社会学研究』第 2 号, Vol. 2。
―――（1997）「『准看問題検討会調査』結果の解説と若干の論点」『准看護婦問題調査検討会報告［資料と解説］』医学書院, pp. 135-144。
―――（2000）「21 世紀の環境学――自然科学系・人文社会系との対話に向けて」（第 15 回環境工学連合講演会特別講演）『第 15 回環境工学連合講演会論文集』, pp. 27-32。
―――（2001）「市民の複数性――今日の生をめぐる〈主体性〉と〈公共性〉」地域社会学会編『市民と地域――自己決定・協働, その主体』地域社会学年報 13 集。
―――（2004）「社会と多様性 阪神・淡路大震災の被災者――ボランティア活動を例示として」『多様性の起源と維持のメカニズム』国際高等研究所報告書, pp. 95-110。
―――（2006）「『ひとりの人として』をめざす支援の実践知」似田貝香門編『ボランティアが社会を変える――支え合いの実践知』関西看護出版, pp. 183-200。
Polanyi, Karl（1944）*The Great Transformation*（野口建彦・長尾史郎・杉村芳美訳『大転換――市場社会の形成と崩壊』東洋経済新報社, 1975 年)。
Touraine, Alain（1965）*Sociologie de l'action*, Paris: Ed. du Seuil.
鷲田清一（1999）『「聴く」ことの力』TBS ブリタニカ。

第Ⅰ部
都市空間の変容とローカリティの形成

第Ⅰ部の概要

　こんにち都市のゆらぎは，グローバル化にともなう都市空間の変容とその過程に織り込まれているローカリティの内容によって示すことができる。

　まず第1章では，「失速する世界都市」としての東京の経験（「成功と失敗」の物語）がヘゲモニー依存型都市にとって宿命的なものであったことを論じる一方で，その「脆弱性」がかえってグローバリゼーションのはらむ多系性とそこに根をおろすローカリティの複数性をあらわすものとなっていることを指摘する。そして，グローバル構造決定論や〈グローバル〉をめぐる言説のインフレーションにけっして解消／回収されない都市空間の変容の文脈と「現在性」の内実を，再帰的なグローバリゼーションの先で組成されるネットワークの動向を見すえて論じる。

　第2章では，前章の議論を成長管理といった政策次元で切り取り，それをサステイナブル・シティとかかわらせて論じる。そして市場原理に親和的であり，国民国家の枠内で成長を制御する北米型と，トランスナショナルなリージョン形成の文脈での多様な主体／ステイクホルダー間のガバナンスにもとづいてサステイナビリティを追求するヨーロッパ型とを対置する。そのうえで日本の成長管理はつねに国と自治体の対決のもとに置かれ，しかも対処療法的なものに終始してきたと位置づけ，サステイナブル・シティへの道をグローバリティの拡がりと地域の内発的発展に深く足を下ろしているヨーロッパ型にもとめる。

　第3章では，ローカリティの意味内容をコミュニティの変容とコミュニティ・リ・デザインの方向に即して明らかにする。コミュニティの変容を通してつねにみられるのは physical planning と social planning のせめぎあいであるが，それが都市化と地域共同体の崩壊，それに続く都市問題の噴出とコミュニティ政策の展開の局面において著しく一方（前者）に偏したものであったと論じる。しかし同時に，コミュニティ・リ・デザインが立ち現われるなかで，行政，さまざまな市民活動，そして専門的職能のあいだの「協働」にもとづく新たな〈自治〉の枠組み＝ローカリティの平面が形成されつつあることを指摘する。

第1章
グローバリゼーションと都市空間の再編
複数化していく経路への視点

1　グローバリゼーションと都市[1]

　1980年代初め，資本と労働のグローバルな再配置と新しいヒエラルヒーの空間的構造化に直面した大都市研究は，「世界都市」論という都市研究の新しい領域を切り開いた。その扉を開き，体系化を進めたのはJ. フリードマンとS. サッセンという2人の研究者であった。

　　ひとつの都市が世界経済に統合されている形態や程度，新しい空間的分業のなかで都市に割り当てられている機能は，都市内で発生するあらゆる構造的変動にとって，決定的になるであろう（Friedmann 1986: 70）。

　この第一仮説から始まるフリードマンの「世界都市」仮説は，その後の研究の展開方向を示すガイドラインとなっていく。それ以後の20年間，世界中の都市・地域は，たしかにグローバリゼーションと新自由主義という2つの巨大な変動の波に翻弄され，その姿を大きく変容させてきた。グローバリゼーションと都市とが，どのような関係のもとにあるのか。その検討の裾野は今日，産業や空間のような構造レベルばかりでなく，人びとの日常的実践

1）本章は，科学研究費基盤研究（B)(2)「ポスト成長期における持続可能な地域発展の構想と現実――開発主義の物語を超えて」（平成14～16年度，研究代表者・町村敬志）による研究会での議論にもとづいて執筆された報告書論文（町村 2005）をベースに，筆者のこれまでの仕事（町村 1995, 2000b, 2002a, 2002b）を踏まえてまとめられた。したがって本章の内容は，それらと一部重複しつつ，さらにその先を目指すものである。

や思考フレームのようなミクロ・レベルにまで幅広く及びつつある。

　だが21世紀を迎えた現在，その議論は大きな転機を迎えている。1990年代に入ってから理論を回顧したフリードマンが述べているように，「世界都市パラダイムの美しさとは，そうでなければ，労働市場，情報テクノロジー，国際的人口移動，文化研究，都市建設過程，産業立地，社会階級形成，大規模な権力剥奪，都市政治などへとばらばらに分解してしまう研究群を，ひとつのメタ・レベルの物語へと統合していく可能性にある」(Friedmann 1993)。「大きな物語」喪失のポストモダン状況にあって，グローバリゼーションという変動に関する大胆で魅力的なメタ物語を提供しようとした世界都市論は，熱狂をもって世界的に受け入れられた。たしかに，物語の「美しさ」は人を大いに引きつけた。しかしながら，その細部は十分に詰められることはなかった。しかも，とりわけサッセンがそうであったように，そのモデルは，1980年代のニューヨークやロンドンといった，アングロサクソン的な都市の経験にしばしばきわめて強く依存していた。

　今日，グローバリゼーションの現実と認識は，1980年代とは比較にならないほど広がり，また深化しつつある。しかし同時に明らかになりつつあるのは，グローバリゼーションという共通の磁場のなかで，世界の各都市・地域がたどる「経路」がひとつではありえないという事実である。たとえば，世界システムにおけるヘゲモニーに由来する歴史的・文化的資源をもたない後発の他都市は，はじめから，ニューヨークやロンドンとは異なる道を歩まざるをえなかった。グローバルなネットワークへのリンクを強め，多くの企業・資本を引きつけるため，東京をはじめ多くの後発都市では，都市再開発，交通通信インフラ整備などメガ・プロジェクトに向けた膨大な投資が行なわれていく。急激な都市開発は都心インナーシティに位置する労働者・自営業者コミュニティやその文化を破壊する一方，裏づけのない投資による不動産価格の高騰やバブルをしばしば引き起こした。経済的な活況は，消費志向の強い中間層やエリート層を生み出す一方，低賃金で働く移民労働者の流入に道を開いた。その結果，都市住民のあいだにはしばしば新しい経済的不平等が付加された。やがてバブルが破裂した都市では，開発の放棄された虫食い

上の空間が残され，バブル景気にのめり込んだ企業の破綻があいついだ。

　だが，単線的・一元的な「世界都市」化の失敗を，グローバリゼーションという潮流自体のストップとみなすことはできない。現実の経済的グローバリゼーションとは，むしろこうした「失敗」をもその一部として勢いのなかに組み込みながら，解体と再編をいっそうのスピードで押し進めつつある。絶えざる都市間競争に向けて人びとや都市自体を動員していくネオリベラリズム的論理のもとでは，無数に生まれる――程度の差はあれ――「敗者」の経験が，グローバリゼーションのもうひとつの中心的な物語を構成する。多数の「失敗」を生み出しながら，生産・流通・金融の諸過程がグローバルな規模で空間的に再配置され，より大きな構造転換の流れへと，世界の諸地域，諸社会階層が巻き込まれていく。

　アングロサクソン的な「グローバル・スタンダード」が貫徹させられるがゆえに，むしろそれからの距離に応じて国家的・地域的な特質が明らかとなり，局地的な利害が噴出する。言葉を換えると，世界都市化の「成功」ではなく，むしろ世界都市化の絶えざる「失敗」の過程を通じて，世界各地の都市は類似の位置に立つことを余儀なくされている。

　1980年代型の世界都市論はたしかに大きな壁に突き当たった。しかしその壁は，グローバリゼーションという変化から目を背けることではなく，それとあらためて向き合うことによってしか，乗り越えることはできない。早生のグローバリゼーション論として登場した世界都市論を追い抜いていったグローバリゼーションのさらに大きな波に照準をあわせて，もういちど，グローバリゼーションと都市の関係を再定式化していくこと。求められているのはこうした方向性である。そのためにも，経済決定論に陥りやすいグローバリゼーション論を，ナショナル／ローカルな文脈に埋め直していく作業が欠かせない。

　以下，この章では，現代の東京がたどってきた道筋を念頭に置きながら検討を進めていこう。なぜいま，東京[2]なのか。東京を研究することには，どのような積極的な意義があるのか。

2　失速する「世界都市」

　1980年代，華々しい「成功」を誇っていた東京は，その後，瞬く間にその地位を低下させていく。「世界都市」研究の要諦を占めていた東京の「成功と失敗」は，単なる「一事例」という域を超えて，グローバリゼーションと都市の関係を一般的に考察するうえでも大きな意味をもつ。

　よく知られているように，世界都市研究の礎石を築いたとされるサッセンの『グローバル・シティ』（初版1991年刊行）は，ニューヨーク，ロンドンという新旧覇権都市と並んで，後発都市・東京を対象としていた。資本のグローバリゼーションが進展しても，もしニューヨーク・ロンドンのみが経済的ヘゲモニーをもつとするならば，わざわざ世界都市仮説など持ち出さなくとも，その優位性は歴史的蓄積でおおかた説明がついてしまう。世界都市が，まさに新しい「世界的」現象であるためには，それは旧来の覇権システムから断絶していなくてはならない。そのためには，ニューヨーク，ロンドンの経験を「世界的」な経験へと架橋していく「実例」が必要であった。そして1980年代という時点において，その架橋の役割を果たしたのが，東京という存在であった。日本の急激な経済成長の結果，環大西洋圏の二極体制から，米欧日の三極体制の世界経済がしだいに姿を現わしつつあった。なかでもバブル真っただ中の東京は，当時，金融市場としてニューヨークやロンドンに匹敵する「規模」を誇っていた。新旧覇権国家のセンターに匹敵する都市として，遠い東アジアの東京が浮上してきたという事実が，欧米的視点から眺めると，大転換に見えていたであろうことは想像にかたくない。1980年代の世界都市仮説において東京の存在は，単なるエピソードというよりも，む

2）「東京」という地名によって，どの範囲の地理的エリアを指し示すか。この点は，東京研究につねに大きな難問を突きつけてきた。また，グローバリゼーションが社会の領域的構成にもたらす影響を検討する試みのなかで，「世界都市」と対比させるかたちで「グローバル都市地域」（Global City-region）という概念も提起されている（Scott 2001）。

しろその説得力の中核にあった(町村 2002a)。

しかしながら,『グローバル・シティ』刊行からほどなく,グローバルな都市ヒエラルヒーにおける結節点という点で,東京の地位は急激に低下していく。バブル経済のピーク時,国際金融センターとしての東京は,その規模だけでみればロンドンを上回り,ニューヨークに匹敵する規模があるとみられた。また,1990年当時,日本の対外直接投資額(年間)も,ドル換算でアメリカを上回り,世界一の規模を誇っていた。だが,「マネーサプライヤー型世界都市」(加茂利男)と指摘された東京は,土地と株価のバブルがはじけた後,急速に資金供給力を失い,それとともに金融面での結節性を瞬く間に低下させていく(Kamo 2000; 町村 2002b: 102-103)。日本の対外直接投資額は,1999年には世界第9位にまで低下し,日本の対外資産の伸びも大幅に鈍化していく(図1参照)。

しかし,その後における主要諸国の対外資産の急激な伸びを見てもわかる

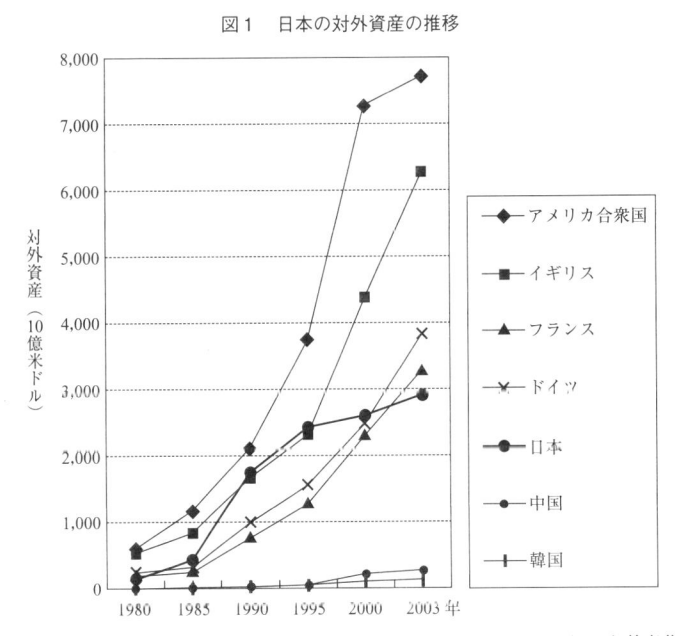

図1　日本の対外資産の推移

出所：*World Economic Outlook*, 2005 April (Globalization and External Imbalances) より筆者作成。

ように，経済的グローバリゼーションは，冷戦が終結しインターネットなどの情報通信技術の飛躍的な発達が進む1990年代に，むしろ本格的に展開していく。したがって，バブル経済崩壊の痛手と長引く不況のなかで東京は，長期間にわたって停滞と調整を余儀なくされただけでない。この新しい変化の時期に乗り出していくうえで，早生の世界都市・東京は徹底的に遅れをとった。いわば東京は，二重の意味で停滞を強いられた。バブル経済の最末期と重なる1991年，東京証券取引所には，有り余る日本の資金を求めて127の外国会社が上場していた。しかし2004年3月，その数はわずか30ほどにしかすぎない。サッセンが，その著書において主要な根拠として位置づけた東京が，たちまちのうちに「世界都市」軌道を外れていくという事実は，現代におけるグローバルな都市間競争の激しさ，厳しさをたしかに物語る。80年代の世界都市論は，この意味でたしかに楽観的な色彩が強すぎた。

　冒頭でも述べたように，東京のあまりにあっけない「失敗」は，フリードマン＝サッセン流の「世界都市」概念が本来含意していたはずの，世界都市現象の一般性・普遍性に対して，大きな疑問を投げかけたといってよい。資本や情報のトランスナショナルなフローの結節機能に着目し，その集積度をもとに，国家を越える都市・地域間の新しい階層性やヒエラルヒーを想定する試みとして，「世界都市」概念は登場した。しかしながら結果として，「世界都市」をランキングする多くの試みが明らかにしているように，現在もニューヨークとロンドンだけが突出した存在として，他の諸都市を中心性という点で圧倒している[3]。グローバリゼーションのすえ，結果的に出現しているのが，依然として，旧来のヘゲモニー構造から多くのメリットを享受する都市による，支配構造の再生産・再強化という風景だとするならば，「世界都市」論には果たしてどのような「新しさ」があるのか。

---

3) たとえば，Taylor（2004: 168）は，同様の試みから，ロンドンとニューヨークを第一ランクの中核と位置づけ，フランクフルト，香港，パリ，シンガポール。そして東京を第二ランクと位置づけた。

3 グローバリゼーションがもたらすローカルな変動

　だが，東京の「世界都市」からの脱落が，グローバリゼーションの後退を意味すると考える者はいないだろう。事態はむしろ正反対といえる。1990年代以降，「世界都市」モデルのグローバルな特質とは，むしろ，再開発や経済的バブル，金融危機や財政危機といった多くの「失敗」経験との出会いにこそ見出せる。だとするならば，東京は，そうした「失敗」事例の最先端に立つことによって，「世界都市」論に重要な研究テーマを提供しているといえるだろう。しかも，東京は一段高いピークを経験した分だけ，落ち込んでいった谷もまた深かった。

　サッセンは，ニューヨークやロンドンと並ぶ世界都市として東京を取り上げ，分析を行なった。だが，世界都市としてのニューヨークやロンドンを支えていた基盤と，世界都市としての東京を支えていた基盤には，決定的といってよいほど大きな違いがあった。

　第一に，ヘゲモニー国家としての歴史がもたらす優位性を享受できず，また金融サービスや金融技術の蓄積もない東京の場合，国際金融センターとしての地位は，実際には，国内に蓄えられた豊富な資金を海外に供給する役割によって支えられていた。そして，こうした資金供給を可能にしたのが，いうまでもなく，地価や株価の異常な高騰によって生み出された膨大な資金のバブルだった。

　第二に，ロンドンやニューヨークにとって，「世界都市」という都市イメージは，よきにつけ悪しきにつけ，「現状」を表現するための実体概念であったのに対し，東京にとってそれは，政治的イデオロギーに限りなく近い一種の当為概念であった。地価高騰の引き金となったのが，東京の都心における都市再開発であり，それを正当化したのが，国際化，情報化といった開発イデオロギーであったという事実，そしてこうした動きを担った東京都や政府各省庁が「世界都市」という表現を政策目標として積極的に採用したとい

う事実が，このことを端的に物語っている。

グローバリゼーションが都市社会に及ぼす影響を考える場合，ニューヨークやロンドンのような「現存する」世界都市は，たしかにひとつの先導モデルとしての役割を果たしてくれる。だが，グローバリゼーションの都市的インパクトを世界的広がりのなかで比較検討しようとするとき，むしろ重要なのは，東京をはじめとして世界中で雪崩を打ったように姿を現わした，ヘゲモニーの遺産に依存することのできない「なりたがり世界都市」(wannabee world cities) のほうであった。

基軸通貨を保有した歴史，旧植民地や多国籍企業を介した国際的ネットワークの厚み，強力な軍備を背景にした政治力，これらを基礎とした金融・企業サービス業の蓄積などをもたない非ヘゲモニー依存型の都市にとって，グローバルな都市間競争においてその地位を高め，経済的な影響力の及ぶ規模を拡大させようとするためには，次のようなさまざまな政策を並行して進めることが求められた。

①通信設備や国際空港，港湾などのネットワーク・インフラを整備すること。
②各種の生産者サービス，とりわけ各種の金融サービス業の育成を図ったり，各種規制を撤廃することによって，外部から資本を呼び込むこと。
③国内あるいは域内に蓄えられた豊富な資本を外部に供給することによって，国際金融機能を高めること。
④オリンピックや博覧会のようなメガ・イベントを招致・開催することによって世界的な注目を集め，資本や観光客を呼び込むとともに，都市開発を促進すること。

これら政策パッケージは，後発の大都市にとってお決まりのものとなっていく。しかしながら，こうした政策群の採用は，しばしば騰貴的資金の流入，バブルや金融不安を招き，それらは社会に不安定要因を持ち込むことになった。グローバリゼーションがもたらすローカルな脆弱性の分析にとって，「失速する世界都市」としての東京の経験は，多くの素材と経験を提供して

いる。

極端から極端に触れてしまう「脆弱性」は東京において、どのような経緯をたどったのか。1990年代以降の様子を、主要な経済・社会指標の推移から読み取っていくことにしよう。図2には、東京都を対象に、人口（住民基本台帳人口、外国人登録人口）、建造環境（着工建築物延床面積・居住専用、着工建築物延床面積・商業用、商業地公示地価〔特別区〕）、経済活動（県内総生産額、東証１部株式売買代金１日平均、国内銀行店舗数、弁護士数）、

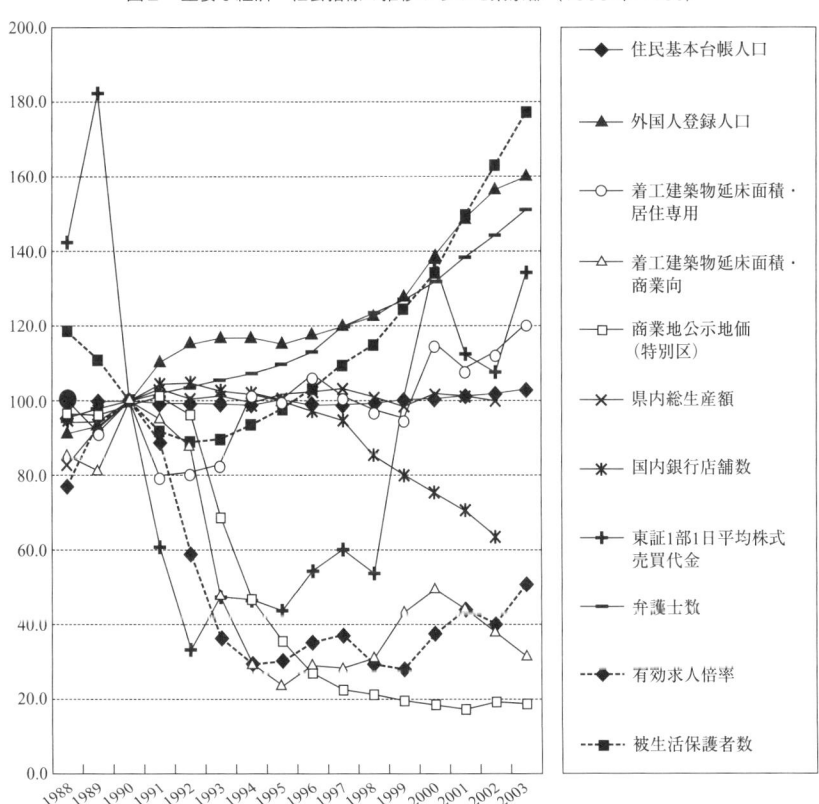

図2 主要な経済・社会指標の推移からみた東京都（1990年＝100）

出所：朝日新聞社『民力2004』（CD-ROM版）、東京都『東京の土地』各年版、東京都『東京の労働』各年版、入管協会『国際人流』各号より筆者作成。

第1章 グローバリゼーションと都市空間の再編 43

社会・労働（有効求人倍率，被生活保護者数）などの指標の各年推移をグラフで示した。いずれも，バブル経済末期にあたる 1990 年の数値を 100 とする指数に置き換えて表示している。特徴を 2 点にまとめておこう。

　第一に，15 年間という比較的短い期間に，それまで比較的単調な変化を示してきた多くの指標が，きわめてドラスティックな変化を記録するようになったことを，まず指摘しなければならない。日本人人口（住民基本台帳人口）や経済活動のマクロな規模（県内総生産額）といったベーシックな指標がほぼ横這いであるのに対し，他の指標の多くは約 15 年間に 50％以上にも及ぶ増加ないし減少を記録している。しかも変動の内容が，時間をかけた逓増や逓減というよりは，比較的短期間における乱高下というかたちをとることが多い。このようなドラスティックな変動のパターンそのものが，この都市の新しい段階を特徴づけている。

　第二に，ここに示したグラフの傾きを見るかぎり，この乱高下には大きく分けて 2 つの節目が存在している。第一に，1992 年から 93 年にかけての変化で，株価，地価，建築動向，雇用が一気に落ち込んでいる。1990 年という基準時点はバブル経済末期にあたっており，93 年前後の変化はバブルの異常なピークへの反動という性格が強いと推定される。第二に，1997 年から 98 年にかけての時期，ふたたび多くの指標が大きな変化を見せはじめている。被生活保護者数や外国人登録者数の増加の勢いが増す一方，国内銀行店舗数が目立って減少を始める。他方で，株式売買や建築着工が上向きに転じている。1997 年から 99 年にかけては，経済的な指標ばかりでなく，自殺や犯罪といった社会的指標も目立った変化を示しており，より深い意味の「転換」や「危機」の時期として指摘されることが多い（渡辺 2004: 26-30; 山田 2004）。

　要約すると，1）短期間における各種指標の急激な悪化と選択的な改善，そして 2）経済的要因から社会的要因への変動内容の質的拡大という事態が，限られたデータからではあるが，傾向として読み取れる。これらの新しい動向が，はたしてどのような都市的現実にもとづいているのか。それはまた，どのような将来の変動の方向を暗示しているのか。グローバリゼーションの

ローカルな帰結について，東京の経験は多くの材料を提供している。

では，現実に，1980年代バブル期以降の東京は，どのような社会・空間上の変容を経験してきたのか。図3は，1980年代以降における経済的グローバリゼーションのもと，東京という都市が，グローバルな金融センター実現をめざす「世界都市」政策を試みて以来のできごとの変遷を，グローバル・レベル，ナショナル・レベル，都市レベルという3つの異なる水準に区分けしながら，総括的にまとめたものである。

1980年代後半，日本を覆ったバブル経済は，いっとき，東京で「世界都市」——とりわけ国際金融センター——の幻想をふくらませていく。だが，バブル経済の崩壊によって，東京は，一時有していたグローバルな経済的優越性を失い，その脆弱性を露呈していく。しかし，日本，そして東京が異常ともいえるバブル経済崩壊の後始末に追われていく背後では，1990年代，地球規模における市場経済の統合がいちだんと進み，経済的グローバリゼーションはアメリカ主導のもとでさらに進展していった。そして，それを支えたのが，インターネットをはじめとする情報通信テクノロジーの急速な発展であった。

「失われた10年」と呼ばれたこの期間，新しい波に乗り遅れた東京の地位は，さらにいちだんと低下する。そして同時に，勢いを増したグローバリゼーションの波が，新自由主義の圧力と一体となって，日本にも押し寄せてくる。産業・企業の面で「構造調整」が急激に進展するとともに，不安定化する雇用・労働条件は，不安定就業や失業者，路上生活者，自殺などの増大を招き，社会不安を引き起こす。地価，株価の暴落によって膨大な不良債権を抱えた金融機関がつぎつぎ破綻し，金融危機はピークに達する。

そして，世紀をまたぐ頃から，新しい動きが東京を舞台に展開を始めていく。第一に，行き詰まった金融機関救済のために公的資金が注入されるとともに，不良債権化して塩漬けになったままの土地不動産を再流動化するため，「都市再生」という名前のもとに大規模な規制緩和策が進められる。

第二に，深刻な財政危機のもと，「小さな政府」を主張する新自由主義の影響により，政府・自治体は，「福祉国家」路線以来の「介入主義」からす

図3　「東京」理解のための図式——グローバリゼーションと脆弱性

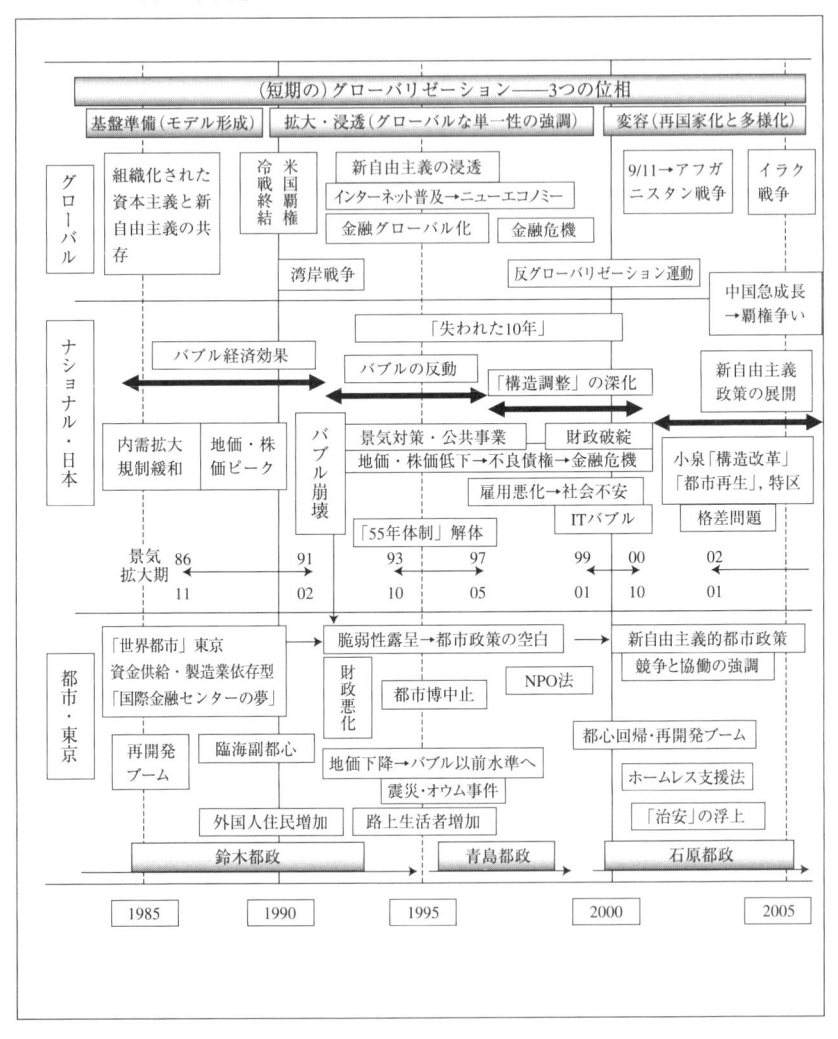

	（短期の）グローバリゼーション——3つの位相		
	基盤準備（モデル形成）	拡大・浸透（グローバルな単一性の強調）	変容（再国家化と多様化）
グローバル	組織化された資本主義と新自由主義の共存	冷戦終結／米国覇権／新自由主義の浸透／インターネット普及・ニューエコノミー／金融グローバル化／金融危機／湾岸戦争／反グローバリゼーション運動	9/11→アフガニスタン戦争／イラク戦争／中国急成長→覇権争い
ナショナル・日本	バブル経済効果／内需拡大・規制緩和／地価・株価ピーク／バブル崩壊	「失われた10年」／バブルの反動／「構造調整」の深化／景気対策・公共事業／地価・株価低下→不良債権→金融危機／雇用悪化→社会不安／「55年体制」解体／財政破綻／ITバブル	新自由主義政策の展開／小泉「構造改革」「都市再生」、特区／格差問題
	景気拡大期　86　　91　　93　　97　　99　　00　　02		
	11　　02　　10　　05　　01　　10　　01		
都市・東京	「世界都市」東京／資金供給・製造業依存型／「国際金融センターの夢」／再開発ブーム／臨海副都心／外国人住民増加	脆弱性露呈→都市政策の空白／財政悪化／都市博中止／NPO法／地価下降→バブル以前水準へ／震災・オウム事件／路上生活者増加	新自由主義的都市政策／競争と協働の強調／都心回帰・再開発ブーム／ホームレス支援法／「治安」の浮上
	鈴木都政	青島都政	石原都政
	1985　　　1990	1995　　　2000	2005

出所：筆者作成。

でに大きく撤退を始めている。代わって，企業や市場，NPO・NGOなどの市民セクターの創意や動機を動員する目的で，「競争と協働」が強調されることにより，公共性の意味は大きく変化させられつつある。

　第三に，テロや犯罪問題，災害問題によって焦点化させられてきた治安やリスクの問題をめぐり，パブリック・スペースの監視，危機管理というテーマが，各地で急速に顕在化するようになっている。

　一連の変化全体は，個別の事象が示す変化の時間的な幅に応じて，少なくとも3つの異なる層に分けることができる。第一に，もっとも長期にわたる「趨勢」ともいうべきもので，ここには，工業化-脱工業化，情報化，それに——長期の——グローバリゼーションなどを含めることができる。これらは，定義によってその時間幅が大きく異なるが，しかし少なくとも20世紀後半という大きなスケールで想定すべき変化であり，それゆえ，各国・地域によって変化の具体的な経路には多様性がかなり生まれている。第二に，1980年代以降大きな流れとなり，すでに20年あまりの歴史的蓄積をもつ「転換」群で，新自由主義，IT革命，そしてそれらによって加速されている経済的グローバリゼーションなどをあげられる。今日の社会変動要因の中核といっても差し支えない。ただし，21世紀を迎えた今日，これら転換自体が，すでに単線的現象ではなく，多系化を始めている。そして第三に，もっとも短期的で，全体的動向への影響の方向をまだ十分に見定めることができない「できごと」群が，変化のもっとも具体的な相を形づくっている。それらは，たとえば，金融危機，自殺の急増，ITバブル，小泉内閣の成立，同時多発テロ，2005年衆院選など，個別のできごととして日常的に体験される。

　これら一連の変化は，それぞれ固有の文脈というものを備えている。しかしまた，それらは同時代の現象としてゆるやかながら相互に接点をもっている。現在求められていること，それは，こうした一連の変化を踏まえたうえで，1980年代に端を発するグローバリゼーションの先に姿を現わしつつある都市の現代的位相を，もういちど，大きな視野で理論的に整理し直していくことである。次の最終節では，この点を検討していくことにしよう。

4　再帰的なグローバリゼーションの先へ

　グローバルという分析の水準が，フリードマンらによって都市研究に持ち込まれたとき，そこでは，グローバル過程が都市の内部過程に及ぼす影響の強さがとくに強調された。「グローバル構造決定モデル」とでもいうべきその枠組みは，新しい視点を呈示するためのいわば戦略的なモデルであったといえるだろう。だが，都市・地域の内部が，グローバルな要因によって完全に，また単純に規定されてしまうことはありえない。実際には，都市は相対的に自立した存在であり，とりわけその政治過程が，ナショナル・レベルと深い連関をもちながら，都市の社会構造や空間構造に強い影響を及ぼしていく。経済的変動として定式化されたグローバリゼーションは，まずは都市成長政治へと接続され，各地で新しい「成長マシーン」を形成していく。1990年代のグローバル・シティ研究は，こうした論点に焦点を当てるものが多かった（たとえば，町村 1994）。

　しかし，グローバリゼーション，そしてそれと一体となった市場経済化の動きは，巨大なブルドーザーのようにさらなる変化を引き起こし続けている。21世紀を迎えた今日，しだいに明らかになりつつあるのは，グローバリゼーションや資本主義が都市に及ぼす影響が，当初想定されたような単線的・一方向的なものではない，という事実である。歴史の一部に組み込まれつつあるグローバルな諸変動は，都市をめぐる多くの行為主体にとってすでに思考や意思決定の前提とされており，その前提のもとで都市を生産／再生産する多様な実践が繰り広げられつつある。

　多義的に理解されることの多いグローバリゼーション概念も，原点に立ち戻って考えていけば次のような定義に行きあたることを，ここでは想起すべきだろう。すなわち，グローバリゼーションとは，国境を超えて遠く隔たった諸活動・諸主体が，実際に，あるいは想像力の産物として相互に依存し合い，かつそのことを前提に自らの行動や価値を変化させていくという事態だ

という点である。いいかえると，グローバリゼーションとは，単なる外在的，外発的な現象にはとどまらない。たしかにそれは，各主体の日常的な行為や意識に対して独特の枠をはめていく。しかし同時に，それはまた，各主体が自らの日常的な行為や意識を通じてその生産・再生産につねに関わっていくミクロな現象でもある。文化的生産・再生産の過程を介して都市の社会‐空間構造が再編されており，その構造化の過程に編み込まれるいわば1本の糸として，グローバリゼーションが姿を現わしつつある。

　以上で述べたような，〈グローバリゼーションと都市〉認識における3つの段階を簡単に表わせば，図4のようになるだろう。グローバリゼーションとは，ローカル，ナショナル，リージョナル，グローバルといった異なる領域モードに準拠する多様な主体のあいだの競争・対立・協力を通じてその形を与えられる，きわめてダイナミックで政治的な過程である。それはけっして，相互依存的な関係が何の抵抗もなく上から下へと浸透していくような自

図4　〈グローバリゼーションと都市〉認識の変遷

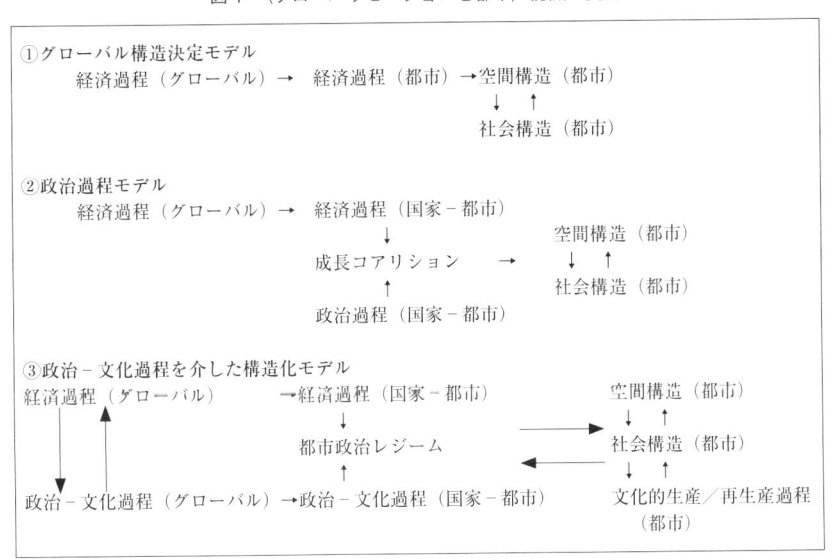

①グローバル構造決定モデル
　　経済過程（グローバル）→　経済過程（都市）→空間構造（都市）
　　　　　　　　　　　　　　　　　　　　　　　　　↓　↑
　　　　　　　　　　　　　　　　　　　　　　　　社会構造（都市）

②政治過程モデル
　　経済過程（グローバル）→　経済過程（国家‐都市）
　　　　　　　　　　　　　　　　　↓　　　　　　　　　　空間構造（都市）
　　　　　　　　　　　　　　成長コアリション　　→　　　↓　↑
　　　　　　　　　　　　　　　　↑　　　　　　　　　　　社会構造（都市）
　　　　　　　　　　　　　政治過程（国家‐都市）

③政治‐文化過程を介した構造化モデル
　経済過程（グローバル）　→経済過程（国家‐都市）　　　空間構造（都市）
　　　↓　↑　　　　　　　　　　　↓　　　　　　　　　　↓　↑
　　　↓　↑　　　　　　　　　都市政治レジーム　　←　　社会構造（都市）
　　　↓　↑　　　　　　　　　　　↑
　政治‐文化過程（グローバル）→政治‐文化過程（国家‐都市）　文化的生産／再生産過程
　　　　　　　　　　　　　　　　　　　　　　　　　　　　　　（都市）

出所：筆者作成。

動的な過程ではない。また，グローバルとローカルの中間にグローカルといった中間的な領域ができあがる曖昧な過程でもない。グローバリゼーションとはあくまでも，脱領域化を進めようとする諸力と再領域化を進めようとする諸力とがさまざまな主体や制度を介してぶつかり合いながら，既存の社会－空間構造を再編していく一連の過程として姿を現わす。その意味で，グローバリゼーションの現場はつねにローカルである。あるいはまた，グローバリゼーションはつねにローカルな基礎をもつ。このローカルな基礎の理解抜きには，グローバリゼーションの動態を十分な厚みをもって把握することはできない（町村 2000）。

　では，こうした視点を前提にしたうえで，図3で示されたような東京の動きを再解釈したとき，そこではどのような発見と理論化を行なうことが可能であろうか。ポイントはおそらく次の点にある。すなわち，社会変動の外生的要因とこれまでみなされてきたグローバリゼーションや新自由主義という契機を，当該社会における多様な行為主体が内面化していく思考フレームやハビトゥスの問題として，いかに描き直すか。まだ試論の段階ではあるが，以下3点ほど，新しい研究視点を呈示していこう。

　1）動機づけイデオロギーとしてのグローバリゼーション

　登場してまだ日の浅いグローバリゼーション概念は，依然として「あいまい」で多義的であり，多様な解釈を人びとに許すものとしてある。現実には，数多く存在する背景要因のなかで，グローバリゼーションの影響は必ずしもつねに大きいとは限らない。しかしながら，言説レベルで増幅されながら浸透していくグローバリゼーションは，強いイデオロギー作用をともなうことが少なくない。過剰化されたグローバリゼーションの語りは，根拠のないブームを引き起こしがちであり，そこからしばしば過大な政策や対策が引き出されていく。

　とりわけ，グローバリゼーションによって創出された「想像上の統一空間」は，競争する他者の実際の姿を曖昧にしたまま，それに関わりをもつ人びとを都市・地域間競争のアリーナへと引き込んでいく。より均質化されて

いく環境のもとで，「グローバルな競争」という語りがリアリティを増し，過剰化された「競争」は，人びとを終わりのない動機づけの連鎖へと引き込んでいく。

　1980年代においてグローバリゼーションは，一部の多国籍企業やエリート層による都市開発を押し進めるための限定的な正当化イデオロギーにすぎなかった。「世界都市」ブームに踊らされたのは，ごく限られた層にすぎなかった。しかし1990年代に入って，経済的グローバリゼーションは，それを受容するにせよ，また抵抗するにせよ，人びとの思考と行為を枠づけるイデオロギーとして，幅広く浸透しはじめる。そして，バブル崩壊の残務処理に追われた90年代も終わりに近づいた頃から，新しいアイデンティティ創出の根拠として，グローバリゼーションがより大規模に参照されはじめていく。

　重要なことは，新自由主義的なイデオロギーと連接されながら進むこの過程が，しだいに明確化していく階層分化に見合ったかたちで，ひとつではなく複数の異なる動機づけイデオロギーを産出していることである（町村 2000b）。一方では，経済的グローバリゼーションを中枢で支える少数の専門職層向けの動機づけ装置が，超高層のタワー型マンションやさらに選別の度合いを増したブランド消費などとセットで，いちだんと激しい競争を煽っている。他方では，そうした競争から「降りていく」層，あるいはそもそもそこへの参入をあきらめてしまう層向けの「癒し」提供が，社会統合維持のための制度として重要性を増しつつある。そして，それらの中間にあって，つねに競わされ，評価される膨大な層に向けて，「自己啓発」を求め，また「成功哲学」を説く言説や表象が，膨大な数のビジネス本や雑誌として提供されている（Machimura 2003）。

　従来の知識が必ずしも生かせない大きな変動に直面するなか，動き続ける「個」として人びとをいかに再生産，再加熱していくか。システム・レベルからも，また個人のレベルからも，有効な「解決策」を簡単に繰り出すことができないなか，「通俗道徳」化したグローバリゼーションや新自由主義の言説が，新しい「自分探し」のための概念パッケージとして活用される状況

が生まれつつある。

2）グローバリゼーションのプロジェクト化

情報や人間，資本のトランスナショナルな移動の増大という変動を前にして，都市はどのような可能性をもった場としてありうるのか。一方で都市は，グローバルな異種混交にさらされることにより，新しい創発性が生み出される場として再定義されるようになっている。グローバリゼーションは都市の多様性を増大させるルーツである。

しかし他方で，グローバリゼーションはまた，都市政治の現場において，画一化されたプロジェクト志向を再強化する結果を招いてもいる。グローバリゼーションに対応した新しいインフラストラクチャーをいかに整備するか。情報，通信，交通，物流などのネットワーク基盤の整備をめざすメガ・プロジェクト，「都市」自体の売り込みを目指すアーバン・ツーリズム戦略の柱に位置づけられたメガ・イベントが，脱工業化段階の新たな都市開発として展開されつつある。たとえば，東京の臨海副都心は，すっかり忘れ去られてしまったその愛称「東京テレポートタウン」が示すように，もともと，「テレポート（情報インフラ）」建設という発想によって正当化されたプロジェクトであった。また，第二次世界大戦後，後発工業国の国威発揚の機会として開催されることの多かったオリンピックや万博は，1990年代以降，先進国のグローバル・シティによるイメージ戦略の格好な手段へと再浮上させられるようになった[4]。

しかしながら，グローバリゼーション，民営化，市場化という趨勢のもとにおける画一化された資源配分・動員戦略の選択は，かえってその都市・地域の置かれた地位を弱体化させてしまうことがある。

第一に，そもそも，その時点においてもっとも有効と考えられた画一的方

4）2012年オリンピックの開催権をめぐって，ヘゲモニー依存型世界都市と目されるニューヨーク，ロンドンまでが，パリやモスクワ，マドリッドなどと競争を繰り広げた。2016年オリンピックには東京都も立候補を表明するなど，メガ・イベント競争主義の根はさらに深くなっている。

策が，その都市・地域にとって本当にふさわしいのかどうか。選択される方策に関する知識，そして自らの置かれた条件に関する知識が不足していたり，あるいは誤っていたりする場合，そこで展開される政策は当然意味をもたなくなってしまう。

　第二に，かりに知識が適切であったとしても，同じような政策を選択する都市・地域が続出したとき，そこには相対的に限られたチャンスをめぐる過当競争が生まれやすい。また，類似した政策が多数展開されることによって，基盤整備が過剰に行なわれた場合，その政策の適合性が結果的に低下してしまう。

　第三に，政策選択の背景にあった内外の条件が変わってしまうとき，選択した政策はその適合性を低下させてしまう。条件変化のスピードはケースによって異なる。しかし，今日のように条件変化が短期間で訪れる場合，投入された資源や人材のもたらす成果が十分に享受されないまま，それらが遊休化してしまうリスクが増している。

　そして第四に，特定の政策を選択しそれに向けて準備を進めていく過程で，従来その都市・地域が備えていた多元的な資源・知識・担い手を喪失していってしまうとき，そこでは，新たな変化へ向けた持続的対応能力が著しく低下してしまう結果を招く。

　経済的グローバリゼーションに対応した都市成長戦略を選択しようとするとき，その都市・地域はしばしば自らの歴史的固有性に見合った多様な選択肢を用意する可能性を低下させてしまう。結果的に，その都市・地域は変化に対する「脆弱性」をむしろ増すことになる。

3) 体系化・標準化・プログラム化される「政策知」

　グローバリゼーションや新自由主義という動向にいかに対応するか。また，そうした対応が引き起こすローカルな脆弱性をどのように克服していくか。再帰性を強めるモダニティの一環として，グローバリゼーションにまつわる「政策知」もまたすでに再帰性の回路のなかに組み込まれつつある。

　第一に，拡大するグローバリゼーションと伸張する市場経済のもとにおい

て，公共性と公平性を備えた持続可能な生活空間としての都市をどのように守り，再構築していくべきか。従来の都市政策は，総じて，蓄積・開発か福祉・環境か，という対立軸のもとにあった。それに対して，今日の都市政策は，次のような課題群をいかに両立させ達成していくか，というかたちをとることが多い。

1) 市場経済化と産業構造転換のもとで，都市の経済的活力，競争力（competitiveness）をいかに保持していくか（競争力問題）。
2) 新保守主義やナショナリズムが台頭するなか，広範な住民に対する市民権付与，社会的排除や貧困の問題回避という課題をいかに達成するか（社会的統合問題）。
3) 環境的制約，財政的制約が強まる都市において，持続可能な建造環境・社会空間をいかに実現し，かつその創造性をいかに保持していくことが可能か（持続性問題）。

これらは相互に対立し合う内容を含んでおり，単純に並列することが難しい。このため，優先順位自体の根本的な見直しを含む，より体系的な「政策知」の形成を目指す新しい都市アジェンダ（urban agenda）形成の試みが世界各地で行なわれるようになっている（Hall and Pfeiffer, eds. 2000; Mollenkopf and Emerson, eds. 2001; Buck *et al.* 2005）。

第二に，グローバリゼーションという現象の特性を反映して，こうした政策知自体が，容易に国境を越えて影響を及ぼし合っていく現実がある（「創造都市」の事例に関して，後藤和子 2005 の紹介を参照）。しかも，経済的グローバリゼーションに積極的に対応しようとする政策ばかりでなく，そうした動きに対抗しようとする知もまた，トランスナショナルに影響し合い，参照されるところに現代の特質がある（たとえば，世界社会フォーラムについて，センほか編 2005 を参照）。

そして第三に，グローバルな連関のもとで整理・統合された「都市的課題」を具体的に展開し，それを政策プログラムへと接続させようとする体系的作業は，日本でも，各種叢書・講座の刊行という形をとりながら，2000年以降積み重ねられるようになってきた。表1には，主要な試みを列挙して

表1　総合化される「都市再生」の知——日本における都市アジェンダ提示の試み

辻山幸宣・武藤博己・人見剛・山岡義典・大石田久宗編
『シリーズ　市民・住民と自治体のパートナーシップ』全3巻，ぎょうせい，2000～2001年
『第1巻　分権社会と住民・自治体の協働』
『第2巻　協働型の制度づくりと政策形成』
『第3巻　協働社会のスケッチ』

シリーズ『新しい自治体の設計』全6巻，有斐閣，2003～2004年
　森田　朗　責任編集『第1巻　分権と自治のデザイン——ガバナンスの公共空間』
　大西　隆　責任編集『第2巻　都市再生のデザイン——快適・安全の空間形成』
　植田和弘　責任編集『第3巻　持続可能な地域社会のデザイン——生存とアメニティの公共空間』
　神野直彦　責任編集『第4巻　自立した地域経済のデザイン——生産と生活の公共空間』
　苅谷剛彦　責任編集『第5巻　創造的コミュニティのデザイン——教育と文化の公共空間』
　大沢真理　責任編集『第6巻　ユニバーサル・サービスのデザイン——福祉と共生の公共空間』

植田和弘・神野直彦・西村幸夫・間宮陽介（責任編集）
『岩波講座　都市の再生を考える』全8巻，2005年
『第1巻　都市とは何か』
『第2巻　都市のガバナンス』
『第3巻　都市の個性と市民生活』
『第4巻　都市経済と産業再生』
『第5巻　都市のアメニティとエコロジー』
『第6巻　都市のシステムと経営』
『第7巻　公共空間としての都市』
『第8巻　グローバル化時代の都市』

『シリーズ　都市再生』全3巻，日本経済評論社，2005年
　矢作弘・小泉秀樹編『1　成長主義を超えて——大都市はいま』
　小泉秀樹・矢作弘編『2　持続可能性を求めて——海外都市に学ぶ』
　矢作弘・小泉秀樹編『3　定常型都市への模索——地方都市の苦闘』

出所：筆者作成。

ある。悪化する都市環境の改善を求める住民運動が大きな潮流となった1970年代，『岩波講座　現代都市政策』（岩波書店）に代表されるような「政策知」の総合が試みられ，それは当時の革新自治体の政策的基盤を形づくっていった。これに対して，「ガバメントからガバナンスへ」が基調となりつつある今日では，政策知の具体化を図る中心的主体は，政府・自治体だけではありえない。したがってここでいう「政策」もまた，もはや政府・自治体の独占物ではなく，自己組織化する社会のパフォーマンスに関わる多くの主

体に対して開かれている。しかしそれだけに，新しい「政策」を決定・評価・見直しをするための民主主義的基盤をどのように再構築するかという課題は，よりいっそう重要な意味をもつ。評価や認証，監査といったプロセスをともなうガバナンスの実現は，決定過程の透明性を増す一方で，序列化や排除をもたらす新しい契機となる可能性がある（新自由主義とのより深い関連については，Brenner and Theodore, eds. 2002; Harvey 2005 を参照）。

　「グローバリゼーション」という思考様式とそれにもとづく「知」のあり方自体が，都市変動の新しい回路のなかに再帰的に組み込まれている。ただし，グローバリゼーションや新自由主義と呼ばれてきた現象そのものが，約20年の時間幅のなかでそのコア要素を変化させており，また累積された「経路」にもとづく多系化が各地で生じてきている。とりわけ，9.11 以降における国家の再浮上を踏まえ，ポスト・グローバル化，ポスト新自由主義を射程に入れた変化が，都市社会の草の根でどのように姿を現わしはじめているか，この点が重要な検討課題となりつつある。

　グローバリゼーションや新自由主義化の進展は，階級・階層の分極化，地方都市の衰退など多くの負の影響をもたらしつつある。しかしその一方，歴史的経験を重ねるなかで，再帰的・自己反省的な契機をもった多様な市民エージェントたちが，都市社会の各所で生まれはじめている。今日，そうした新しい可能性を備えたエージェントたちの居場所は，従来の社会運動やNPO などの枠を越え，企業や自治体などにまたがる幅広い領域に広がっている。「破壊と創造」の両面をもったグローバリゼーションや新自由主義がかかえる矛盾，そして同時にそれらの創発性を，あくまでもローカルな社会的・文化的過程の分析に立脚しながら，いかにリアルなかたちで明らかにしていくか。都市社会研究の新しい課題が広がっている。

参考文献

Brenner, Neil and Nik Theodore, eds.（2002）*Spaces of Neoliberaism: Urban Restructuring in North America and Western Europe*, Oxford: Blackwell.

Buck, N., I. Gordon, A. Harding, and I. Turok, eds.（2005）*Changing Cities: Rethinking Urban Competitiveness, Cohesion and Governance*, Basingstoke: Palgrave Macmillan.

Friedmann, J.（1987）'The world city hypothesis', *Development and Change*, Vol. 17, No. 1, pp. 69-83.

後藤和子（2005）「現代の市民活動――持続可能で創造的な市民社会の構築に向けて」後藤和子・福原義春編『市民活動論』有斐閣。

Hall, P. and U. Pfeiffer, eds.（2000）*Urban Futures 21: A Global Agenda for Twenty-First Century Cities*, London: E & FN Spon.

Harvey, D.（2005）*A Brief History of Neoliberalism*, Oxford: Oxford University Press.

Kamo, T.（2000）'An aftermath of globalisation? East Asian economic turmoil and Japanese cities adrift', *Urban Studies*, Vol. 37, No. 12, pp. 2145-2166.

町村敬志（1994）『「世界都市」東京の構造転換――都市リストラクチュアリングの社会学』東京大学出版会。

―――（1995）「グローバル化と都市変動――『世界都市論』を超えて」『経済地理学年報』第41巻第4号, pp. 1-12。

―――（2000a）「グローバリゼーションのローカルな基礎――『単一化された想像上の空間』形成をめぐる政治」『社会学評論』200号, pp. 124-139。

―――（2000b）「再加熱イデオロギーとしてのグローバリゼーション――『世界都市』東京の動機づけ危機」『現代思想』Vol. 28, No. 11（10月号）, pp. 62-79。

―――（2002a）「『世界都市』を都市・地域社会学に埋め戻す――グローバル・パースペクティブの歴史的意味」『日本都市社会学会年報』第20号, pp. 27-43。

―――（2002b）「世界都市からグローバルシティへ――『世界都市』東京の20年」梶田孝道・宮島喬編『国際社会1 国際化する日本社会』東京大学出版会, pp. 97-128。

―――（Machimura, T.）（2003）'Narrating a "Global City" for "New Tokyoites": Economic crisis and urban boosterism in Tokyo', in Hugo Dobson and Glenn D. Hook (eds), *Japan and Britain in the Contemporary World: Responses to Common Issues*, London: RoutledgeCurzon, pp. 196-212.

―――（2005）「序章 本研究の課題と展望――グローバル化する都市への新しい視点」町村敬志編『ポスト成長期における持続可能な地域発展の構想と現実――開発主義の物語を超えて』科学研究費基盤研究（B）(2) 成果報告書。

Mollenkopf, J. and K. Emerson, eds.（2001）*Rethinking Urban Agenda: Reinvigorating the Liberal Tradition in New York City and Urban America*, New York: The Century Foundation Press.

Sassen, S.（1991）*The Global City: New York, London, Tokyo*, Princeton, NJ: Princeton University Press.

セン, J., A. アナンド, A. エスコバル, P. ウォーターマン編（2005）武藤一羊・小倉利丸・戸田清・大屋定晴監訳『世界社会フォーラム 帝国への挑戦』作品社（Sen, J., A. Anand, A. Escobar, and P. Waterman, eds., *World Social Forum:*

Challenging Empires, New Delhi: Viveka Foundation, 2004)。
Scott, A. J., ed.（2001）*Global City-Region: Trends, Theory, Policy*, Oxford: Oxford University Press.
Taylor, Peter J.（2004）*World City Network: A Global Urban Analysis*, London: Routledge.
渡辺　治（2004）「総論　開発主義・企業社会の構造とその再編成」渡辺治編『変貌する〈企業社会〉日本』（一橋大学大学院社会学研究科先端課題研究1）旬報社。
山田昌弘（2004）『希望格差社会』筑摩書房。

第2章
成長管理からサステイナブル・シティへ

1 都市とサステイナビリティ

1) 都市開発とサステイナビリティ

　都市をサステイナビリティ（自然や社会の持続可能性）の視点[1]から取り上げるようになったのは，1980年代，国連が地球環境問題を世界の都市に共通する課題にしてからである。そして都市が，「環境問題の原因」であることや，「自然環境に大きな負荷を与えている」といった問題意識から研究が進められてきた。自然環境を人工的な市街地につくりかえることに都市の本質があるとすれば，このような視点から研究が進められるのは当然であるといえよう。しかし，とくに都市のサステイナビリティが問題視されるようになった1980年代という時代状況を考えると，都市化の段階にともなう問題としてとらえるほうが妥当であろう。都市化，郊外化，逆都市化というクラッセンのいう三段階の都市化，さらには再都市化のもたらす問題が深刻さを増し，都市開発のあり方そのものに疑問が投げかけられた時期である。都市で住み続け，生活を維持することができなくなりつつあるという危機感が，これまでの経済性を追求した都市開発のあり方そのものに反省を促した。

　成長主義の都市開発が，自然環境の破壊にとどまらず，歴史的景観の破壊，さらには貧困な生活環境，社会的格差などをもたらし，人間の生活や生命の

---

[1] サステイナビリティは，国連で定義された「サステイナブルな発展」の定義にもとづき，地球環境からみた自然生態系の再生産，社会的・経済的な貧困問題の解決，さらには次世代にわたって自然・社会を持続させることなどを可能にするという意味で使っている。註4）参照。

維持を困難にしている。1987年，国連は「環境と開発に関する世界委員会」で「サステイナブルな開発」の概念を提示した。つまり，サステイナビリティが環境と開発に関わる概念であることを明確にしたのである。そして先進諸国では，都市の成長を制御する開発のあり方や都市政策が求められるようになった。都市の成長管理は，当初，公害防止や土地利用計画など空間的なコントロールに焦点を当てていたが，1990年代になると，地球環境の保全や，さらには社会的・経済的な問題をも解決する，統合的な都市環境のサステイナビリティへと向かっている。

このようなサステイナビリティをめぐる都市開発に関する研究は，社会学の分野では遅れている。都市を環境問題の視点からみる社会学的研究も数少なく，「都市における環境問題の歴史的考察と都市居住者の環境意識のデータの紹介にとどまっている」（長谷川 2003: 24）という指摘がある[2]。都市の成長主義的開発に関する研究としては，1980年代，不動産開発がもたらした都心コミュニティの衰退の実態，コミュニティ再生の条件を探る研究が蓄積された。しかし，これらコミュニティ研究の多くは，開発の結果生じた都心衰退を所与の条件としており，都心衰退の原因を分析するものではない。日本の都市開発の問題性が，都市法（都市計画法や建築基準法）にあることから[3]，都市開発にかかわるサステイナビリティの研究は，社会学より都市計画・都市工学の分野で取り上げられやすいテーマであったといえよう。

本章は，先進国の都市化がもたらす問題を克服するために，従来の「成長」概念が見直され，新たな意味づけがなされようとしていること，さらにこれまでの国家や都市自治体の枠組みを変える解決主体が形成されていること，住民参加という形態からガバナンス（利害関係諸団体の協議・調整による協治）という新しい自治のあり方が模索されていることを中心に，都市のサステイナビリティについて検討する。

---

[2]　自治体政策からサステイナブル都市の可能性を論じたものに，中澤（2004）がある。
[3]　都心衰退をもたらす都市開発のメカニズムを，実態調査から日本の都市法に問題があることを明らかにしたものに，西山（2000）がある。

2）成長主義的開発を統御する2つの都市類型

　欧米では，「資本の論理」にまかせた利益至上主義の都市開発を制御する理念と方法に関し，およそ30年に及ぶ実績をもつ。しかし，北米とヨーロッパの都市ではアプローチが異なる。北米では，無秩序に拡大する都市化を都市自治体の権限で制御する成長管理を進め，一方ヨーロッパでは，国連の「サステイナブルな開発」[4]の理念を実現するサステイナブル・シティを，国と自治体の協力関係によって具体化しようとしている。

　2つのタイプの環境都市はそれぞれサステイナビリティを目指しているが，開発をめぐる理念が違うため，開発と市場の関係や，環境問題の解決手法も異なる。

　市場との関連でいえば，アメリカの成長管理型の都市は市場原理に融和的で，むしろ，それを活用する方向でサステイナビリティを実現しようとする。これに対しヨーロッパのサステイナブル・シティは，市場原理を否定するものではないが，市場原理の限界を前提とし，資源の消費の増大をともなわない産業構造や，市場原理とは別な経済システムに立つ都市開発，都市再生のあり方を模索している。

　サステイナビリティを実現する方法についてみると，成長管理型都市は環境問題をグローバルにとらえる視点が弱いため，解決手法を国民国家の枠内，あるいは大都市圏域内に求める傾向にある。一方サステイナブル・シティは，都市のサステイナビリティを地球環境問題や地球規模の不公正の問題と関連

4）1987年，国連の「環境と開発に関する世界委員会」（WCED）が提出した報告書，『われわれが共有する未来』（通称『ブルントラント報告書』）で提起された。開発の内容は，①自然資源の保護，②生態系の再生産能力を破壊しないこと，③南北問題の解決など社会経済的な公平を実現すること，④次世代に環境破壊のリスクと負担を負わせないこと，という4つの要素を充たすものとなっている。Sustainable Development についての訳語は一般的に「持続可能な開発」とされているが，この訳語では従来の経済が持続的に発展するという意味となって誤解をもたらすという理由から，「維持可能な開発」の訳語を主張する都留重人，宮本憲一らがいる。本論は，サステイナブルを使っているが，内容的には自然・社会を次世代にわたって持続させるという意味で「持続可能」の訳語に近い。

づけてとらえようとする傾向が強い。解決手法も，国家の枠を越える地域的な一体性を重視している。サステイナビリティをテーマに新たな範域（リージョン）を形成する可能性がみられる。国家単位の統治システムから離れ，環境問題をめぐって都市連携やトランスナショナルなリージョン形成という新たな統治のしくみが模索されつつあるといえよう。

2つの都市類型とも，市民参加は重要な要素となっているが，サステイナブル・シティは従来の市民参加を越える，地域の諸利害集団のパートナーシップやガバナンスを志向している。地球環境問題や途上国の貧困問題に対応することが求められる21世紀の都市は，成長管理型都市からサステイナブル・シティへの展開に大きな可能性があると思われる。

2　スプロール状郊外開発とアメリカの成長管理

1）アメリカの都市成長管理の特徴

アメリカで，環境保護の観点から都市の成長管理が問題とされるようになったのは，1960年代以降である。1962年にレイチェル・カーソンの『沈黙の春』が出版され，環境保護運動が全国的に展開されるようになると，郊外住宅地開発や高速道路・空港などの大規模な都市開発は批判を受けるようになった。歴史的にアメリカの都市は，「私有主義とモザイク状文化を支持する方向を辿り，これに代わるべき都市像を生み出すことはなかった」（ベリー 1978: 73）と指摘されるように，企業の自由な開発行為が優先され，その結果生じる所得階層・人種民族別住み分けが正当化されてきた。このような自由主義的な都市開発が主導的であったアメリカで，都市成長管理策は環境保護運動や住民の利益保護活動，社会的公正の理念追求などを背景に，さまざまな目的集団（アソシエーション）が推進力になって生み出され，環境や「生活の質」と矛盾しない手法で，住民の参加を得ながら探る点に特徴がある。

都市化から郊外化という段階に進んだ20世紀初頭，郊外開発を推進した

のは「都市美」を求める白人中産階級であり，その開発手法として無秩序な開発を抑制するゾーニング（用途地域制）が考案された。土地利用規制であるゾーニングは，地域の利害と実情を反映するものとなり，コミュニティや地方自治体がその実施権限を握った。自治体に土地利用の決定権限を認めることは，ホーム・ルールと呼ばれる都市の憲章で保障された権利であり，アメリカの草の根民主主義を実体化する制度であるといえよう。さらに自治体は財源を不動産税と売上税に依存しているため，郊外の自治体は中産階級向けの住宅地開発を積極的に進め，ゾーニングは土地の資産価値を高めるように働いた。このようなゾーニングのあり方は，後に，排他的ゾーニングとして批判される。つまり，良好な住環境をつくりだすため，住宅の建設戸数を制限するゾーニングが，住宅価格の高騰や低所得層の排除をもたらしたためである。

　都市計画は1960年代まで，地方自治体のゾーニングという土地利用規制の手段しかもたなかったが，60年代半ばから，広域的に土地利用を規制する必要が生じ，ゾーニングの権限を自治体から州政府に移譲することが求められるようになった[5]。環境保護運動の高まりを背景に州政府のなかには，州憲法に環境権を規定し，環境法を制定するところもでてきた。州環境法は環境アセスメントの実施を求め，都市計画関連の活動もその対象にいれた。これにより，土地利用規制を決定する権限が州政府に移され，これまで自治体がもっていた大きな決定権限は削減されたのである。

　連邦政府も，州政府主導の成長管理策の必要性を認め，大統領府の下に「土地利用と都市成長に関するタスクフォース」を設置した。そして1973年の報告書で，土地利用が広範な地域の環境系に影響を及ぼしていること，土地を商品としてではなく稀少な資源とみることの重要性を指摘した。

　こうして環境法により，州政府が新たな土地利用規制や成長管理を決定する権限をもつことが，法的に保証されたのである。そして従来の土地観や土

---

[5] 大野（1998）は，アメリカの都市成長管理政策を都市計画制度の変化から体系的に分析している。執筆に際し参考にした。

地利用の変更を迫る動きは徐々に受け入れられ，1975年までに全国50州のうち27州が州レベルの土地利用計画を策定した（大野1998: 71）。

　しかし現実には，ゾーニングを実施してきた自治体の権限は強く，州の土地利用計画を受け入れるには時間がかかった。とくに1980年代アメリカは，金融業や不動産業を中心とする経済急成長期にあり，都市中心部の開発がいちだんと進められた。とくに経済のグローバル化を背景に「世界都市」「グローバル都市」を目指す都市空間の再編が進み，超高層オフィスビルの建設がブームとなった。都市環境の激変に異議を申し立てる住民も増加し，都市自治体は開発を制御する成長管理策を打ち出すこととなったのである。

2）都市自治体の成長管理政策──草の根民主主義に支えられた市民参加

　「グローバル都市」を目指す多くの大都市で，成長管理の取り組みが始められた。ニューヨーク市では1982年，マンハッタンのオフィスビル建設を東部から西部へ誘導するミッドタウン・ゾーニングや，住宅地域の高層化を防ぐ高度規制などの成長管理策を採用した。ロスアンゼルス市では1986年，商業地の容積率を300％から150％に引き下げるプロポジションUを制定し，ボストン市では，伝統的な景観を守るため，建物の高度規制やオフィスビル開発と低所得層向け住宅（アフォーダブル住宅）を合わせて建設させるリンケージ政策など先進的施策を展開している。

　いずれの都市も，成長管理策を推し進めた背景に強力な住民運動や環境保護運動の存在がある。全米でもっとも進んだ都市成長管理を実現しているサンフランシスコ市の事例から住民参加の実態を検討したい。

　サンフランシシコ市ではすでに1960年代，サンフランシスコ湾を保護する住民運動が活発となり，都市開発を環境の視点から点検する住民層が育っていたといわれる。住民は1980年代の開発ブームの時期，都心部を開発から守る構想を提案した。そして，全米でもっとも進んだ成長管理の都市計画といわれる「ダウンタウン・プラン」（提案M＝都心部計画）が，1986年に成立した。内容は，1年間のオフィス開発の総量を規制し，建物の容積率を引き下げるダウン・ゾーニング，開発にともなう基盤整備を開発者に負担さ

せる「開発者負担」の強化，歴史的建造物の保護などの開発制御などを目指している。さらにオフィスビル開発に低所得層向け住宅の建設を義務づけるリンケージ政策が，1981年にガイドラインとして導入され，1985年には条例化された。

このようなサンフランシスコ市の成長管理は，活発な市民参加によって可能となっている。市民参加の実態をみるため，サンフランシスコ市中心部から南1.6kmに位置するミッションベイの事例を取り上げたい。1980年代初め，風光明媚なミッションベイに提案された超高層ビル建設案に激しい反対運動が起こった。そして1990年，市，デベロッパー，住民，民間コンサルタントの四者は協議し最終計画案を作成した。その間，ほぼ10年近い年月を計画策定にかけている。最終案は，最初のデベロッパー案ではゼロであった低所得層向け住宅を3,000戸建設，オフィスの最高高度を42階から8階へ，総床面積を90haから43haへ変更するものであった。さらに住宅は伝統を尊重した中低層住宅へ，開発者負担として事業総額の20％をデベロッパーが負担するなど，住民の意見が大幅に取り入れられた（大野・エバンス1992）。

10年近い計画案策定過程には先進的な市民参加の手法が取り入れられ，アメリカの市民参加の典型として評価されている。その特徴は，第一に，サンフランシスコ市全体にさまざまな市民団体，アソシエーションが活発な活動を展開し，重要な問題ごとに連携が組まれることである。アソシエーションは，生活上の利害や関心に応じて日常的に活動する目的集団である。特定地域の開発計画が発表されると，自らの団体の理念に合わせてその是非を問題とし，問題解決のために団体間の連携を組んでいる。ミッションベイでも，「ミッションベイ・クレアリングハウス」という連合体が結成され，借家人団体，環境保護団体，歴史的建築物の保護団体，少数民族の権利擁護団体，宗教団体など40に及ぶ団体が連合組織を形成し，デベロッパー，市当局，民間コンサルタントなどの連絡調整機能を果たした。そして連合組織には，デベロッパーの計画案に対抗する代替案を作成する専門職も多く参加しており，アソシエーションの政策形成能力が高いことも特徴的である。このアソシエーションの力量と連携の強さは，アメリカの市民参加を支える基礎にな

っていると思われる。

　市民参加の第二の特徴は，アメリカの直接民主主義の伝統が市民参加を制度として支えている点である。住民が行政の決定に反対する場合，議会を経ず法案を発議することができるイニシアティブの制度と，法や条例を住民投票によって決定できる制度がある。制度の採用は州によって異なるが，カリフォルニア州は2つの制度とも1898年という早い時期に導入している。この制度を土地利用規制に活用するようになったのは，1970年代の成長管理策推進のなかであり，1980年代には急速に広がった。サンフランシスコ市の提案Mもこの制度により可能となった。

　第三の特徴は，市長がマイノリティや低所得層の立場を尊重し，都市開発を市民生活の視点からとらえようとする姿勢が強い点である。ミッションベイでも反対運動を受けて，市長がデベロッパー案を取り下げ，超高層建築は望ましくないこと，低所得層向け住宅を建設することなどを含めた開発ガイドラインを示し，強いリーダーシップを発揮した。市民参加を有効にするためには，市当局のリーダーシップが重要であることを示している。

　第四の特徴は，計画案作成過程を尊重し，さまざまな種類の会合，ワークショップ，電話による市民の意見聴取を進め，計画案に反映させたことである。アメリカの草の根民主主義は，時間と手間がかかるものであり，そのプロセスを重視していることがわかる[6]。サンフランシスコ市の1960年代の成長管理に取り組んだ都市計画局長が，「サンフランシスコ市の分権的な政府活動が遅いというのが本当ならば，それは慎重な審議と参加を許容したもの」（ジェイコブス 1998: 56）と言っているように，時間をかけた市民参加を，サンフランシスコ市の都市開発に必要なものとみなす伝統がある。

　第五の特徴は，計画案作成過程の公開である。カリフォルニア州では，1966年に制定された情報公開法を受け，自治体のインフォーマルな委員会

---

6) ミッションベイの計画は，結局，その後の景気後退により，オフィスビルの需要が低迷し，計画が着工されないまま1996年にデベロッパーが協定を破棄した。そして，オフィス開発を中止し，住宅開発に転換することを発表している。

なども公開している。ミッションベイでも，最終的には市が開発計画案をとりまとめたが，素案をまとめるために関係者の参加するブレイン・ストーミングの内容や市民の意見，それらを計画案にどのように反映させたかなど，すべての策定過程を公開した。

　以上，ミッションベイの市民参加の特徴を5点にまとめたが，これらの特徴は成長管理を進める際，アメリカの各都市でみられるある種，マニュアル化された手法といえよう。

3）広域的な都市圏での成長管理——スマート・グロース

　1990年代に入ると，都市にいっそうの人口増が見込まれる経済状況となり，都市成長を促しながら，しかも秩序ある都市開発が求められるようになった。そして単一の自治体ではなく，より広域的な都市圏レベルでの成長管理の必要が指摘された。各都市自治体が市民とともに成長管理策を生み出す1980年代の方式から，州政府の主導のもとでいくつかの自治体が連合して成長管理策を計画，実施する方式への変化である。広域的な成長管理の成功例，先進的事例としてあげられるのがオレゴン州であり，ポートランドを中心としたメトロという広域的な地方政府の設立である[7]。この州政府主導の都市成長管理は，「スマート・グロース」（賢明な成長）といわれている。

　スマート・グロースとは，それまでの成長管理策が環境保全に重点をおいていたのに対し，より広い意味で「生活の質」を保証する開発を意味する。具体的施策について統一的な見解があるとはいえないが，農地・自然環境の保全はいうまでもなく，バランスのとれた混合土地利用や，公共交通システムの整備などが提唱されている。無秩序なスプロール状の開発を否定し，環境への損害を最小にする都市開発を目指している。そして都市自治体の狭い範域ではなく州レベルの広域的な地域単位で成長をコントロールし，望ましい都市像を市民参加によって積極的に創り出そうとするものである。

7）紹介する文献は多く，本章で参考にしたものは，桶川・矢作・岡部（2005），小泉・西浦（2003），Ozawa（2004）などである。

都市自治体のゾーニング手法によって成長管理を進めてきたアメリカで，新しい開発理念が多くの州で受け入れられるようになった背景には，1993年に大統領に就任したクリントンが，環境問題を政策の中心にすえ，環境の保護と経済成長を両立させる「リバブル・アジェンダ」を提案したことがある。連邦政府の支援があったこと，さらに，スプロール開発を否定し，伝統的な近隣開発や公共交通志向型のコンパクトなまちづくりを提案し，いくつかの先進事例を成功させた建築家たちのニュー・アーバニズム運動が1990年代に始まっていたことも見逃せない。

　すでに第1項でみたように，環境保護の視点から1960年代半ば，州政府に土地利用規制の権限を移譲する動きがみられた。しかし，現実に権限移譲が進んだのは，1970年代になってからであり，以後スマート・グロースが進展していった[8]。

　スマート・グロースが目指す広域的な成長管理の実態と，成長管理を支える市民参加のしくみについて，オレゴン州の事例からみることにする。オレゴン州は，農地や自然資源の保護を目的に，1973年「土地保全および開発法」を制定した。そして開発計画を策定するため，市民参加のワークショップを積み重ね，14項目の目標を設定した。そのなかには，計画プロセスの全段階で市民参加を可能にすることや，開発可能地域と都市化抑制地域とを厳格に区分する都市成長境界線を設定することなどがあった。こうした計画目標は各自治体の計画・規制と整合させる必要があり，州政府は郡と市に対し1年以内に計画目標に従ったマスタープランを作成することを要求した。

　土地利用規制の権限を握ってきた自治体からその権限を漸次州に移すための手法として，州は自治体のマスタープラン案を審査・承認する機関として土地開発保全委員会を設け，委員会を通じて間接的に自治体を統御することとした。そして市民に対しても，違反する自治体を裁判に訴えるよう，環境問題を専門とする市民公益団体「1000フレンズ・オブ・オレゴン」を設立するよう働きかけ，自治体に圧力をかけた。自治体の権限を奪うこのような

---

[8] 1998年までに12州が導入している。

州のやり方に異議を唱える自治体，利害団体も多く，反対運動も繰り広げられた。しかし，結局，1986年までにはすべての郡，市でマスタープランが作成され，州の目標に適合していると承認された。

　オレゴン州の第一の都市であるポートランド市は，人口50万人で，豊かな農地と森林に取り囲まれている。すでに1979年に，都市圏内の27市と3つの郡が連携し，土地利用計画などに権限をもつ地域政府「メトロ」を結成していた。メトロは，ポートランド市の豊かな自然環境を郊外開発から守るために，州議会が提案し，住民投票にかけられ成立したものである。組織は公選制の首長と議会をもち，徴税権まで付与された独立性の高い地方政府である。主要な任務は，都市成長境界線を決めるなど広域的土地利用計画をたてること，公共交通計画の立案など交通網の体系化に限定されている。

　1990年代に入り，ポートランド市は，情報産業化にともなう急激な人口増と住宅難，住宅価格の高騰という問題に直面した。都市圏の将来像と都市成長境界線を拡大させる，つまりアップ・ゾーニングの必要から，スマート・グロースのあり方を求めるようになった。メトロは，自治体がもつ土地利用の決定権を自らもつため，ホーム・ルール憲章[9]であるメトロ憲章を住民投票によって成立させた。そして都市圏で増加が見込まれる70万人の人口と住宅開発を各自治体に割り当て，都市成長境界線の拡張を含めた将来の都市成長計画案を，市民参加によって探ろうとした。都市圏の全戸にアンケート調査やワークショップの開催，ダイレクトメール，会合などさまざまな市民参加の手法を駆使しながら，2年かけて1996年に計画案をまとめあげた。都市成長を誘導し，同時に職住近接型の小都市を結節地域として開発し，それらを路面電車マックスで連結するなどのプランからなっていた。この成長プランに従って，各自治体はマスタープランを修正することになった。

　ポートランド市は，メトロの都市成長管理計画に従って，2017年までに

---

[9] 1990年に，自治体しかもてないホーム・ルール憲章を，メトロがもつことを可能にするようオレゴン州憲法が改正された。ホーム・ルールは，都市の土地利用に関する決定権を自治体に与え，上位の政府が介入できないというアメリカ独自の地方自治制度である。住民の自由と権利を保障する都市の権利のひとつといえよう。

約7万戸の住宅を供給するため，市内各地区でコミュニティ計画を作成することにした。各地区は，アンケート，ワークショップ，フォーラムなどを開催し，住民の合意を得るべく努力した。しかし開発戸数をめぐって市当局と対立し，合意形成に失敗する地域も生じた。また，都市成長境界線の見直しについても，メトロを構成する自治体間での調整が失敗し，混乱を招く結果となった（小泉・西浦 2003）。2000年代に入ると，州レベルでも成長管理策に対する批判の声が強くなり，土地利用規制によって生じた土地所有者の損失を補償する「メジャー7」という州憲法改正案が，住民投票によって可決した。これによって個人の財産権を保護する伝統的価値観が優勢となり，成長管理を進める州政府にとり大きな打撃となった。

このように，ポートランド都市圏での広域的な成長管理策は州レベル，メトロ・レベル，都市自治体レベルの各レベルでの合意形成が困難となり，各政府相互でも不協和音を生じているのが現状である。いま，アメリカの都市成長管理は，都市自治体から都市圏へと拡大する必要性を認識しつつも，その具体的方法をめぐって試行錯誤の段階にあるといえよう。広域的な成長管理策には，意思決定権限を自治体から州へ移譲させる必要があるが，都市圏での環境問題や公平性といった抽象的な理念を，住民の具体的な利害とどのように折り合いをつけるか，時間をかけ，試行錯誤しながら見出そうとしているのが現状である。

アメリカの都市成長管理がスマート・グロースの理念に到達したものの，地球環境問題を意識した都市開発という普遍的な理念と地域住民の私的利益を守る草の根民主主義のあいだで揺れ動いていることがわかる。これは，スマート・グロースの理念が，経済成長を促す都市開発を前提に，いかに「生活の質」を確保するか，それは，歩いて生活できること，豊かな自然と触れ合うなど快適な生活と矛盾させないことを主たる問題意識としていることと関連している。「生活の質」は，ある特定の階層的利害を代表する傾向が強くなり，都市で強力な利害集団，アソシエーションを形成できる階層の意見によって支えられがちである。都市成長管理という点で，スマート・グロースのもつ限界ということができよう。

3 新たな都市像を模索するサステイナブル・シティ論

1）EU におけるサステイナブル・シティの展開

　欧州で都市開発に環境保護の視点を本格的に導入するようになったのは，1980 年代からである。その背景としてあげられるのは，1960 年代，欧州の各都市が郊外化による中心市街地の衰退，いわゆるインナーシティ問題に直面し，その解決策として郊外化を抑制し，環境や都市固有の歴史，文化を保護する都市再生運動や事業に取り組みはじめたことがある。ドイツ，オランダ，イタリアなどの諸都市で，歴史的街区の保存，原子力発電に代わる再生可能エネルギーの導入など，環境保護と都市生活の質的向上，都市経済の活性化などを結びつけた先進的な都市再生の試みがみられた。さらに 1980 年代になり，経済のグローバリゼーションがもたらす工業都市の衰退，失業，移民の増加など都市問題が新たな様相を帯びてきたことや，とくに 1986 年のチェルノブイリの原発事故は，地球規模での環境問題を身近に感じさせるものとなった。都市の経済活性化の課題と，健康で安全な生活環境としての都市を同時に求める傾向が強くなったといえよう。

　環境問題を視野に入れた都市開発は，各都市の取り組みも重要であるが，開発の影響や効果からみて他都市との相互協力や連携による広域的な取り組みが必要である。欧州共同体（EC，1993 年に EU となる）では都市相互間のネットワーク形成という問題認識にたって，都市のサステイナビリティを可能にする努力がみられる。EC の環境総局は 1990 年，都市問題と環境問題を統合して扱う政策研究の必要性を提起し，『都市環境緑書』を発表した。都市の経済問題，社会問題，環境問題を個別に扱うのではなく，同時に解決させるものでなければならないとしている[10]。

　そして都市問題は最終的には国家と都市の権限内の問題であるが，補完性原理（サブシディアリティの原理）[11] を導入すれば EC レベルでも解決への施策を行使できると述べている。国家と自治体を超える問題解決主体は，補

完性の原理にもとづけば可能になるという考え方である。そして都市計画に環境要素を統合させるための研究の必要性，欧州各都市の経験を交流すること，パイロットプログラムを開始することなどが提案された（モンタナーリ 2004: 27）。国際的な研究を進めるために，1991 年に，「都市環境専門家グループ」が設立され，EC の都市環境政策をとりまとめることとなった。

一方，国連はすでに「サステイナブルな開発」を自然環境保護だけでなく，社会経済的問題の解決を含めた開発と定義していたが，さらに 1992 年にリオで地球サミットを開き，「サステイナブルな開発」の概念にもとづく具体的な行動計画「ローカル・アジェンダ 21」を提案した。「ローカル・アジェンダ 21」を実現する都市が，サステイナブル・シティである。

EC は，国連の「サステイナブルな開発」を EC の環境政策の目標に位置づけ，1992 年，第 5 次環境行動プログラムを提案した。EC 参加国は，各都市の開発を地球規模の開発思想と関連づけながら模索していくことになり，欧州の環境政策の転換点になったとされている（佐無田 2001: 37）。第 5 次プログラムの提案を受け，1993 年，都市環境専門家グループは「サステイナブル・シティズ・プロジェクト」を開始した。目的は，サステイナブル・シティ研究と各都市の経験の交流や都市ネットワークづくりである。

1994 年には第 1 回欧州サステイナブル都市会議が開催され，地方自治体や NGO など約 600 団体が参加した。「サステイナビリティを目指す欧州憲章」（オールボー憲章）を採択し，サステイナブルな都市発展，つまり社会・経済・環境の 3 つの分野を相互関連させた総合的なサステイナビリティを実現する都市発展を目指した。そして，地方自治体レベルでの行動計画

---

10) EC，後に EU では，このテーマに環境総局と地域政策総局が担当している。環境総局はサステイナブル・シティに関する研究成果の公表，都市間ネットワーク形成の支援を行ない，地域政策総局はサステイナブル・シティづくりの資金助成を構造政策として行なっている。

11) principle of subsidiarity は，1992 年に締結されたヨーロッパ連合条約の前文，および 5 条で明記されている。意思決定がその主体と決定が行なわれる場において「最大近接原理」であること，さらに EU とその加盟国との権力配分が上位のより大きい政治体から下位のより小さい政治体への「最小介入原理」にあるという（池田 2005）。

「ローカル・アジェンダ21」の策定に積極的に関わることが確認された。

オールボー憲章に調印した自治体は当初80にすぎなかったが，2000年段階で1,100を超えている。これは，サステイナブル・シティの理念がEU加盟国のあいだで一般化し，共有されてきたことを意味している。理念を共有するうえで有効な方法が，「サステイナブル・シティズ・キャンペーン」である。これは，諸都市の取り組みや実践例を紹介し，経験の交流を促し，優秀事例の表彰など，さまざまな手法で都市間のつながりを図った。こうして研究と多くの実践例が公表され，参加団体の協力関係も生まれた。欧州サステイナブル都市会議は，1996年に第2回，2000年に第3回が開催されている。

都市環境専門家グループによる「サステイナブル・シティズ・プロジェクト」の最終報告書が1996年に提出され，サステイナブル・シティの基本理念が再度確認された。サステイナビリティへ向けた都市政策は，これまでの物質的成長主義の政策から環境，経済，社会文化的に持続可能な成長に転換するというものである。これまでの都市成長が物質的豊かさを集積することに専念し，環境的，社会的負荷をあまり省みようとしてこなかったこと，負荷にさらされるリスクが豊かな市民より貧しい市民に集中し，社会的サステイナビリティを危うくしていることを反省している（Expert Group on the Urban Environment 1996）。EUのサステイナビリティ論において重要なのは，この社会的サステイナビリティの考え方である。社会の再生産のために，ジェンダー，人種，宗教，言語，障害などを理由とした社会からの排除を克服する社会的インクルージョン（協調）を目指している。

さらに報告書では，都市郊外部の無秩序な開発を規制すること，都市再開発において省エネルギー型の住宅や職住近接の土地利用計画を取り入れ，リサイクル計画や緑地の回復，車依存でない交通体系などを考慮したエコ・システムを導入することが提案された。そしてこのような計画的な成長管理を実現するには，「市場の限界」を認め，企業活動や市場の動きを制限・コントロールする都市経営（都市マネジメント）が必要であり，その手法としてガバナンス（利害関係諸団体の協議・調整による協治）のシステムを提起し

ている。

　このようにヨーロッパのサステイナブル・シティは，地球規模で環境問題を解決する国連の理念に従って，それを各国，各自治体で実現する目標の設定，計画策定，行動計画などを，利害関係諸団体の関与によって策定し，実施するところに大きな特徴がある。そして，サステイナブル・シティを構成する理念として，社会的インクルージョンやエコ・システムをあげ，その理念を実現する自治体経営をガバナンスに見出している。この理念と自治体経営の新しさをEU各国で共有するため，経験や情報交換，自治体相互の支援が進められているのである。

2）サステイナブル・シティとガバナンス

　サステイナブル・シティを実現するには都市経営をガバナンス型に導くことが必要で，イギリスの事例からその可能性について検討する。

　イギリスにおけるガバナンスの形成は，「ローカル・アジェンダ21」の導入以前すでに，社会的・制度的条件が整いつつあったことに注目する必要がある。それは，1970年代から民間非営利組織であるまちづくりトラスト（Development Trust）が，市場原理ではなく生活原理から都市開発を進める実績をつんでいたこと（西山2002，2005），さらに1990年代に地方自治体が，地域の諸団体とパートナーシップを組みながら都市再生事業を行なってきたことである。前者は，ガバナンスの担い手となる市民のボランタリー団体が開発に関わる専門的力量を高め，さらに都市開発が市場原理でなく，非営利の事業組織による社会的企業として実現できることを示している。市場価値のない土地や建物，そして社会的に排除された住民を地域の資源として，それらを生かしながら地域を再生する事業である。後者は，中央政府が進める地方分権の動きを背景に可能となったパートナーシップ型の事業であり，ガバナンスへの方向性を示すものである。

　イギリスにおけるパートナーシップ型の地域再生事業は，1980年代まで，中央政府が事業を決定し，民間企業の協力をえるというかたちのパートナーシップとして実施されてきた。しかし，1992年に導入された政府の都市再

生策「シティ・チャレンジ」は，地方自治体に事業の主導権を認め，自治体が再生事業の課題を決め，事業に期限を設け，成果を問うといった戦略的な方法に転換するものであった。さらに 1994 年の「統一地域再生予算」(Single Regeneration Budget) は，それまで国の 20 の省庁にわたっていた地域再生予算を統合し，地域からの申請方式によって予算を配分した。予算申請の条件として，地域の組織である自治体，企業，地域住民組織，ボランタリー・セクターのいずれか 2 つ以上が，パートナーシップを組むこととしている。

都市再生事業に予算措置を講じる前提として，地域の諸団体の連携（パートナーシップ）を条件にしたわけである。これにより，地方自治体は他の組織と競争関係におかれ，他の団体とパートナーシップを形成しなければならなくなった。この統一地域再生予算にみられるパートナーシップ形成は，自治体を他の利害関係諸団体と対等な関係におくものであり，他方，市民団体もその事業計画・実施能力が問われるという，これまでの自治体と市民活動団体との関係を根本的に変えるものであった。このようなガバナンスにいたる可能性をもつパートナーシップ形成が，中央政府の主導によって促されているところに，イギリスの特徴がある。

1997 年ブレア政権になると，このパートナーシップ型の都市再生事業がいっそう進められる。「コミュニティ・ニューデール」が提案され，医療や教育，失業などこれまで個別の政策対象となっていたものを総合化する方向が打ち出された。事業を進めるパートナーシップ組織のなかには必ず自治体の代表を加え，事業を進める過程で自治体の組織と業務を改善することが目指された。つまり，パートナーシップ事業を展開すると同時に，自治体行政全般をこれまでの縦割り行政から，地域密着型の総合的サービス提供組織へ転換させることが意図されていた。

コミュニティ・ニューデールが進展するなか，2000 年に「自治体法」が制定され，地方自治体に，サステイナブルな開発を目指す「コミュニティ戦略」策定が義務づけられた。環境・社会・経済の諸問題を自治体レベルで統合的にとらえていくことが，制度的な課題になったわけである。そして「コミュニティ戦略」の策定，実施，さらに実施過程をモニタリングするため，

自治体，公的機関，民間企業，地域住民組織，ボランティア団体が構成する「地域戦略パートナーシップ」が組織化されることとなった（中島 2004）。

　このようにイギリスで進められた分権化は，地方自治体に事業計画の権限を移しながら，利害関係諸団体（ステークホルダー）をパートナーシップによって連携させ，自治体政策を計画・実施させる点に特徴がある。パートナーシップのあり方は地方によって異なり，自治体政府の権限が強いところや，自治体が他の諸団体と並列におかれるところなどさまざまである。つまりパートナーシップとは，日本でみられるように，政府機関に決定権限をおきながら他の民間団体に協力，参加を要請するというものではなく，地方自治体と他の地域諸団体がそれぞれ自立した組織として相互認識し，事業ごとに連携するという柔軟な関係を意味している。諸団体が対等な関係で計画，事業，モニタリングに参加するという意味で，このパートナーシップ組織は，ガバナンス組織ということができる。もちろんこの前提には，市民団体も開発に関わる専門性を高め，代替計画案の作成や，事業のモニタリングをする力量が要請されている。

　イギリスの各都市は，このパートナーシップ型の都市再生事業を展開するなかで「ローカル・アジェンダ21」を導入している。たとえばリヴァプール市では，1988年から「健康都市」を軸にリヴァプール市民の生活の質を改善する5カ年計画を，市民団体との協議により策定，実施してきた。1993年から第2段階を迎え，住宅などの貧困問題や，グリーン・シティを目指す環境問題などを含めた幅ひろい健康計画を策定した。市当局をはじめ，区のコミュニティ課，大学，商工会議所，ボランタリー団体，地域住民組織など，約150名が計画策定過程に関与し，3年後に最終案が提出された。その間，グループ討論や公開質問状などさまざまな手法で，市民からの意見聴取が行なわれている。この健康計画は，健康を阻害する社会・経済的条件，環境問題，差別的要素をあげ，貧困問題解決を最優先課題とした。そして，「ローカル・アジェンダ21」を導入し，EUや国の支援を得ながら貧困解決プロジェクトが推し進められ，かつての衰退工業都市がみごとに再生しつつある。

　衰退したかつての工業都市がサステイナブル・シティの理念を目指して都

市再生を図ろうとするとき，EU や国は地域の関連諸団体の連携を受け皿とする条件で資金援助やその他の支援がなされていることがわかる。ブレア政権下での自治体法や「コミュニティ戦略」の諸政策は，自治体経営方式をパートナーシップ型へ移行させ，そのなかからガバナンス型へ展開させる契機を生み出している。そして EU の「ローカル・アジェンダ21」の取り組みがいっそうその動きを押し進める結果になっているといえよう。

3) 国家を超えるヨーロッパのサステイナブル・シティ

　都市開発を環境・経済・社会の三領域から統合的にとらえようとするサステイナブル・シティの動きは，イギリスだけでなく，EU の他の都市でも進められている。しかし，サステイナブル・シティを自治体単位で実現するには限界があり，自治体や国民国家の枠組み自体に疑問が呈されるようになった。自然生態系や民族的な歴史文化の再生産の条件が，国境によって分断されている場合があるためである。この矛盾を解決するために，EU の都市自治体は国境を越えたリージョンという地域的統合でサステイナブル・シティを実現しようとしている。

　EU は，1999年の「欧州空間開発見通し」のなかで，都市間連携，および都市と農村の連携を重視するシティ・リージョンを構想した。シティ・リージョンとは，ある特定の問題を解決するために，国境を越えた自治体の連携や国内の都市自治体が連携し，多極分散型のネットワークを形成するというものである。都市や地域レベルでの取り組みを個別に展開するのではなく，欧州全体として重層的な相互協力のネットワークで支える点に特徴がある。

　シティ・リージョン論の背景には，「境界地域支援プログラム」の展開がある。これは，EU が統一市場の発展を目指し，国境地域の経済的に弱い地域にインフラ整備の資金を援助するというものである。1990年に構造基金の共同体プログラムのひとつとして創設され，やがてインフラ整備から教育，福祉への支援に拡大した。1996年には第2期のプログラムとなり，複数の国にまたがる広域圏育成を支援している。経済発展だけでなく，文化的アイデンティティや環境保護など統合的な視野からの広域圏構想である。

さらに，「境界地域支援プログラム」を受けた都市自治体においても，都市間連携が進展している。二国間をまたがる都市群が，経済開発や環境保全を求めて空間計画をたてるという事例である。この場合，国の役割は，EUの「欧州空間開発見通し」の理念に従って空間計画方針をたて，二国間で異なる地域計画制度を整合させるための協議の場を設け，都市間の協力を促すことである。そして具体的な空間計画案作成と実施は各自治体に任せられているため，各自治体は国の方針に矛盾しないようにしている。ここにみられる各政府間の役割や権限の分担は，補完性の原理にのっているのである。

　このように，EUのシティ・リージョン構想は，EUと加盟国の補完性の原理を基本にしていることがわかる。しかし，EUはシティ・リージョンの理念を示すという役割にとどまらず，構造基金の配分によって各国，自治体に影響力を行使している点も見逃せない。国はEUの方針に従う義務はないが，空間計画の基本方針をできる限りEUの理念に適合させるよう努力している。具体的ビジョンや計画の策定・実施の権限をもつ各地方自治体は，こうした体制下で国を超えたネットワークを形成することが可能になっている。

　ヨーロッパのサステイナブル・シティは，都市の再生を環境・経済・社会のそれぞれの問題を同時に解決するため，国家を超えるシティ・リージョン体制を築きはじめている。それを可能にしているのが国家レベルでの分権化であり，各自治体でのガバナンスの模索，さらには自治体から国家，EUをつなぐ補完性の原理であった。こうした開発を管理する行政的な体制とともに重要なのは，市民が都市開発のあり方を具体的に提起していることであった。市場原理の成長主義的な都市開発に限界を見出し，地域固有の生活を尊重し，地域固有の自然や歴史文化，さらには人間関係までを資産とする開発事業を市民自らの手で起こす，社会的企業と呼ばれる活動が都市開発の「もうひとつのあり方」を提示している（西山 2005）。

4　転換期にある日本の都市成長管理

1) 成長主義的国土開発と都市自治体の成長管理

　日本の都市成長管理は，欧米の事例をみるとわかるように，開発計画策定や実施における自治体の権限，住民や市民組織の参画という点で大きく異なっている。アメリカでは，住民組織や各種アソシエーション，さらには市民個人が計画策定に関われるよう，さまざまな手法が制度化されていた。ヨーロッパでは，開発に関わる利害関係諸団体が計画から実施にいたるまでの協力体制を，パートナーシップ型からガバナンス型にいたるかたちを模索している。これらに比して日本は，都市計画権限が基本的には国にあるため，住民参加は意見を聴取するという形式となるか，あるいは法的には根拠の薄い自主条例を制定するかに限られていた。日本でサステイナブル・シティを目指すのであれば，自治体に計画策定・実施権限を本格的に移譲し，市民参加を実質的なものにしなければならない。1990年代に入って，都市計画のマスタープランを策定する権限が自治体に移譲される都市計画法の改正がみられ，分権化の動きが進んでいる。21世紀の都市のあり方を考えるとき，サステイナブル・シティへの道を，現在の条件のなかから模索していくことが重要になってこよう。

　中央集権的な開発政策を進めてきた日本の都市は，成長管理の意義を開発の負の側面である公害問題から学んできた。国が都市成長管理の必要性を理念的にも政策的にも主導しなかったため，公害対策[12]から出発した日本の成長管理は，問題別の対処療法的な対応となり，しかも都市自治体が国と対決しながら模索するというかたちをとらざるをえなかった。

　第二次世界大戦後，経済的復興は工業化を促す国土開発によって進められ

---

12) 宮本憲　(1981) は，日本の公害対策の特徴を，「民間企業追随主義型」「対症療法主義型」「官僚主義型」ととらえている。

た。政府と資本が一丸となって進める護送船団方式の地域開発は，拠点都市に素材供給型重化学工場を誘致し，その開発効果によって豊かな社会を実現することにあった。1950年代後半から60年代にかけて三大都市圏に臨海工業地帯が建設され，さらにこの拠点開発方式を全国に広げる全国総合開発計画が1962年に出され，高度経済成長を牽引した。

　しかし，工業化を優先させた都市の急激な開発は，深刻な自然破壊，大気汚染や地盤沈下，騒音などあらゆる公害を引き起こし，すでに1950年代末には水俣病をはじめ四大公害事件が社会問題化した。さらに1960年代になると，沼津・三島のコンビナート建設反対運動など多くの開発阻止運動が起こり，地域開発への疑問が呈されるようになった。さらに工業化は都市への人口集中を促し，大都市周辺で無秩序な団地開発が進められたが，住宅地開発による環境破壊，社会資本未整備の問題が，自治体に大きな負担を課していた。

　こうした開発にともなう問題に対し成長管理の必要性を提起したのが，自治体であった。公害問題に対しては，すでに国の規制に先駆けて，1949年，東京都が工場公害防止条例を成立させ，その後，各自治体は公害防止条例や防止協定を成立させた。国は，これら自治体の動きに押されるかたちで，1967年，経済成長と環境保全の調和を図るべく公害対策基本法を制定した。

　無秩序な住宅団地開発にともなう問題に対して異議をとなえたのも，自治体であった。自然を破壊し，防災上も危険な狭小過密なミニ開発や，自治体財政を圧迫する大規模団地開発に対し，当該自治体は「宅地開発指導要綱」を制定して対抗措置をとった。宅地開発指導要綱は，1967年，兵庫県川西市ではじめて制定された。横浜市は，1968年，宅地開発指導要綱を自治体の「町づくり指針」とし，自主「法」としての位置づけを行なった（五十嵐1986: 104）。要綱が開発抑制と基盤整備の一部を事業者にお願いするという立場をとっていたものを，拘束力をもたせるような罰則を規定し，自治体の主導性を発揮した。その後，横浜市では，まちづくりのあらゆる分野で要綱を作成したが，この動きは全国の自治体に大きな影響を及ぼした。

　1968年は，都市の開発を制御する新都市計画法が制定され，戦後初めて

成長管理の思想が制度として導入された年でもあった。新都市計画法は，開発を促進する市街化区域と開発を抑制する市街化調整区域を設定し，市街化区域はさらに用途地域を指定するゾーニング制度を採用し，土地利用に基準を設けた。そして土地利用を制御するために，開発や建築について許認可制度を整備した。新都市計画法により，日本の都市成長管理に一定の方向性が与えられたといえよう。

しかし，新都市計画法が制定されても，自治体が要綱を作成し続けなければならなかったのは，無秩序な大規模団地開発が法的には適合するが，自治体の現状には問題を生じるという欠陥をもっていたためである。新法がもっていた限界は，土地の私有権が優先され，用途地域での建築制限が弱いものになったこと，計画決定権は自治体にあるとしながら，実質的には知事の決定権が優先し，さらに知事は国の建設大臣の指揮監督を受けることなど，中央集権体制を堅持する法であったことにある（野口 1993）。自治体は国が規制しない開発行為に対し，要綱や条例で対応せざるをえなかったといえよう。

自治体の進める成長管理として意義をもっていた宅地開発指導要綱は，自治体が開発規制の基準を設け，建築物の高さ制限，自然環境を保護するための開発規制や，事業者に道路，公園，上下水道など公共施設の建設費を負担させる「施行基準」などをその内容としていた。しかし要綱は都市自治体の制定する規則で，法的な根拠をもっていないため，強制力がなかった。さらに開発全体を統御する権限がないため，成長管理策が国の政策によって左右される弱さをもっていた。

こうした限界に対し自治体は，1980年代に入ると，開発規制の実効力を増すため議会の承認を得た規制，自主条例を制定するようになった。郊外地開発を規制するというだけでなく，都市環境を住民の視点と協力によってコントロールする手法を模索し，さまざまな種類の条例を制定した。1981年に神戸市，1982年に世田谷区など，先進地域でまちづくり条例が制定された。また，公害問題に関しても，公害を防止するというものから，より積極的な都市環境を保全する動きとして，鎌倉市の環境保全基本条例や川崎市の環境影響評価に関する条例など，都市自治体の自主条例が先進的に制定された。

さらに重要な点は，開発に事前協議という制度を導入し，住民参加を制度化した点である。事前協議制とは，開発計画案を役所に届け，周辺住民に説明し，想定される被害について住民と協議し，合意をとりつけなければ開発審査を始めることができないというものである。国の法律にはない，住民参加の道を自治体レベルできりひらいたものと評価されている（五十嵐・小川 1993: 155-157）。

　このように，1980年代までの日本の都市成長管理策は，国が都市計画法で基本方針を定め，地方自治体が都市計画法を越えてより厳しい規制を，要綱や条例によって定めるというかたちで展開してきたといえる。しかし，都市計画法が基本的には成長主義的な開発を是認するものであり，要綱や条例は国の法律に抵触する場合，政府の強い指導，通達で無効になる弱さをもっている。とくに日本経済が低迷すると，景気浮揚策として開発促進を正当化する成長神話が政財界に支持され，自治体が進めてきた成長管理がなし崩しにされるという事態が繰り返されてきた。

2）規制緩和と分権化にともなう都市成長管理

　オイルショック後の経済的停滞を打開し，経済のグローバル化に対応するため，中曽根内閣は都市に開発資本を誘導する「アーバンルネッサンス」を提案した。規制緩和，民間活力導入を手法とし，民間デベロッパーによる都市再開発を推し進めた。民間再開発事業に対する税制，財政，金融上の助成や優遇制度が創設され，1982年には市街化調整区域の開発抑制を緩和する通達を出し，建築基準法や都市計画法を大幅に緩和した。それまでまがりなりにも進んできた都市成長管理の歩みは，ここで停滞することになった。さらに1986年の第四次全国総合開発政策は都市へ社会資本整備の重点を移し，「世界都市」建設を目指すことを明示した。東京など大都市は，事務所ビルの建設ラッシュと土地投機を促し，日本経済は東京の地価高騰を起爆剤として空前のバブル期を迎えた。

　しかしやがて，オフィスビルの供給過多や土地の不良債権化，さらにはコミュニティの崩壊などが深刻な社会問題となって表面化した。そして，1991

年に大蔵省が土地融資規制を設けると、バブル経済はあっけなく破綻する。その後、景気後退は長引き、国家は、財政緊縮、公共支出の削減策を強化すると同時に景気刺激策として、大規模な公共投資を続け、ふたたび、成長路線の都市再生事業を採用した。

小泉内閣は、日本経済の構造改革を標榜しながら、都市への投資、開発を経済活動の起爆剤ととらえ、2002年「都市再生特別措置法」を制定した。特別措置法は、開発資本を優遇するためにさまざまな規制を緩和するものである。都市計画法の土地利用規制は適用されず、環境影響評価（アセスメント）は大幅に緩和される。

一方、1990年代、政府は危機的な財政問題を克服するため、社会サービスの供給を自治体に負担させる方向で分権化を推し進めた。都市計画の分野でも、全体的な土地利用に関する計画権限委譲が、1992年の都市計画法と建築基準法の改正によって可能となった。

1992年の改正法は、市町村にマスタープラン策定を義務づけ、土地利用の全体的な方針を地方議会の議決や市民参加の方法で決定させることとした。さらに、誘導容積制を導入し、過大な容積率を引き下げるダウン・ゾーニングも規定した。1998年には、用途地域や市街地開発事業に関する計画決定権限を都道府県から市町村へ委譲し、2002年の改正都市計画法では「都市計画提案制度」を定め、まちづくりNPOなどの民間事業者らに一定の条件下で、都市計画の提案権を与えた。これら一連の動きは、計画の策定から実施まで一貫して自治体に主体的決定権を認め、分権化をいちだんと進めるものである。

このように都市成長管理について分権化が進む一方で、中央政府は規制緩和によって都市計画法を無効にしようとしている。容積率を戦略的に引き下げ、開発を誘導するダウン・ゾーニング制度を認めた1992年法も、ほとんど採用されることはなく、むしろ容積率を上げるボーナス制度が規制緩和として多くの地区に適用されている。規制緩和と同時に進められる分権化が、都市空間を形成する過程で2つの矛盾する動きとして現われているのである。

このような状況下で、サステイナブル・シティの可能性をどこに見出すべ

きか，課題は大きいといえよう。分権化が進む地域の現場では，これまでのまちづくりの実績のなかから多様な地域ニーズに応えようと，削減される公的な資源の配分を求める多くの利害関係者（ステークホルダー）が自己主張しはじめている。既成住民組織に加え，まちづくり NPO・NGO，ボランティア団体など各種市民活動団体が存在感を示している。これまでの中央集権体制下でのまちづくりは，ごみ問題，交通，福祉など個別的なテーマごとに展開し，総合的な都市成長管理策へ結実できなかったことや，まちづくりが地域的な区域を越えて広域的に広がらなかったこと，まちづくり条例に対し国が否定的姿勢をとってきていることなど，多くの制約があったことも事実である。

都市の成長管理の基礎条件ともなる環境アセスメントについても，公害防止，自然環境保全，文化財保護などに限定されている。環境問題と都市開発問題を統合的にとらえるためには，欧米のアセスメントのように公共サービスや社会格差是正など社会環境まで含めた，包括的な都市環境制御の内容にする必要がある。現在のアセスメントは，成長主義の経済システムを与件とし，経済活動の結果出される汚染物質を可能な限り抑制するという国の方針を示す内容となっている点に限界があるといえよう。

日本では，サステイナビリティを狭義の環境問題に限定しがちであるが，総合的な都市政策に成長管理を盛り込み，広域的な政策とする視点が必要である。アメリカのように自治体の自治権が強すぎ，州や国レベルで包括的な成長管理策を導くことが困難であるのと比べると，日本はまったく逆で，国がもっている権限で包括的な成長管理策の理念と方針を積極的に出せば，自治体の受け皿はあるといえよう。イギリスのように，国が自治体レベルのパートナーシップを形成する仕掛けを創っていくことも必要であろう。地方自治体の自治の力量をあげるためのしくみが，分権化策のなかで明示されなければならない。しかし，これまで国はサステイナブル・シティに向けて主導権を発揮することはなく，むしろ成長神話の開発路線を変えようとはしなかった。

日本で都市成長管理をさらに進めるためには，自治体が主導権を発揮し，

自ら策定するマスタープランのなかでサステイナブル・シティの理念と実現する方策を，市民とともに探っていくことであろう。そのためには，欧米の自治体や市民団体のように，都市開発に関する専門性を高め，開発計画を提案するだけの力量が必要となる。都市計画の専門家が市民団体のなかで活動の場を見出し，市民団体のなかから専門家が育っていくという組織のダイナミズムが求められる。地域の開発や地域ニーズの充足を，地域に内在する物的・社会的資源によって実現する，地域の内発的発展[13]を目指すところに，サステイナブル・シティの可能性が開けてくるのではなかろうか。

　以上，アメリカの都市成長管理，ヨーロッパのサステイナブル・シティ，日本の都市成長管理の現状についてみてきた。都市の開発や成長をコントロールする思想や手法を自然環境問題に限定したり，あるいは自治体単位で「生活の質」を高めることに目的をおくと，日本のテーマ型まちづくりやアメリカの都市成長管理のように，ローカルな成長管理策にとどまりがちとなる。自然環境だけでなく，経済社会や歴史文化など統合的な社会の再生産を可能にする都市開発を考え，さらにグローバルな視点から成長のあり方をとらえようとするとき，ヨーロッパのサステイナブル・シティ論は多くの可能性を示唆している。

参考文献

Bailly, A. S., P. Brun, R. J. Lawrence and M.-C. Rey, eds.（2000）*Socially Sustainable Cities: Principle and Practices*, London: Economica.

ベリー，B.（1978）伊藤達雄訳『都市化の人間的結果』鹿島出版会（Brian J. L. Berry, *The Human Consequences of Urbanization*, London: The Macmillan Press, 1973）.

Expert Group on the Urban Environment（1998）*European Sustainable Cities: Report*, 2nd edn., Luxembourg: Office for Official Publications of the European Communities.

福川裕一・矢作弘・岡部明子（2005）『持続可能な都市』岩波書店.

長谷川公一（2003）「環境社会学と都市社会学のあいだ」日本都市社会学会編『隣接領

---

[13] 鶴見和子の内発的発展論（1996）。地域固有の自然生態系に適合し，文化遺産や伝統，歴史などを含むさまざまな社会的な地域資源を生かして価値を創造し，暮らしの流儀を自律的に創出していくという考えに依拠している。

域からの批判と期待』日本都市社会学会年報第 21 号。
池田寛二（2005）「ローカル・ガバナンスの構造原理としてのサブシディアリティ」地域社会学会編『〈ローカル〉の再審』地域社会学会年報第 17 集。
五十嵐敬喜（1986）『都市再生の戦略』日本経済評論社。
五十嵐敬喜・小川明雄（1993）『都市計画』岩波書店。
ジェイコブス，A.（1998）簑原敬ほか訳『サンフランシスコ都市計画局長の闘い――都市デザインと住民参加』学芸出版社（Allan B. Jacobs, *Making City Planning Work*, Chicago: American Planning Association, 1980）。
小泉秀樹・西浦定継編（2003）『スマートグロース』学芸出版社。
宮本憲一（1981）『日本の環境問題』有斐閣。
モンタナーリ，アルマンド（2004）「サステイナブル・シティの経験と挑戦」『環境と公害』第 33 巻第 3 号。
中澤秀雄（2004）「サステイナブル都市論と日本の環境自治体政策」日本都市社会学会編『環境の都市社会学――サステイナビリティの視点から』日本都市社会学会年報第 22 号。
中島恵理（2004）「英国等におけるコミュニティガバナンス」川崎健次・中口毅博・植田和弘編著『環境マネジメントとまちづくり』学芸出版社。
西山八重子（2000）「都市空間の商品化と〈住むこと〉の復権――東京の都心問題から」『都市問題』第 91 巻第 10 号。
―――（2002）『イギリス田園都市の社会学』ミネルヴァ書房。
―――（2005）「ローカリティを創造するコミュニティ企業」『金城学院大学論集』（社会科学編）第 1 巻第 1・2 併合号。
野口和雄（1993）『改正都市計画法』自治体研究社。
岡部明子（2004）『サステイナブルシティ』学芸出版社。
大野輝之（1998）『現代アメリカ都市計画』学芸出版社。
大野輝之／レイコ・ハベ・エバンス（1992）『都市開発を考える』岩波書店。
Ozawa, C. P., ed. (2004) *The Portland Edge: Challenges And Successes In Growing Communities*, Washington, DC.: Island Press.
Portney, K. E. (2003) *Taking Sustainable Cities Seriously*, Cambridge, MA: The MIT Press.
佐無田光（2001）「欧州サステイナブル・シティの展開」『環境と公害』第 31 巻第 1 号。
鶴見和子（1996）『内発的発展論の展開』筑摩書房。
植田和弘・神野直彦・西村幸夫・間宮陽介（2005）『都市の再生を考える　5　都市のアメニティとエコロジー』岩波書店。

第3章
コミュニティ・リ・デザインとネットワーク

1 都市化の進展と地域共同体の崩壊

1)「コミュニティ論」再興とコミュニティの新展開

　本章が目指すのは，現代都市にみられるコミュニティの新たな動きの把握である。「コミュニティ」は周知のとおり1970年頃に地域共同体の再形成の文脈で用いられ，その後世間一般に流布するようになった語であるが，そうした取り組みは必ずしも十分な成果を上げたとはいえず，地縁を基礎とした地域共同体は引き続き解体の傾向にあったといわれている。ところが1990年代後半よりふたたびコミュニティの動向に注目が集まり，コミュニティ再生を希求する声も多く聞かれるようになった（倉田 1999: 20-21; 今野 2001: 9-11 など）。1990年代の，とくに後半以降の状況を左右しているのは阪神淡路大震災の経験であり，このような災害に対する都市社会の脆弱性の認識は，ひとつには都市の physical planning の問題として，他方には social planning の問題として立ち現われてきている。そのほか，人口減少にともなう都心部居住環境の悪化，中心商店街の衰退，地域福祉ニーズの高まり，子育て支援施設の不足等々，地域には種々の問題が生じている。そして，これらを生活上の危機としてとらえることによって，問題状況への対応が模索され，これを担う主体としてあらためてコミュニティの存在がクローズアップされてきたとみることができる。

　現実のコミュニティは必ずしもそのように順風満帆とはいかないものの，地域社会をめぐってはたしかにいくつかの新たな動きが登場してきている。ひとつはまちづくりにおける physical planning と social planning との関係の

変化，第二に住民と行政との関係の変化，そして第三に問題解決の主体としての市民活動と地域ネットワークの変化である。

　まちづくりには道路や公園，建物などの physical な要素と，コミュニティの人間関係やルールづくり，諸団体の組織化，ネットワーク化などの social な要素とがある。従来のコミュニティが後者の活動を中心としていたのに対し，近年では前者に住民が積極的に関わるまちづくりの展開が多くみられるようになった。そして，この physical な要素への取り組みにおいて，住民と行政との関係に変化がみられるようになってきた。現代における住民と行政との関係は対立的関係を中心にするわけでもないし，また単なる行政依存，あるいは親和的協調関係とも限らない，いわば是々非々的な関係が成立しつつある。協力と対立とを巧みに使い分け，したたかに諸資源を獲得していくコミュニティの姿がそこには見られるのである。さらに，住民は一方的な行政依存に陥ることなく，自らさまざまなネットワークを構築して諸々の問題に対応しようとしはじめている。これは，典型的にはボランティアや NPO の地域活動に現われている。

　以上のような現代のコミュニティにみられる新たな展開を把握するにあたり，まずは都市地域社会の歴史的展開を追い，コミュニティの自治が解体して physical な要素から切り離されていく過程を概観する。そのうえで，地域形成へ向けての住民主体化の文脈として「住民参加」から「まちづくり」へ向けての流れを整理し，あらためて 1990 年代以降のコミュニティへの再注目，コミュニティの新展開へと論を進めていくこととする。

2）伝統的都市社会の定住型地縁組織

　農村社会は生産・労働関係における共同性を基盤に，消費関係における共同性が構築されている社会である。生活全体のなかに生業たる農業の生産関係が含み込まれており，生産行為の比重が高い社会である。こうした関係のなかでは，消費は生産に対して従属的な関係にあり，したがって労働力の再生産行為とみなされることになる。生産・労働関係の共同性が消費の共同性の基盤となるのは，きわめて合理的なあり方であったといえる。

日本の近代都市の形成にはいくつかの類型がみられるが，〈農村都市〉を基盤として成立してくる〈産業型〉都市にせよ，旧来の伝統的都市が近代化しながら成立してくる〈伝統的消費型〉都市にせよ，その内部には親方・子方，あるいは地主・店子といったヒエラルキーを典型とするような垂直的な職縁・経営関係にもとづいた町（マチ）が構成され，地域社会の秩序を形成していた。〈町内〉と呼ばれる地域共同組織がそれである。町内は封建的な地域の支配構造の末端の単位を構成すると同時に，生活における機能的組織の単位でもあった。そこでは町内独自の共有財産が形成され，地域内での共同消費財についての自治が営まれていた。すなわち，ここでも消費の共同性は生産・労働関係の共同性と重層化しつつ地域に成立していたのである。町内の体制は明治以降の中央集権的支配体制の強化とともに解体していくことになるが，その際に町内共有財産および町金は国家によって収奪されていく。その結果，道造りや祭礼などの際に町内で必要となる公共的な費用は，あらためて住民が自ら負担を余儀なくされることとなった。こうして，地域の共同的な生活を持続させるべく〈町内〉のような旧来の地縁集団が実質的に残存し，都市の共同体的秩序を形成していったのである（似田貝 1973: 59-73）。

　ここで注目しておきたいのは，伝統的な都市社会では消費生活の単位と生産・経営関係の単位とが一定の合理性のもとに重層化していたということであり，これによって消費生活上の諸問題は住民個人からこの地縁集団の単位までのあいだで処理されていたということである。

　明治の中央集権体制下において地域住民組織はその姿を変えていく。かつての〈町内〉的組織が自治能力を弱めて解体していく一方，大正から昭和の時期を中心に一部の都市で新たな地域住民組織として「町内会」が編成されてくる。玉野（1993: 18-19）によると，これは当時の急激な都市化にともなうスプロールが都市自営業者層に多大な影響を及ぼし，この危機に対する共同防衛として結成されたものであるという。こうして自発的な生活防衛の組織として登場した町内会も，やがて国家の地域政策に位置づけられ，行政の末端機構としての性格を強めていくこととなる。第二次世界大戦中には町内会・自治会は戦時政策に組み込まれ，区域内全戸加入のもとに大政翼賛会

の下部組織として強化される。この影響で，戦後は町内会・自治会・隣組といった地域組織はGHQ（連合国軍総司令部）によって解散が命じられた。1952年に復活が許されると，防犯や衛生などの相互扶助活動を担う組織として各地で町内会・自治会が再興され，市町村行政と結びついて地域を代表する組織となった。世帯単位の加入，全戸加入原則，活動の包括性，地域代表性といった性格を有する特異な地域住民組織として成立した町内会・自治会であったが，高度経済成長期に突入すると徐々に役割が減少し，活動は縮小傾向を示すようになっていった。町内会・自治会は，その成立以降，自前の財産・財源で独自の〈自治〉を行なうことは基本的になかったのである。

3）高度経済成長期の地域共同体の衰退

1960年代の産業化と都市化は，都市の既存秩序を大きく変容させた。まず，工業を中心とする産業化は，太平洋ベルト地帯を中心とした工業地帯への産業集中によって展開した（工業都市の形成）。これは都市に工場労働者を大量に集める結果となり，都市は外縁を拡大して巨大な住宅地を形成することとなる（住宅都市の形成）。これが意味するのは移動性の高い労働者の都市集住であり，この時点で生産と消費の場とが切り離されることになる。労働力の移動を前提とする就労形態の拡大で，都市の生活の場は生産と消費とで別々に形成されるようになっていくのである。

都市の拡大はその必然的結果として中心と郊外とを生み出す。中心部には工場やオフィスが立ち並び，そこに通う労働者ならびにその家族が郊外に住まうこととなる。生産・経営の場と消費生活の場との分離である。都市には職場に「通勤」する労働者が溢れかえり，そのような労働者にとっては生産の場の共同性と消費の場の共同性はもはや重なりをもちえなくなる。「社宅」や「企業城下町」のような特殊ケースを除けば，消費生活の共同が職縁による共同と重なって成立する合理性はもはや喪失したということであり，消費生活の共同性は居住地をベースに独自に形成される必要が生じたということである。

当初は都市の中心部には地域住民組織の地縁機能が残存しており，消費生

活の共同性への動員がまだ可能であった。ところが郊外部は住宅地として新規開発された地域であり、そこに住まうのは地付の旧住民のほかは全国から流入してきた労働者たちである。この新住民には頼るべき地縁はなく、一からの地域形成が求められた。そして、新規来住者の大量流入によって郊外部の既存の地域組織は弱体化し、地縁の希薄化も進行した。

　一方で、このような都市への流入者が住まう住宅として都市郊外で主に供給されてきた住宅の形式は「nDK＝家族モデル」（森反1990: 382）を基本とするものであった。これにもとづいて都市定住の基本階層として核家族が設定されると、家族内における世代間の共同性も弱体化してくるようになる。個の重視にもとづく私化（privatization）の進行、家族機能の弱体化・外部化、さらに地縁の希薄化は個人の自立的な主体化を促すことになる。個人の主体化は居住地における場所性の喪失につながっていき、消費生活の諸側面においては個が剥き出しの状態でさらされることになったのである。

2　都市問題と都市計画──行政による都市の管理

1）行政による都市の管理とコミュニティ政策の展開

　高度経済成長期の都市の社会変動は、上述のように地域共同体の弱体化をもたらしたが、この結果として都市住民は地域共同体の傘をはずされ、直接的に行政と対峙することとなった。1960年代、都市郊外では急速に増加する人口を収容すべく宅地開発がつぎつぎと進められたが、これが無秩序な乱開発の横行につながって、いわゆるスプロール現象が発生した。道路、学校、上下水道等々の諸公共施設の整備が追いつかないまま住宅団地が開発され、これらが引き起こすさまざまな事態は都市住民の生活問題に直結していった。健常な都市生活を営んでいくうえでの共同的消費手段を奪われた住民は、これらの整備を都市生活者としての正当な権利として要求していくことになるが、地域住民組織の弱体化はこの要求を最初に受けとめる場を喪失させていたのである。

かつての〈町内〉社会のように地域の自治が機能していた時代であれば，住民のこうした共同消費への要求は地域内で解決されていた。また，行政の末端機構として地域住民組織が正当に組み込まれていたのであれば，これを通じて要求を行政に伝えるというチャンネルが存在していた。けれども，地域住民組織が弱体化したこの時期にあっては，住民の諸欲求は直接的に行政にぶつけるしかないケースも生まれていた。そこで，住民は個別のイッシューごとに運動体を結成して行政へ要求活動をしていく住民運動を展開したのである。

　このように，1960年代から70年代に生じてきた都市問題に対して住民運動が多発したが，一方で行政は事態に対応するべく都市開発のコントロールに乗り出していく。当時の都市問題の多くは土地利用や施設配置などのphysicalな領域に起因する問題であったため，都市計画をはじめとしたphysical planningの法整備を中心に開発制御が進められた。こうして，かつては地域住民組織の自治で担われてきた領域を，行政が管理するようになってくる。これはすなわち，個人（私）が「地域」という単位を飛ばして行政（公）と直接対峙するようになるということである。この時代，住民と行政とのあいだにはこのように都市問題の発生局面において対立的な関係がしばしば生じていたのである。

　ところで同時期，地域組織の弱体化とともに新たな地域形成を求める規範的な動きがみられるようになる。これが〈コミュニティ政策〉である。ここでの「コミュニティ」は個の自立を前提に，旧慣に縛られることなく自立した個人が連帯するイメージで語られた。つまり，町内会・自治会などの旧組織とは別に，新たな地域形成に向けての規範的な概念として「コミュニティ」が登場し，この成立が待望されたのである。そして，この社会目標は国民生活審議会調査部会コミュニティ問題小委員会の手によって作成された報告書『コミュニティ――生活の場における人間性の回復』（1969年）によって明文化された。「生活の場において，市民としての自主性と責任を自覚した個人および家庭を構成主体として，地域性と各種の共通目標をもった，開放的でしかも構成員相互に信頼感のある集団」というコミュニティの規定は，

明らかに都市郊外に流入してきた新しいタイプの都市住民を意識したものであり，伝統的社会の煩わしい人間関係から解放された時代の，新たな理想的地域像を描くものであった[1]。

　自治省はこれをもとに全国にモデルとなる地域を設定し，モデル・コミュニティ事業をスタートさせた。〈コミュニティ行政〉は主に公民館（コミュニティセンター）をはじめとしたコミュニティ施設建設と地域で活躍するコミュニティ・リーダーの人材育成（これを通じての地域の組織化）というかたちで進められていった。ここから展開する〈コミュニティ行政〉が地域政策の柱になっていく期待もあったが，実際には町内会・自治会を通じた住民の要求把握という従来のチャンネルも併存され，地域政策としての一貫性を欠く結果となった[2]。

　ともあれ，こうして「コミュニティ」が世間の注目を浴び，地域住民組織の重要性が認識されたのであったが，施設建設と人材育成に特化した〈コミュニティ行政〉には，地域住民組織が独自に管理できるコミュニティ財の形成という発想はなく，地域の〈自治〉へつながる要素は薄かった。結局，かつて共同体内の〈自治〉で担われていたphysicalな領域については相変わらず行政の公共事業に頼らざるをえず，行政を介さない限り自らの住む地域の生活環境を制御できない状況が続いたのである。こうして，住民と行政とがいかなる関係を結ぶかという点が地域生活にとっての焦点となったのである。

2）都市の空間編成としての都市計画技術の発展

　都市化の結果として各地で噴出するようになった地域問題は，福祉・環境分野をはじめ，住民個人単位では如何ともしがたい問題であった。適切な規

---

[1] この背景には，戦後民主化論の立場から町内会・自治会を封建遺制として批判の対象とする論調がイデオロギー的に関与していたことはいうまでもない。
[2] 要するに行政にとって重要だったのは，一部の都市社会学者たちが構想した新たな地域共同体の創出などではなく，既存の町内会・自治会ルートからこぼれ落ちてくる新住民たちとのコミュニケーション機会の確保であり，そのためのしくみづくりだったのである。

制をせずに民間事業者に都市開発を任せたのでは，都市生活に必要なインフラストラクチャーの整備は後手に回り，住民生活は種々の危機に脅かされることになる（「市場の失敗」）。住民は生活防衛のために住民運動を組織し，開発業者や行政を相手に消費生活の論理からの異議申し立て活動を行なった。とくに行政に対しては無策なままに乱開発を許容してきた姿勢が批判されたが，これは行政の役割への期待の裏返しの意味も含まれていた。

　このような社会背景のもと，行政は都市の土地・空間利用の規制に乗り出す。当初は各地方自治体単位で問題状況に見合った条例や要綱を制定して開発抑制に努めた。だが，開発業者とのあいだの訴訟で敗訴する例があいついだため，政府も都市の法体系の見直しを迫られ，都市計画法と建築基準法との大改正に踏み切ることとなる。

　1968 年，市街化区域と市街化調整区域の区分，開発許可制度，用途地域の細分化（4 種類→ 8 種類）を新たに盛り込んだ都市計画法改正が行なわれる。都市開発については適切な土地利用計画が必要であり，開発推進が図られる地域と抑制が求められる地域との弁別が重要となる。そのうえで，これを実効性のある区分にするためには一定規模以上の開発行為を監視する制度が必要となる。これが開発許可制度である。さらに計画的な土地利用の実現を可能にすべく，用途地域制の強化が実施された。いずれも市街地開発の適正化が目的であり，開発の規制・誘導を行政主導で行なうしくみであった。

　この都市計画法改正を受けて 1970 年の建築基準法改正が実施される。そこでは，高さ制限の撤廃とともに容積率制度の全面導入が図られた。容積率制度を都市計画法に準備されていた用途地域制と連動させることによって，地区単位で土地・空間利用のコントロールが可能になる。ここでのポイントは開発規制・誘導が「空間」を強く意識したものになったことと，さらに規制・誘導単位の細分化である。そして何よりも，容積率の数字を適宜変更することで都市空間の様態を制御できるしくみが整ったことの意味の大きさである。

　さらに 1980 年の都市計画法・建築基準法改正により地区計画制度が新設され，①ゾーニング，②地区計画，③開発許可制という都市計画の三本柱が

整うこととなる（地区計画制度については後述）。

このように，行政は都市をめぐる法体系の整備をつぎつぎと進めていった。これによって民間業者の乱開発予防が可能となったが，行政は規制の匙加減を実質的に握ったことによって都市全般の管理・制御を細部にわたり独占する権能を得ることとなった。用途地域制と容積率概念の導入は，都市空間の管理・制御のうえで決定的に重要な事項であり，法の基本理念に書かれた表向きの民主化[3]とは裏腹に権限の行政集中ともいえる事態である。行政が土地・空間の交換価値に立脚する〈資本の論理〉を遇するのか，それとも使用価値に立脚する〈生活の論理〉を遇するのかで，都市空間のありようはまったく違ったものになる。

この時期の一部の住民運動が政治運動に展開して革新自治体を成立させていくのも，行政の首長や議会を奪取することが地域の physical な問題の解決に手っ取り早いからというだけでなく，むしろ行政のトップを押さえなければ自らの主張が実現できないほどまでに行政＝官僚制が都市空間の管理・制御に絶対的な力をもったからと考えれば，きわめて自然な流れといえるのである。

3) 都市政策の論理とコミュニティの隙間

上述のように，行政による都市の管理が進行していったが，そもそも physical な領域に対する行政の関心の持ち方は，地域本位，コミュニティ本位のものではけっしてなかった。都市政策はあくまでも「都市」全体というスケールのなかで公共施設を案配するという発想であり，個別地域の特殊要

---

[3] 1968年改正の都市計画法では「国及び地方公共団体は，都市の整備，開発その他都市計画の適切な遂行に努め」「都市の住民は，国及び地方公共団体がこの法律の目的を達成するため行う措置に協力し，良好な都市環境の形成に努めなければならない」（3条）とあり，1919年公布の旧都市計画法が中央集権体制下の上意下達で計画立案を行なう形式であったことと比較すると，理念上は大きく方向転換するものであったといえる。だが，都道府県知事に決定権限が分権化されたことは進展であったが，住民参加の手続さなどは不十分だった。

求に沿った政策立案がなされていったわけではない。そこには個別性と全体性との相克がつねに「公共の福祉」との兼ね合いのもとに発生している。都市政策の担い手が行政である以上，何らかの「公共性」にもとづく正当化が必要不可欠であり，普遍性・平等性を逸脱する要求は"私的なもの"としてはねのけられることになる。

　この構図は都市計画の権能が国家レベルから都道府県，あるいは市町村レベルに降りてきた1968年の都市計画法改正によっても本質的には変わらない。「分権化」の最小単位はせいぜい市町村レベルまでであり，都道府県にせよ市町村にせよ，ひとつひとつのコミュニティ単位の個別要求に合わせた"地区政策"に積極的に関心を払うことはほとんどなかった。分権化は官（行政）のあいだにとどまり，民（コミュニティ・レベル）への権限移譲はけっして行なわれなかったのである[4]。したがって，高度経済成長期からこれに続く1970年代の段階では，地域の要求はこうした都市全体のバランスと整合する範囲内でしかかなえられることはなかった。だからこそ逆に，たとえば住民にとって不要な通過交通用の幹線道路であっても都市全体の利益のためには建設が進められ，開発政策と生活防衛とがせめぎ合って相克する事態すら生じることになったのである。

　このような都市政策は，〈個別性〉と〈全体性〉の軸を〈私〉と〈公〉の軸に重ね合わせながら両者を切り分けたり結びつけたりしていった。個別敷地に建てられる建物や家については建築基準法で最低限の縛りをかけるが，あとは私の領域の問題として行政は原則的には関心をもたない。ところが，それが密集市街地の建物であれば，都市全体の防災や安全性という公共性の観点からたちまち都市計画の関心の範疇に取り込んでコントロールしようと

4）このような地域の個別性，独自性が政策に組み込まれる可能性をもつのは1980年代以降の地区計画制度の充実，さらに1990年代以降の都市計画の分権化（住民参加の義務化・情報公開）を待たなければならない。この時期になると，従来の一元的で画一的な全体ルールだけでは地域ごとに異なる状況に対応しきれなくなり，地域の実情に合った政策を実施するために都市計画分野でも分権化を求める声が強まったのである。都市計画の分権化については日本都市計画学会地方分権研究小委員会編（1999）に詳しい。

する。幹線道路の公共性の高さは言わずもがなで都市全体のなかでの配置を計画するが，生活道路になると整備が遅れ，いっこうに生活の利便性は向上しない。地域の側，コミュニティの側からすれば，行政の行なう都市計画は住民生活とは縁遠い存在としか映らないのである。このように，そもそも行政と住民とのあいだには立場上の相違がある。

　さらにこの立場の違いは，physical 領域の都市政策の中心たる土地利用と空間利用のコントロールをどのような論理に従って行なうかという点において断絶する。行政は都市における土地利用・空間利用を基本的には資本の論理に任せている。都市政策は高度経済成長のもたらした都市問題を土地・空間のいっそうの高度利用によって解決しようとするが，そこでの大原則は「建築自由」であって，規制の対象は行き過ぎた一部の開発行為にとどまっている。土地・空間利用を都市生活者の〈生活の論理〉に従って再編しようという転換の発想は存在していない。

　似田貝（1976b: 371-374）がいうように，この時期の住民運動が提起したのは〈資本の論理〉にもとづく都市政策に対する〈生活の論理〉からの批判であり，〈生活の論理〉にもとづく土地・空間利用の実現へ向けての新たな公共性の確立である。行政と地域住民との隙間を，運動側は「参加」によって埋めていこうとするのだが，これについては節をあらためて論じることにしよう。

3　住民参加から市民活動のネットワークへ

1）1970〜80 年代にかけての参加論

　高度経済成長期以降の住民運動に端を発する「参加」への要求は，住民自らが主張する〈生活の論理〉にもとづく都市政策の実現に向けて，政策・行政過程に対して参加を行なっていこうとするものであった。この参加には多様な形態が含まれる。政策に自らの意見を反映させていくために，自治体の首長への意見の具申，公共事業に対する説明会や公聴会の開催要求，行政が

公募する各種委員への応募，陳情・請願をはじめとした議員・議会への働きかけ，選挙活動等々，住民側は自らの生活防衛に向けて可能な限りの方法を探り，実行に移した。このような市民としての諸権利を獲得するべく自発的に政治や行政に働きかけを行なっていく下からの参加の動きは，まさに運動そのものの主体性に裏づけられている。

　このような住民参加は，したがってコミュニティにとってはかつて〈自治〉が成立していた時代にはその手中にあった physical な領域に対する意思決定への復権であり，だからこそ physical planning（＝都市計画）の行政独占に対するコミュニティ・サイドからの抵抗だったのである。

　一方で，行政サイドも住民に対して参加を呼びかけるようになる。たとえば 1969 年の地方自治法改正による市町村基本構想の策定に際し，住民参加型の計画策定が採用されたケースも登場している。このタイプの参加は行政が用意する広聴システムを通じて住民の意見を収集するというのが一般的なやり方で，広聴窓口での意見の募集のほか，首長らとの対話集会，各事業の説明会や公聴会の実施，アンケート調査，審議会などへの住民代表枠の設置などが企画された。このような住民とのコミュニケーション機会を用意することで，行政は住民に対して一応の説明責任と意見聴取とを果たしたことになる。そこには政策遂行のための正当性の調達という意味合いが存在していた。しかも，多くの場合は広聴システムの制度的裏づけが必ずしも明確ではなかった。たとえば説明会や公聴会については「必要に応じてこれを開くことができる」という程度の位置づけでしかなく[5]，実効性をともなった参加機会の保障とはほど遠いものだったのである。「意見を聞くことができる」というかたちでの住民参加のしくみは，主体の在処はあくまで行政であり，決定権限は些かも住民側に開放されていないといわざるをえない。

　しかも，参加の推進を図る行政自体の組織体制にも問題があった。住民か

---

5) たとえば都市計画法第 16 条の公聴会の規定には，「都道府県又は市町村は，次項の規定による場合を除くのほか，都市計画の案を作成しようとする場合において必要があると認めるときは，公聴会の開催等住民の意見を反映させるために必要な措置を講ずるものとする」（傍点引用者）とあり，開催の必要性の根拠には触れていない。

ら吸い上げた意見の処理システムが確立しておらず，部局間のセクショナリズムなどの弊害が参加の実効性を弱めていた（似田貝 1976a）。また，住民参加のしくみは革新自治体において積極的に取り入れられたが，高福祉政策による財政悪化とこれに続く1980年代の保守への回帰により，参加をめぐる環境も大きく変化していくことになる。

　それでもこの時期の参加論の隆盛は，理念としての参加の重要性を定着させることには一応の成果をみせた。1980年代以降の政策立案過程等には住民参加の機会がしばしば設けられるようになり，先進事例では住民提案が受け入れられるようになった。後述する地区計画制度にも「その案に係る区域内の土地所有者その他政令で定める利害関係を有する者の意見を求めて作成するもの」（都市計画法第16条2）と盛り込まれ，住民意思を無視できないかたちとなった。けれどもここから逆に参加の形骸化も始まっていくのである。

2) まちづくりの「住民主体」——参加論から合意形成論への展開

　住民運動やまちづくり活動の展開の過程で，住民の主体性と行政の主導とが交錯しつつ，「参加」は一定の制度的定着を達成していった。これは運動の成果と評価することができるが，この時期は「地方の時代」（1979年）の標語に象徴されるように，地方自治と住民参加に注目が集まった時期でもある。時流に乗るように，それまでの行政主導型の地域開発はややトーンダウンし，住民参加型の「まちづくり」が活発化するようになっていった。

　このような「まちづくり」では住民こそが主役であらねばならず，住民自らが地域の諸課題の解決へ向けて積極的に取り組んでいく姿が理想像として掲げられる。そこで，この理念を実践に移すべく，さまざまな参加の機会が設けられるようになった。ところが実際の参加は理想的には進まない。「行政主導の『市民主体のまちづくり』」という矛盾が発生したのである。ワークショップの公募に人が集まらず，諸団体からの推薦で参加者を確保するといった事態が各地でみられた。また，参加する層や人物の固定化という実態もあった。参加の機会をつくりはしても，どんな住民が来るかわからず，多

様な住民要求に収拾がつかなくなることを恐れる行政職員も少なくない。参加のしくみが定着しつつあるからといって、住民が市民的成熟度を増して主体化したとは単純にはいいがたい状況が存在している。

　そもそも、多様な主体が地域には存在している。参加が進めばそれだけ意見の多様性は増し、合意が困難になる。参加は民主主義的な手法として取り入れられているのだから、十分な合意のないままに強引に意思決定をするわけにはいかない。参加を認めつつ、一方で合意可能な状態をいかにつくるかという問題が生じてくるのである。ここで登場するのが「合意形成論」である。そこでは「いかにしたら合意が可能なのか」がテーマとなり、合意のためのコミュニケーション技法やワークショップの導入、意見の取りまとめ方等々、多様な手法が検討されることとなった。しかしながら、このようなかたちで合意形成を行なおうとするということは、そもそも合意の可能性を前提としたやり方にすぎない。参加の推進と合意の困難性の狭間にあって、それでも事業推進には合意が必要であり、結局合意形成のための「参加」の技法化・マニュアル化が進むことになる。こうして、参加の実質的な意味は失われていくこととなる。そもそも主体的な住民が参加するからこそ実りのある意見交換、協議が可能となるわけで、そこから生まれてくる政策や事業にこそ意味があったはずである。だが実際のところ、参加は形骸化するか、もしくは住民を主体化させるための手法に成り下がってしまう状況が生まれた。このような傾向は、1990年代に入って盛んに説かれるようになった「官民協働」の時代にも引き継がれていく。

　結局は、制度やしくみの充実のみならず、〈危機の論理〉にもとづく住民自身の主体化が求められるのである[6]。

3）市民活動の拡大

　まちづくりやコミュニティ活動に関わる市民活動は近年、拡大基調にある。

---

[6] 危機の認識には、当該の問題の存在を単に認識することに加え、それを自らのものとしてとらえること（自己絡絡）が必要であると考えられる。ここに主体化の重要な契機があると考えられるが、これについては後日機会を改めて論じたい。

こうした傾向は住民の主体化，市民熟成度の向上と評価する向きもあるが，その背景には公共サービスの縮小という問題が存在している。

　1970年代における住民運動の興隆はその後の革新自治体の誕生につながったが，そこでは公共サービスの拡大，財政支出の膨張が生じ，1980年前後には自治体は赤字体質となって財政危機を迎えた。いわゆる「福祉国家の危機」である。1980年代前半には財政再建に向けて公共サービスの縮小と市場開放が図られ，福祉の切り捨てが断行される（「民活路線」）。ところが，それまで公共部門が担ってきた領域に生まれた隙間を市場サービスがすべて埋めるわけではない。事業性・採算性が合わなければ参入してこない。そこで期待されたのが市民セクターである。とはいえ，家族や伝統的な地域住民組織はその機能を弱体化させている。かくして，地域をベースとしながら活動する新たな市民組織が登場し，残された隙間をカバーする主体として活性化してきたのである。

　1990年代以降もこれと同様の展開がみられる。バブル経済崩壊以降，肥大化した財政赤字処理とそのための小さな政府構築へ向けての行財政改革が叫ばれ，民営化の推進によってこれが進められた。しかし，福祉・環境をはじめ公共性の高い分野などには民営化に馴染まない分野もある。そこでふたたび市民セクターへの期待が寄せられた。そしてこれに拍車をかけたのが，1995年の阪神淡路大震災におけるボランティアの活動である。被災地に集まったボランティアはさまざまな分野で活躍し，その存在意義が社会に認識されるようになった。1998年には特定非営利活動推進法が制定され，NPO法人が誕生し，徐々に市民活動をめぐる社会制度も整備が始まっている。

　このような市民活動のなかにはコミュニティ形成に結びつくようなケースも登場している。むしろ，防災コミュニティや福祉コミュニティなどの成立には，これらの市民活動は欠かせない存在となってきている。また，まちづくりやコミュニティ形成そのものをテーマとした市民活動も多数現われている。町内会・自治会などの伝統的地域住民組織が，市民活動を組織化して発展拡大するという例もみられる。このような多様で厚みのある諸活動は，地域社会が抱える問題解決の新たな主体としての役割を期待されているといえ

る。

4) コミュニティ活動と市民活動のネットワーク

　以上のように活性化しつつある市民活動は，それぞれの活動は多様であるが，いずれも何らかの目的をもって組織化されており，課題志向的（issue oriented）な性格を有している。したがって，課題によっては活動が地域の枠を超えて広がりをもつことになる。一方で，コミュニティの活動は共同性をその中心に据えつつも二次的には地域性を内包しており，地域の枠から容易に逃れることはできない。この両者が連携することで問題解決にあたる事例が現われてきている。

　阪神淡路大震災の復興過程において，ボランティアたちは高齢者の孤独な生を問題とし，この支援活動に乗り出した。それまで下町的な近隣同士の助け合いに支えられて生きてきた人びとは，仮設住宅への入居，恒久住宅への転居により関係性を分断され，〈生の孤独化〉が進行している。ボランティアたちはいち早くそのような高齢者に人びとのふれあいが必要であることを認識し，コミュニティづくりの活動を開始した。当初は仮設住宅でふれあい喫茶などの交流の機会づくり，個別訪問を展開した。仮設住宅解消後は，集合住宅の鉄の扉の向こうに引きこもってしまった人びとを訪問し，話を聞くという見廻り活動に取り組んだ。だが，仮設住宅に集住していた時分と違って範域が拡大し，活動に限界が生じた。そこで，該当者を可能な限り地元のコミュニティや地元の市民活動につなぐようにしたのである。

　コミュニティと市民活動が結びつき，ネットワーク化するのは，このようにそれぞれの活動を補い合うことで問題解決の幅が広がるからである。コミュニティの側からこれをとらえ直せば，諸市民活動とネットワーク化し，地域にその活動を重層化していくことによって，自らの地域内での問題解決能力を増すことになる。さらに行政とも上手につき合うことで，最大限の資源を地域に動員することが可能になる。

　また，地域のなかには一定の専門性を有した住民も多数おり，こうした人びとが鍵となって各方面との結びつきやネットワークの結びつきを構成して

いることにも注目しておきたい。たとえば，physical なまちづくりを進めていくためには，都市計画や建築などの専門知識は欠かせないし，さらに法律の問題も関係してくる。このような複合的な専門性を一人で負うことは困難だが，複数の人びとが寄ることで住民の側にも担保しうるようになる。まちづくり協議会の現場でも，このような住民の存在によって行政と対等なやりとりを可能とする事例が生まれてきている。こうして，住民が地域生活を営んでいくうえでの諸問題の解決の可能性が広がっているのである。

4　コミュニティのリ・デザイン

1) 計画単位の細分化と決定権限の移譲

　1980年の都市計画法ならびに建築基準法の改正により地区計画制度が誕生すると，都市の physical planning の単位が都市レベルから地区＝コミュニティ・レベルに細分化される契機となる。地区計画制度の設立意図は，ひとつには郊外部のスプロール規制であり，もうひとつには都心部の地価高騰にともなう市街地劣悪化の防止であった。各自治体はそれぞれの状況に合わせて条例，要綱，指導などで地区レベルの細かい規制の試みを重ねていったが，これには法的な裏づけがなかった。このため，私権の制限に対して実効性の点で問題があった。そこでドイツの地区詳細計画の制度を模した地区計画制度が導入されたのである。

　地区計画制度にはさまざまなタイプが存在するが，道路や公園などの施設配置などに関する地区の特性にあったルールを定めるというのが基本である。これにはインセンティブとして容積率の緩和措置などが設けられ，単なる規制強化とはならない工夫が施されているほか，なによりも住民（関係する権利者）の意見を尊重して策定することが義務づけられている。この住民意思の尊重は，これまで行政が圧倒的な主導権を握って進めてきた physical planning を実質的に住民に開放する意味をもつ。そして，地区計画制度はその成立後もたび重なるバリエーションの追加が行なわれ，多様な地域実態に

合わせた制度利用が可能になってきている。近年では計画単位も細分化されて顔の見える「街区」レベルでのまちづくりの道が開かれるようになった（「都市」計画→「地区」計画→「街区」計画）。

　地区計画などのまちづくり手法の充実は，とくに1990年以降，各地でまちづくり条例の制定を促進させた。先行する掛川市や神戸市のまちづくり条例などでみられるように，住民意思を尊重するしくみが盛り込まれるケースも登場し，住民は「参加」から「決定」に向けて段階を進めつつあるといえる。

　有名な神戸市のまちづくり条例（「神戸市地区計画及びまちづくり協定等に関する条例」）には，「まちづくり協議会は，住み良いまちづくりを推進するため，住民等の総意を反映して地区のまちづくりの構想に係る提案をまちづくり提案として策定することができる」（第7条），「市長は，住み良いまちづくりを推進するための施策の策定及び実施にあたっては，まちづくり提案に配慮するよう努めるものとする」（第8条）という条文がある。むろん，事前に内容調整は行なわれるものの，住民の行なうまちづくり提案は市によって事実上担保されることになる。このように住民が地域で策定するローカルなルールが行政に追認され，実効性が強化される状況を名和田（1998）は「決定権限の分散」という概念でとらえ，住民主導のまちづくりにとってのきわめて大きな意味をここに見出している。

　これまでの住民参加は，形式はさまざまにあったけれども〈決定〉の権限はあくまでも行政の手中におかれていたケースが大半である。住民意思の実現にとって「参加」と「決定」の違いは明白である。1970年代以降の参加論でつねに指摘され，また実践のなかでも観念的に主張され続けてきた住民主導や住民主体は，ようやくここにきてしくみを整えはじめている。

　それでも，このようなしくみを現実に活かすためにはさらなる条件が必要となってくる。住民側からの提案を策定する協議会の組織化やそこでのリーダー層の存在（＝住民の主体化），住民と行政とをつなぐ専門的媒介者（コンサルタント）の存在，協議会活動を支える資金（補助金等），場合によってはこれらをさらにサポートするボランティアやまちづくりNPOの存在など，

単に参加のしくみができただけではまちづくりは始動しないのである[7]。

2）大都市衰退地区における居住空間の再生とまちづくり

1990年代に入ると，いわゆるバブル経済の影響で大都市中心部はさまざまな都市問題を抱えるようになる。地価高騰により人口は減少し，土地所有の法人化が進行した。まちに残ったのは高齢者や単身者たちであり，必要なサービスの質も変化し，公共施設の再配置が求められた。コミュニティの衰退がいわれるようになり，近隣関係はいっそうの弱体化が進んだ。

もはや人が住む環境ではなくなりつつある大都市中心部において，人口回復へ向けての再開発の取り組みが緊要な課題となった。都心を生活空間として再生するためには，〈生活の論理〉を組み込んだphysical planningが不可欠である。行政は住民に働きかけ，住み続けられるための住環境整備に乗り出していく。行政が中心となって人口回復，コミュニティの再生などのまちづくり政策がつぎつぎと打ち出された。

たとえば，東京都千代田区では行政が住民にまちづくりのための協議会の結成を促した。この協議会では地元コミュニティについての将来ビジョンが話し合われ，構想の実現に必要な事業について行政が積極的に手を貸すというかたちのまちづくりが展開した。地元の意向は地区計画などの手法で担保され，physical planningに根拠づけられていった。

ここでの住民と行政との関係は，スタートそのものは行政主導であったものの，住民の意見を尊重した計画づくりが進められ，一定の協力的関係が成立している。住民サイドも行政にすべてを依存するわけではなく，まちづくりのNPOを結成して独自の活動を展開する例も増えてきている。そこには対立か補完かという単純な二択ではなく，新たなゆるやかな協調関係が成立しつつあるといえる。

7）神戸市の条例は1981年の段階で制定されているが，これですぐに協議会方式のまちづくりが定着したわけではない。真野地区をモデルにスタートした方式であったが，これが神戸市に広がるのは1995年以降の震災復興まちづくりを待たねばならない。すなわち，〈危機の論理〉が住民側に作動しないと主体化が発動しない現状がみられる。

3）共有財の形成と自治[8]

　まちづくりに関する近年の動向として，コミュニティの共有財の形成をあげておきたい。本章前段で述べたように，〈町内〉にみられるかつての都市の地域社会は固有の財産・財源をもって地域内の自治を遂行していたが，明治政府によってこの財が収奪されると自治の権能が落ち，行政による統治に取って代わっていったのであった。これに対し，ふたたびコミュニティ・サイドに自治が復権されるためには，コミュニティ独自で管理・運用できる財産・財源を形成することはきわめて重要である。

　もちろん，現代にあっても行政がそこまでの分権化を制度化しているわけではない。physical planning の事業段階に必要な資金は基本的に行政が握ったままである。けれども，阪神淡路大震災の復興まちづくりにおいては次のような例が見られる。

　①セットバック（壁面後退）による事実上の土地の共有化[9]

　神戸市長田区野田北部は，阪神淡路大震災により建物に壊滅的な被害を受けたが，この復興まちづくりにおいては住宅再建と同時に防災や地域活性化などがテーマ化された。街並み誘導型地区計画を用いて細街路の整備を進めたが，そこでのルールは（i）接道壁面の50cm以上の後退，（ii）上記後退部分への工作物等の不設置，（iii）敷地が80㎡未満になるような新たな敷地の分割の禁止，といったものであった。これによって，（a）容積率が指定容積率（住商協調地区では300％または400％，住宅地区では200％）まで使用することができる，（b）角敷地以外でも建蔽率が10％緩和される，（c）道路斜線制限がなくなり道路幅に応じて一定の高さまでの建築が可能になる，といった規制緩和措置がとられている。

　このセットバックにより，通行可能な道路幅は1m拡幅し，災害時でも緊急自動車が入れる安全性が確保される。それと同時に規制緩和措置により，

---

[8] 本研究の成果の一部は文部科学省科学研究費補助金特別研究員奨励費（課題番号：96J03874），ならびに同補助金若手研究（B）（課題番号：13710104）に依っている。

[9] 野田北部の復興まちづくりについては，野田北部まちづくり協議会編（1999），森崎（1996, 1998），清水（1998）を参照。

既存不適格等による再建住宅の床面積の減少を少しでも抑える効用も発揮している。地区の住民でルールを策定し，それを遵守することで，地区が抱えた困難を克服しようとしたのである。

ここでみられる後退部分の土地は，実質的にコミュニティに開放されている。本来なら個人に私的所有されている敷地の一部を事実上の共有地化する行為が，この地区計画の策定であった。いわば，現代版の〈コモンズ〉を形成しているといえる。このように，単純に行政依存するのではなく，コミュニティ内の共通の問題を事実上の共有財を形成することで解決しようとしているのである。

②まちづくり会社等の設立[10]

神戸市兵庫区松本地区もまた阪神淡路大震災による建物倒壊が激しく，土地区画整理事業の対象に指定され，窓口となるまちづくり協議会が結成された。事業の推進を図る協議会の活動の過程で地区内に多くの高齢世帯を発見し，福祉のケア・ニーズや見守りニーズの高まりをどうするかが課題化された。これに対して福祉施設の建設など，行政との交渉がもたれたがまとまらず，最終的に協議会は新たなまちづくり会社[11]の設立を企画して独自の財源で福祉施設の建設，サービスの提供を実施しようとした。紆余曲折のうえ，事業内容は情報通信技術を用いた24時間の安否確認システムとなったが，実際に広範な投資を募って会社組織の立ち上げに成功した。独自の財源を確保して地区内の問題解決を図る姿勢は自治の精神そのものといえる。

以上の取り組みのほかにも，コミュニティ事業に関する資金源となる補助金やファンドが近年では多数設立されており，これらを上手に獲得しながら

---

10) 松本地区の復興まちづくりについては，小西・立木（1997），清水（2002）を参照。
11) いわゆる「まちづくり会社」は，アメリカではCommunity-based Development Corporationと呼ばれて1960年代より展開をみせている。日本では1998年の特定非営利活動推進法の成立以降，まちづくりに関連するNPO組織は増えたが，まちづくり支援型の組織が多く，独自の財源を確保して事業ベースでコミュニティ活動する組織また少ない。

まちづくりを進めていく地域が増えてきている。

　町内会・自治会といった地域住民組織は通常は任意団体であり，独自の財産を所有することは実質的にできない。独自の財源が確保されないままに活動できる範囲は，安定的に行政から支給されるわずかな補助金の枠にとどまってしまう。このような制約条件を突破するには，コミュニティが補助金の獲得を受動的に待つだけではなく，積極的に〈自治〉を遂行できる財源を持つことが求められる。近年では協議会組織を結成してNPO法人格を取得したり，コミュニティ・ビジネスに進出して財源を確保するなど，新たな展開がみられるようになっている。このような変化はまだ萌芽的な段階ではあるけれども，地域社会がかつてのような実効性のある自治を取り戻す可能性につながっているといえる。

4）physical な領域から social な領域への展開

　まちづくりをはじめとするコミュニティの活動には，physical な面と social な面とがある。都市住民の生活は住環境に強く規定されることから，生活環境の保全や改善を求める運動は土地利用・空間利用の問題に行き着き，そこから physical な問題として展開していくケースが多く存在した。一方で都市の physical な側面はこれまで行政が独占的にコントロールしてきた経緯があり，住民が地域の土地と空間の利用形態を保全ないし変更するには行政を介す必要があった。ここから行政と住民との関係が問題とされたのである。

　これに対して，地域に発生する諸問題は当然のことながら social な面にも及ぶものである。physical な問題を経由せずに純粋に social な性格を有した問題群も多々存在する。これらについては従来の町内会・自治会を通じてのチャンネルが一定の役割を果たしてきた。大きな財政支出をともなわない範囲であれば，ゴミ収集や環境美化，親睦，情報回覧等々，最低限必要とされる地域活動については従来の地域秩序で賄うことが可能であった。それでも介護や育児などを相互扶助で行なうには一定の親密な社会関係が必要となるため，現代の都市社会では地縁的解決はかなり困難といわざるをえない。これについては地域の包括的な住民組織よりも，機能分化した市民活動のネッ

トワークが一定の役割を果たすようになってきており，イッシューごとに使い分けられる傾向をみせている。

　阪神淡路大震災の直後から湧き起こってきた「コミュニティ」の重要性に関する論調では，レスキュー段階の安否確認や高齢者の相互依存的な生活様式から，隣近所の濃密なつき合いにもとづく伝統的コミュニティの復活を希求する声があったが，現代の都市住民の生活様式からすると，むしろ機能分化した市民活動の有機的ネットワークによる問題解決のほうが現実的であろう。その際，問題となるのはそれらのネットワークの重層性とその結節機関である。個別の市民活動をつなぎ合わせ，橋渡ししていくコーディネート機能である。

　近隣関係そのものの濃密性が不十分でも，市民活動同士の日頃の交流や情報交換が密になっていれば，問題が生じたときにこのネットワークのなかで解決の道が開ける可能性がある。このような動きは，さまざまなコミュニティ活動や市民活動のなかに萌芽的に現われてきている。両者のつながりに注目したコミュニティ研究が今後も継続的に必要となろう。

5）コミュニティ活動と〈自治〉の復権

　住民と行政との「協働」(partnership) が盛んにいわれるようになった。それにはまず，まちづくり活動をはじめとした市民活動の積み重ねが前提にある。この言葉には，市民としての成熟度を増した住民が行政と同じ立場で同格的に行政活動に参加するという関係が，期待を込められて表現されている。

　バブル経済崩壊後の財政悪化により行財政の構造改革が余儀なくされ，公共サービスは縮小傾向にある。政府－市場－市民の三者関係において，それぞれの協力とともに機能分担を図る「協働」が求められるようになった。公共サービスの撤退は，住民生活にさまざまな場面で直接的な影響を及ぼす。ここに生じた隙間を埋めるために持ち込まれるのが協働の概念である。したがって，1990年代以降に氾濫する協働を喚起する言説は，行政サイドから住民サイドへ向けて撤退部門の補完を求める文脈で理解することができる。このような文脈を強調してボランティアやNPOを行政の下請けとして批判

的に解する論調もあるが,他方で住民サイドではこれを単に「包摂化」としてとらえるだけでなく,追い風とみなしてむしろ行政を利用するしたたかさも身につけつつある。すなわち,住民（市民活動）と行政との関係は包摂化と反発の狭間で互いに利用し合うという段階へ進みつつあるといえる。

　physical planning の領域においても,1992 年の都市計画市町村マスタープランの策定と住民参加の義務化（第 18 条の 2），2002 年の住民提案の機会創設（第 21 条の 2）など,都市計画法レベルで住民意思実現機会の拡大が進んでいる。2004 年に成立した景観法においても同様の規程が盛り込まれている。

　バブル経済崩壊以降,1990 年代後半から 2000 年代にかけて都市の膨張も頭打ちとなり,再開発・空間再利用が課題となってきている。人口の都心回帰も始まっており,コミュニティ・ベースの地区再生にとってひとつのチャンスが到来している。コンパクトシティ構想や景観形成への関心の高まりなど,まちづくりの市民活動も活発化するなか,現代のコミュニティは行政と新たな関係を構築しつつ,physical 領域も含めた自治の復権をどのように実現するのかを模索している段階であるといえよう。

　このように,現代のコミュニティはそれ自体単独に完結しているのではなく,行政との関係や市民活動との関係,ときには専門的職能との結びつきを有しながら,成立している。その意味において,現代のコミュニティが向かっている地域生活に根ざした地域形成は,単独存在としての自治ではなく,このような諸関係を前提としたうえでの新たな〈自治〉である[12]。先進的な地区とそうでない地区との差はまだまだ大きいものではあるが,このような新たな〈自治〉へ向けてのコミュニティ形成の萌芽が各地で生まれているのである。

---

12) ここで想定している新たな〈自治〉は,stand alone としての「自立」よりも「自律」（autonomie）概念に親和的である。これは,現代のコミュニティ実践が自らの内にルールを課し,財を形成して問題解決をはかる過程で,その実現のために行政や専門家,市民活動組織などとの関係のなかでその資源を獲得し,支援を得ていることに注目しているからである。

参考文献

小西砂千夫・立木茂雄（1997）「民間からの公共性創生をめざして」立木茂雄編『ボランティアと市民社会』晃洋書房。
今野裕昭（2001）『インナーシティのコミュニティ形成――神戸市真野住民のまちづくり』東信堂。
倉田和四生（1999）『防災福祉コミュニティ――地域福祉と自主防災の統合』ミネルヴァ書房。
名和田是彦（1998）『コミュニティの法理論』創文社。
日本都市計画学会地方分権研究小委員会編（1999）『都市計画の地方分権――まちづくりの実践』学芸出版社。
似田貝香門（1973）「日本の都市形成と類型」倉沢進編『社会学講座5　地域社会学』東京大学出版会。
―――（1976a）「住民運動と『住民参加』の行政体制――東京都の『都民参加』行政を事例として」松原治郎・似田貝香門編著『住民運動の論理――運動の展開過程・課題と展望』学陽書房。
―――（1976b）「住民運動の理論的課題と展望」松原・似田貝編著『住民運動の論理』。
森崎輝行（1996）「土地区画整理事業まとまる」『造景』No. 1。
―――（1998）「まちづくりにおける復興計画とその実践――野田北部地区」『造景』No. 15。
森反章夫（1990）「神戸市住宅政策の分析」蓮見音彦・似田貝香門・矢澤澄子編『都市政策と地域形成――神戸市を対象に』東京大学出版会。
清水　亮（1998）「震災復興のまちづくりと土地利用――コミュニティ復興の現状と課題」地域社会学会編『シティズンシップと再生する地域社会』地域社会学会年報第10集。
―――（2002）「問題の制度的解決と非制度的解決」地域社会学会編『地域における「公共性」の再編成』地域社会学会年報第14集。
玉野和志（1993）『近代日本の都市化と町内会の成立』行人社。

第Ⅱ部
都市の共存的世界とガバナンス

第Ⅱ部の概要

　第Ⅱ部では，第Ⅰ部で明らかにされた，グローバリゼーションとローカリゼーションの多系的回路が，都市の各所で生み出しはじめている共存的世界とガバナンスの萌芽をさぐっていく。〈グローバル〉と〈ローカル〉の共振によってもたらされた尖端的・実践的な様相が，人びとの生きる場，住まう場所に下りたって考察されていく。

　第4章では，今日のグローバル化と個人化の同時進行が，国民国家の政府機能の低下をもたらすなかで，ナショナルなガバナンスが，グローバルなガバナンスとローカルなガバナンスによって補完され，新たな「ソーシャル・ガバナンス」の萌芽がさまざまな水準で見出されることの現代的な意義について明らかにしていく。

　第5章では，グローバルな「ケアの危機」が進行する時代背景のもとで，都市の共存的世界と人びとの生，身体，生活を支える「ケアの場」に関わる問題の諸相について，親密圏と公共圏の重なり合うジェンダー化された介護労働の場の分析などから検討する。

　第6章では，人口の社会減・自然減にともなう居住地域の緩やかな崩壊としての「居住収縮」現象に直面する「小さなまち」（北九州市2地区）に焦点をあて，「事業対応型まちづくり」の制度的限界を解明する一方で，地域の潜在力の蘇生をめざす住民諸主体によるまちづくり実践の内実を「ローカル・ガバナンス」模索の試みとして考察する。

　第7章では，近年の住民活動やNPO活動などによる下からの都市・地域形成の「複数化」する様相を，北海道の市や町の事例などから活写する。また，それぞれに異なる地域のリアリティのなかで「セルフ・ガバナンス」のたしかな拠点となる都市の未来は，「いのち」に接する農村，そして「生命圏」との関わりのなかでこそ構想しうることを提起する。

　都市の共存的世界のゆらぎと困難はかつてなく大きく，かつ錯綜している。だがそこには，新たな可能性を秘めたアーバン・ガバナンスのさまざまな拠点や共存的世界のネットワークも広がっているのである。

第4章
グローバル化と個人化のなかのソーシャル・ガバナンス

1　2つのグローバル化

　21世紀初頭の現在,世界はグローバル化のなかにある[1]。先進諸国から開発途上国にいたるまで各国の政治・経済・社会はグローバル化した世界のなかに組み込まれている。この点はあらためて説明するまでもないだろう。他方,先進社会は個人化といった趨勢のなかにある。この点はグローバル化の場合ほど自明なものとはいえないかもしれない。社会学者,政治学者,経済学者が競ってグローバル化の趨勢を取り上げるのに対して,個人化の趨勢を取り上げるのはもっぱら社会学者である。しかし,これはグローバル化に比べて個人化が重要な現象でないということを意味しているのではなくて,グローバル化が主としてシステムの世界に属するできごとであるのに対して,個人化のほうが主として生活世界の世界に属するできごとであり,後者に対して関心を抱くのが主として社会学者であるからという理由にもとづくものだと思われる。このようなグローバル化と個人化のなかで,20世紀後半に先進諸国で成立した福祉国家がどのような影響をこうむり,どのような再編を迫られているのだろうか,ということが本章で取り組むべき問いである。この問いに対する本章の答えをあらかじめ示しておくと,グローバル化と個人化のなかで国民国家に準拠してきた福祉国家は,グローバルな水準とローカルな水準におけるソーシャル・ガバナンスによって補完・再編される必要

---

[1] 本章の論旨は初出であるが,行論のなかで既発表の拙稿(武川 2002a, 2002b, 2004)と重複するところがあることをあらかじめお断りしておく。

があるというものである。

　この答えを導き出すために，以下，本章では，最初に，グローバル化と個人化の意味を確定する（第1，2節）。ついで，これら2つの社会変動が福祉国家に対して及ぼす影響を検討する。さらに，グローバル化と個人化の動きと並行して，政治システムが「ガバメントからガバナンスへ」の転換が迫られ，福祉国家との関係では「ソーシャル・ガバナンス」といった考え方が浮上してくることを示す（第3節）。そして，最後に，グローバル化と個人化のなかでは，ナショナルな水準における以上に，グローバルとローカルの水準におけるソーシャル・ガバナンスの意義が増すことを示唆する（第4節）。

1）一般的なグローバル化

　現在，多くの人によってグローバル化が論じられているが，グローバル化という概念の定義はそれほど明確なわけではない。一般には，各国で，財やサービスの輸出入の規模が拡大したり，出入国者数が増大したり，海外への投資が拡大したりするようになることがグローバル化だと考えられているが，このような意味でのグローバル化は，20世紀末に突然始まったわけではない。19世紀のほうが20世紀よりも国際的であったと主張するグローバル化懐疑説は根強い。たとえば，アメリカへの移民のピークや金融市場の開放度がもっとも高かった時期は1880年代と1910年代であり，20世紀後半はこれに遠く及ばないといった指摘がある（下平 2001）。ここから，一般的な意味でのグローバル化と現代的な意味でのグローバル化とは区別されなければならないことがわかる。

　グローバル化とは，一般的には，(1) 資源と情報の国境を越えた移動が増加し，(2) 各社会の構成要素の国境を越えた相互依存の関係が強化されていく過程だと規定するができる。この過程を通じて，(3) 各国民国家はグローバルなシステムのサブシステムとしての性格を強めていくことになる。

　資源の移動についてみると，モノ・ヒト・カネの移動が20世紀の第4四半期には第3四半期に比べて著しく増大した。この事実が今日のグローバル化論の根拠のひとつとなっている。また情報の移動については，IT革命に

裏づけられたメディアの発達によって，グローバル化の進行を確かめることができる。国境を越えた情報の移動が飛躍的に増大した結果，湾岸戦争や同時多発テロがそうであったように，今日では，世界中の人間が同じ事件を同時に体験することができるようになっている。これは前世紀には見られなかった事態である。さらにこうした資源や情報の移動の増加は，グローバル化のもうひとつの側面である世界の相互依存を強化する。IT革命の結果，情報や資源の移動の速度が増し，世界が時間的にも空間的にも一体化していることは，日常生活のなかで私たちが日々確認していることである。このように一体化したグローバルな時間と空間のなかで，各国政府はしだいにその自立性を失って，グローバルなシステムの影響下に入っていくことになる。今日の都市はナショナルな空間のサブシステムという以上にグローバルな空間に直結している（Sassen 1988）。

　国民国家システムのもとでのグローバル化を，以上のように，情報や資源の国境を越えた移動の増加と，諸社会の相互依存の強化，時間や空間の国境を越えた一体化といった観点からとらえるならば，次に問題となるのは，20世紀から21世紀への世紀転換期におけるグローバル化というものが，それ以前のものと比べて，どのような種差的な特徴をもっているか，ということであろう。

2）今日的なグローバル化

　今日的なグローバル化を考えるうえで不可欠な視点のひとつは，情報移動の増加とそれにともなう世界の相互依存の深化，そして，これにともなって生じた人びとの生活世界の変化である。国境を越えた労働力の移動は，現在よりも20世紀初頭や19世紀のほうが頻繁だったかもしれない。また金融市場についても，現在の市場より第二次世界大戦以前のほうが開放的であったかもしれない。しかし，20世紀の第4四半期におけるIT革命にともなう情報の移動の増加とこれにともなう相互依存の強化，そして私たちの生活世界の変化は，第3四半期以前の世界には見られなかった現象である。情報化は今日のグローバル化の種差的な特徴のひとつを構成する。

また，情報化によって旧来の資源の移動の仕方も大きく変化した。資源の移動は従来よりも迅速に行なわれる。というより，情報の移動はいまや量的にも質的にも無制限である。また情報の移動の変化にともなって，モノ・ヒト・カネのいずれの場合も需要と供給の調整コストが削減され，その移動量の増加や移動方法に大きな影響を及ぼす。とりわけカネの移動に対するその影響は甚大である。モノとヒトについては，いかに移動が速くなったとしても，それがゼロとなることはないが，カネの移動に関しては，そのコストが限りなくゼロに近づいてくる。

　このように20世紀の第3四半期以降に生じたグローバル化のなかでは，情報化と金融の自由化の2つが同時進行し，その結果，各国の社会構造は各側面において大きな変容を迫られた。これは世界史上未曾有のことである。この2つの面における移動量と移動速度の増加と相互依存の強化とは，今日的なグローバル化の種差的特徴を示すものである。その他の面でのグローバル化，たとえばグローバル文化の生成なども，そこから派生したものであると考えることができる。

　今日のグローバル化のもうひとつの種差的特徴は，福祉国家との関連のなかに見出すことができるだろう。19世紀のグローバル化や20世紀初頭のグローバル化が進行したとき，今日のような意味での福祉国家は成立していなかった（Mishra 1999: 5）。それどころか，福祉国家はグローバル化を中断することによって成立した体制である（下平 2001）。福祉国家は政府が総需要を管理して完全雇用を生み出し，これによって徴収可能となる税や社会保険料によって所得の再分配を行なうためのメカニズムであるから，そもそも国民経済が国際経済から相対的に自立し，各国政府が国内政策に対する自由を一定程度確保していなければ成り立たない。このため20世紀の第3四半期に成立した国際経済のレジームは，自由貿易を前提としながらも，為替の管理を厳格に行ない，各国政府が資本の移動を統制することを容認した。いわゆる「埋め込まれた自由主義」の成立である（Ruggie 1983）。ところが今日のグローバル化は，20世紀の第3四半期に成立した国際経済のレジームが崩壊することによって始まったものである。第4四半期におけるいわゆる

「福祉国家の危機」は，こうしたグローバル化と密接に結びついている（武川 2003）。今日のグローバル化は，先進社会における各国民国家が福祉国家化しているという体制のもとで開始したものであり，この点は，グローバル化一般ではなくて，今日のグローバル化といった視点から論じられなければならない問題である。

2　2つの個人化

1）19世紀の個人化

　グローバル化と並んで，今日の社会学のなかで注目されている趨勢的な社会変動は，個人化である。個人化は今日的な社会現象とみなされることが多いが，社会学の歴史のなかでは非常に古くから存在する問題である。グローバル化という言葉は新しい言葉であり，20世紀の第3四半期にはほとんど用いられていなかったが——かなり最近まで，同様の内容を示す術語としては「国際化」のほうが一般によく用いられていた——，個人化という概念の歴史はこれよりはるかに古い。しかし同じ個人化という言葉を用いていても，それが意味する内容は，取り上げられた時期によって異なっている。

　19世紀において個人化を論じた社会学者としてはデュルケムの名前がまず思い浮かぶ。たとえば，彼は『分業論』のなかで次のように語っている。「個人がますます自立的になりつつあるのに，いよいよ密接に社会に依存するようになるのは，いったいどうしてであるか。個人は，なぜいよいよ個人的になると同時にますます連帯的になりうるのか。というのは，この二つの動きは矛盾しているようにみえて，実は並行してあいついでいるからである」(Durkheim 1893: 37)。デュルケムが『分業論』を書いたときの問題意識の一部には，社会のなかで個人化が進んでいるにもかかわらず，社会が解体せずに統合を保ち続けているのはなぜかということがあり，これを解く鍵が，有機的連帯としての社会的分業にあったのである。

　デュルケムが『分業論』を書いた当時に直視していたのは，個人を保護す

る中間諸団体がつぎつぎと解体し，剥き出しの個人が国家と直接向き合うようになっているという個人化の現実であった。そこに形成されつつあったのは「未組織の無数の個人から構成された社会」と「それらの個人をだきとめて手放すまいとする肥大症的な国家」といった「社会学的な怪物」であった（Durkheim 1893: 24）。そこでの個人は，一方で，封建的な中間集団の権力から解放されて自由になりつつありながら，他方で，近代的な国家の権力と直接的に対峙しあわなければならなくなっている。このためデュルケムにとっては中間集団がことさら重要な意味をもつことになる。

　デュルケムに代表されるような19世紀の個人主義，あるいは彼が観察した個人化の現実に関して注意しておかなければならないのは，彼にとってのindividualなるもの——分割不可能な単位——が，じつは人格としての個人というよりは，核家族，あるいは，その人格的表現としての家長であったという点である。デュルケムの主たる関心事は同業組合から家長としての個人が離脱することであって，核家族から家族構成員としての個人が離脱していくことではなかった。その意味で，デュルケムをはじめとする19世紀の個人化とはすぐれて核家族化のことであり，個人主義とは家長の個人主義であった。この点で20世紀の第4四半期以降に問題化する個人化とは意味が異なる。

　2）今日の個人化

　近年の社会学のなかで，個人化について論じて大きな影響力をもったのは，ウルリッヒ・ベックの『リスク社会』であろう。彼は同書のなかで次のように述べている。「すべての豊かな西側産業社会において——とりわけドイツ連邦共和国において——，第二次世界大戦後の福祉国家による近代化の中，前代未聞の射程範囲と力学をもった社会の個人化が始まった」（Beck 1986）。彼によると「近代化のさらなる過程」が，これまで人間の人生が固定されていた「家族と職業という2つの軸」を「ずたずたにしてしまう」（*ibid.*: 137）。同業組合はおろか家族でさえ「安定した準拠枠」でなくなり，「個々人が，社会的な生活世界における再生産単位とな」る（*ibid.*: 142）。

ベックが観察する個人化は，デュルケムが観察していた個人化とは異なる。個人化がさらに進んだ結果，核家族はもはや分割不能な単位ではなくなったからである。核家族は，男，女，子どもへと分解される。個人化のロジックを追求していくと，論理必然的に家長個人主義は崩壊し，個人主義は家長のものから万人のものへと変わっていかざるをえない。19世紀の個人化の過程では，まだ安定的とみられていた家族や職業が，20世紀末における個人化の徹底のなかでは不安定化し流動化する。これが今日的な個人化の姿である。

　19世紀的な個人化と今日的な個人化とのあいだには，したがってデュルケムとベックという2人の社会学者のあいだには，個人化の徹底という連続的な変化だけでは済まされない非連続的なものが存在する。2人のあいだを隔てているのは20世紀的な連帯の様式としての福祉国家の成立である。19世紀的なグローバル化が福祉国家の成立以前のものであり，今日的なグローバル化が福祉国家の成立以後のものであるのと同様，デュルケムに代表される19世紀的な個人化は福祉国家の成立以前の個人化であり，ベックに代表される今日的な個人化は福祉国家の成立以後の個人化である。

　グローバル化と個人化の類似にはもうひとつ別の点にもある。それは福祉国家の成立が，グローバル化の否定のうえに成り立っていたのと同様，個人化の否定のうえに成り立っているという点である。19世紀における連帯は，デュルケムが指摘したように，分業によって支えられていた。分業の発達は市場の拡大を随伴する。そして市場における交換は，一定の条件のもとでは，いわゆる「見えざる手」によって社会の統合に寄与する。19世紀における連帯とは，より正確には，分業と市場の交互作用の結果として形成された連帯であった。

　ところが，経済史の教科書が繰り返し指摘するように，19世紀末から20世紀初頭にかけての時期は「市場の失敗」の歴史である。これは分業と市場に基礎をおく19世紀的な連帯の危機である。ダイシーは個人主義を次のように特徴づけた。「各人は主として，また一般に自己自身の幸福の最上の審判者である。このゆえに立法は，個人の自由な行動に対する制限であって隣

人の同様な自由の確保に必要でないものは，すべて撤廃することを目標とすべきである」(Dicey 1905)。そして，このような個人主義が20世紀の転換期に衰退してきたというのが彼の観察である。すなわち「世論のすう勢は，30年ないし40年の間に，次第により力強く団体主義 (collectivism) の方向へ進み，自然に，1900年までにはレッセフェールの教理が，その包容する多大な真理にもかかわらず，イギリスの人民の上に有する勢力を多少失なう結果を生じた」のである。この「個人主義から団体主義へ」という彼の有名なテーゼは，古い連帯から新たな連帯への転換を指摘したものである。福祉国家の成立は，こうした個人主義を否定した団体主義の勃興の延長線上に存在する。

　これは一見するとパラドクスである。ここからデュルケムとは異なる新たな問いが生まれる。個人化を否定する集合主義的な問題解決がますます重要となっていくにもかかわらず，個人がますます自立的となっていくのはなぜか。しかし，この問いに答えることは，それほど難しいことではない。団体主義(コレクティビズム)という手段に迂回することによって，それまで分割不能だった核家族を分割することが可能となるからである。福祉国家の家族手当や公的年金がそれを可能とする。労働の世界においても同様なことが生じる。ひとたび集団的関係が確立し，労働者の個人としての権利が認められたあとでは，労働者個人が労働者集団から独立することが容易となる。いいかえると，団体交渉の意味は大きく変わる。

3) 個人化とグローバル化の交錯

　個人化はグローバル化とは無関係のところで生じているようにも思える。それどころか，まったく正反対のことを指し示しているようにも思える。しかし今日的な意味における両者は，じつは深いところでつながっている。

　この点に関連して，ギデンズは，グローバル化によって「新しい個人主義」が生まれていると主張している (Giddens 2001)。彼によれば，

　　グローバル化は，私たちの日常経験の性質を根本から変えだしている。私

たちの生きる社会が激しい変容を受けるにつれて，私たちの生きる社会をずっと支えてきた既成の制度は，次第に不適切になってきた。このような事態は，たとえば家族やジェンダー役割，セクシュアリティ，個人的アイデンティティ，他者との相互行為，労働との関係といった，私たちの生き方の個人的な側面や内密な側面の定義づけのし直しを強いている。私たちが自分自身をどう考え，また他の人たちとの結びつきをどう考えるかは，グローバル化によって著しく改変されだしている（*ibid.*: 89）。

その結果，彼によると，伝統や慣習の力が弱まり，「私たちは，グローバル化という条件のもとで，私たちが能動的に自分自身を組成し，自分のアイデンティティを構築しなければならない」。いいかえると，グローバル化によって人びとは「反省的（再帰的）な仕方で生きる」ことを強いられている。これが彼の言う「新しい個人主義」の誕生である（Giddens 2001）。

　以上の行論には3つのポイントがある。第一は，グローバル化によって伝統的な役割が破壊されるということである。たとえば，グローバル化によって労働の柔軟化が進めば，夫が家父長制的な権威を維持し続けることは困難となるだろう。第二は，グローバル化による既成の観念の破壊が，個人に能動性を強いることになるということである。もはや標準家族に関する既存のモデルは存在しないが，かといって新しいモデルが確立されているわけではないから，各人は共同生活の形態についての模索（すなわち反省＝再帰）が強いられることになる。第三に，グローバル化は「反省的な生き方」のための材料も提供する。高級文化であれポップな文化であれ，情報の移動が無制限になったことによって，新たな観念が世界中で同時体験されるようになっている。

　反対に，グローバル化が生活世界における個人化をもたらすだけでなく，個人化によってさらにグローバル化が進むということもあるだろう。「新たな個人主義」によって生まれた個人は伝統社会の住人よりもコスモポリタン化しやすいからである。

3　福祉国家への影響とソーシャル・ガバナンス

　以上でみてきたように，19世紀的なグローバル化と今日的なグローバル化とのあいだには，福祉国家の成立が介在している。同様に，デュルケムが問題とした19世紀的な個人化とベックが問題とした今日的な個人化とのあいだにも福祉国家の成立が介在している。そして福祉国家は，ある意味で，グローバル化の趨勢と個人化の趨勢を否定したところに成立したものであった。にもかかわらず，今日，グローバル化と個人化が進行しているということは，福祉国家がこれら2つの趨勢から挑戦を受けているということを意味する。しかもグローバル化が個人化を促進し，個人化がグローバル化を推進するという意味で，両者は相互強化の関係にある。このようなグローバル化と個人化という挟撃のなかで，福祉国家はどのような影響をこうむることになるだろうか。

1）グローバル化の影響
　福祉国家に対するグローバル化の影響に関しては，これまでにも相当な議論が積み重ねられてきた（Mishra 1999）。情報と資源（モノ・ヒト・カネ）の移動のうち福祉国家により大きな影響を及ぼすのは，資本（カネ）の移動である。

　貿易と金融の自由化は市場の拡大を意味する。各企業は，いまや国内市場だけでなく，世界市場を相手にしなければならず，各企業は熾烈な「大競争」（Mega-Competition）に巻き込まれている。このため各国企業はいわゆる「世界標準」（グローバル・スタンダード）から著しく逸脱した労働条件を設定することができなくなっている。また各国政府もこうした競争条件を看過することができなくなっており，国内資本の競争力を維持・強化しようとするならば，社会政策のために過大な財源調達を国内企業に課すことができない。これまで福祉国家が行なってきた労働条件に関する規制についても緩和を余儀なくされる。こ

れらを受け入れない政府に対しては，資本の海外逃避が待ち受けている（武川 2002a）。

こうした資本の海外逃避の可能性という事実は，福祉国家に対して，経済的，政治的，社会的の各局面において，重大な影響を及ぼす。

第一に，グローバル化は，経済的局面において，ケインズ主義的なマクロ経済政策の効力を奪う（Mishra 1999: chap. 2）。伝統的な福祉国家（KWS）は，リフレーションによる経済成長を通じた完全雇用の達成を企図していたが，こうしたことが成り立つためには，各国民国家はそれぞれの国民経済を管理できていなければならなかった。これはブレトンウッズ体制下における厳格な為替管理によって担保された。しかしグローバル化によって，この前提は突き崩され，福祉国家が成立するための重要な条件のひとつが奪われる。

第二に，グローバル化は，政治的局面において，各国の国内政治における労働と資本の権力バランスを大きく変化させる（Mishra 1999: chap. 4）。資本主義国家において，資本は，その成立メカニズムはともかく，そもそも大きな政治権力を握っている。福祉国家も資本主義国家である以上，資本の利益を無視して存在することは許されない。資本移動の自由化は，もともと巨大であった資本の政治権力をさらに強化する。さまざまな政治的夾雑物の介入によって，実際に，資本の海外逃避が生じることは少ないかもしれない。しかしその可能性が存在するという事実は，それだけで資本の発言力を強めるのに十分である。これとは反対に，労働は，国内の政策決定に対する影響力を弱める。資本の影響力が大きくなったぶん，労働の影響力は相対的に小さくなる。一国単位のケインズ政策が無力化し完全雇用の達成が困難となった状況のなかで，労働の発言力は絶対的にも低下する。伝統的な福祉国家の推進勢力は，保守主義から社会主義にいたる多様な政治的スペクトルを含むものであったが，労働運動がその重要な一翼を担っていたことは間違いない。このため労働の弱体化は，福祉国家の支持基盤を突き崩すことにつながる。

第三に，グローバル化は，社会的局面において，社会政策に対する再編圧力を強める（Mishra 1999: chap. 3）。グローバル化による「大競争」は，いわゆるソーシャル・ダンピングを引き起こしがちである。企業の競争力を強化

する方法は多種多様であり，賃金や労働条件の切り下げがそのための唯一の方法というわけではない。しかし，それはもっとも単純明快な方法である。賃金水準の国際的な格差が著しく拡大しているという状況は，こうした方法の採用にとって好条件である。このため福祉国家は，社会的給付の引き下げと社会的規制の廃止の圧力にさらされることになる。グローバル化は「底辺への競争」（a race to the bottom）を惹起する可能性を開く（下平 2001）。

多国籍化し超国家化した資本の各国政府に対する要求は，税負担の削減と規制の撤廃である。いずれも資本の自由な活動を確保するための条件である。グローバル化した世界のなかで，資本は，厳格な自国政府のもとを去り，寛大な他国政府のもとへ向かうことが可能となっているから，これらの要求を強硬に主張することができる。これらの要求のうち税負担の削減は主として給付国家としての福祉国家の社会政策に変更を迫り，規制の撤廃は主として規制国家としての福祉国家の社会政策に変更を迫る。

税負担の削減要求は，まず，法人税率の引き下げ要求として現われる。ついで，企業が負担している社会保障費（社会保障特別税や社会保険料の事業主分など）の削減要求としても現われる。さらに，資本は，所得税をはじめとする個人の税率の引き下げに対しても積極的である。こうした税負担の削減要求のもとで，従前の公共支出の水準を維持するためには，財政赤字を容認し，公債への依存を強めなければならない。しかし，グローバル化した世界経済のなかで，この方法を長期的に維持していくことは困難である。このため税負担の削減要求は，公共支出の削減要求に直結する。他方，財政支出を租税支出で置き換えるという方法も好まれる。たとえば，私的年金のための保険料の所得控除は，減税になるという点で個人から歓迎され，民間の年金市場を拡大するという点で企業から歓迎されるが，これを公的年金の給付削減とセットで実施すれば，公共支出の削減効果は大きい。とはいえ政治的混乱なしに両者を同時に実施することは難しい。また，社会保障給付を企業に肩代わりさせることによって，政府による直接給付の削減がはかられることがある。しかしグローバル化によって，各国企業が「大競争」のなかに置かれた現在，こうした方法は，短期的にはともかく，長期的には成り立たな

い。結局，税負担の軽減要求に直面した福祉国家は，恒常的に，給付削減の圧力にもさらされることになる。

　移動の自由を獲得した資本は，国外逃避の可能性を背景に，各国の市場において自由な活動を保障するよう各国政府に圧力をかける。資本主義国家においても，市場への新規参入，設備投資，生産数量，価格設定などについて，経済的規制が実施されてきたが，グローバル化の時代の経済政策のスローガンは「規制撤廃」（deregulation）である。政府による規制の究極的な形態は国有化であるから，グローバル化の時代は民営化が追求される時代でもある。そして労働市場における規制も例外ではない。福祉国家は，伝統的に，労働市場に対してさまざまな規制を行なってきたが，資本移動が自由化したグローバル化の時代には，社会政策上の規制は，労働市場を硬直化させ労働費用を押し上げるとの理由から，非難にさらされるようになる。グローバル化の時代は，労働市場の柔軟化が追求される時代である。とりわけ標的とされるのは最低賃金と解雇規制である。しかし，こうした規制の撤廃・緩和の進行と同時に，規制の強化がもたらされる場合もある。というのは，一般に，規制は給付より安上がりの社会政策であるとみなされるからである。障害者の雇用機会を保障するほうが，障害者手当を支給するよりも，公共支出の節約となる場合がある。福祉国家に対して給付削減の圧力が高まってくると，その代替ないし補償の措置として，労働費用を極端に引き上げないという限界のなかで，社会的規制の強化が追求されることもある。

2）個人化の影響

　グローバル化だけでなく個人化もまた福祉国家に対して影響を及ぼす。20世紀後半の福祉国家のもとで始まった個人化の過程がさらに進むとき，福祉国家は無傷ではいられない。ベックが取り上げた個人化は20世紀の第4四半期において顕著な現象であるが，その徹底は福祉国家が前提としていた団体（集合）主義を掘り崩すことになりかねない。また，20世紀型の福祉国家の諸前提であった完全雇用，集団的労使関係，集合的消費（collective consumption）などは，個人化によって新たな挑戦を受けることになるだろう。

今日的な個人化の現象は家族だけではなく，職域，地域，消費などの場面においても観察することができる。そして，それぞれが福祉国家に対して影響を及ぼす。
　個人化の最初の帰結である核家族は，年金など福祉国家の集合主義によって，その制度的保障を得た。ところが20世紀の第4四半期の個人化は，このような個人化＝核家族化を超えてさらに進んだ。それは核家族からさえも個人が離脱していく過程である。家族の個人化は，ポストモダン家族の徴候として，家族社会学者によって数多く指摘されてきた（落合 1994; 山田 1994）。ここでの個人化は，家族という制度を前提としたうえでの「私事化」（privatization）や「個別化」とは異なる。Beck and Beck-Gernsheim（2001）に依拠しながら，山田昌弘（2004）はこのような個人化のことを「本質的な個人化」と呼んでいる。山田によれば，「家族の本質的個人化」とは「『家族であること』を選択する自由，『家族であること』を解消する自由を含んだ個人化」であって，「近代社会における家族の本来的特徴であった，選択不可避性，解消困難性が崩れる」ということを意味する（同上：346）。そして，「家族の本質的個人化」の結果として，家族のリスク化，家族の階層化，ナルシシズム，幻想のなかでの家族の形成などが随伴することを山田は指摘している（同上：349-351）。このような個人化は，家族単位で制度を設計してきた従来の福祉国家と衝突する。
　核家族からでさえ離脱する個人が，職域から離脱することは容易に想像がつく。これによって労働市場が流動化する。グローバル化によって労働の柔軟化が不可避であるから，その傾向はますます顕著である。職域からの個人の離脱は，それまでの人格的拘束から逃れることができるという意味で，個人の自由の拡大である。しかしそれは使用者が容易に雇用調整を行ないうるようになるという意味では，企業の自由の拡大でもある。こうした個人化によって福祉国家は影響をこうむる。第一に，企業保障が衰退する。企業保障は職域が安定的であることを前提にして発達する制度であるから，個人化による労働市場の流動化は企業保障の衰退をもたらし，それは社会保障と個人保障へ分解してしまう。第二に，労使関係が変化する。福祉国家は集団的労

使関係を前提として成立した。労働運動は福祉国家成立のもっとも重要な推進勢力のひとつであった。ところが個人化は，集団的労使関係から個別的労使関係への動きを加速するから，福祉国家は政治的な支柱を失う。

　地域でも個人化が進む。日本の地域は，伝統的に，地縁集団の連合体として存在してきたが，核家族から離脱し，職場集団から離脱した個人が，地縁集団のなかに安住できるはずがない。福祉国家は，ある意味で，地縁型の団体によって編成された地域社会を前提として存在してきたが，福祉国家と地域社会の境界面（interface）は個人化によって変化をこうむることになるだろう。第一に，地域社会の構成単位が変化する。地域を構成するのはもはや地縁集団だけではない。地縁から離脱した諸個人もまた地域社会の構成単位である。これまでは地縁集団を把握すれば，地域を把握したことになった。このため日本の地域政治は団体政治だった。ところが地域が個人化することによって，団体を掌握するだけでは地域を掌握したことにはならなくなっている。第二に，地域社会の団体編成が変化する。地縁から離脱した諸個人は，地縁とは異なり，自発性を基礎に結合する。これによって伝統的な地縁集団とは異なる団体が地域に生まれる。1980年代の後半以降，福祉国家の社会サービスと関連する領域では「住民参加型福祉」と呼ばれる団体が形成され，一定の影響力を有するようになった。また，特定非営利活動促進法のように，新たな結合を法的に認知するための立法も行なわれた。その結果，いまではNPOを無視して地域を語ることができなくなっている。第三に，地域における社会関係が変化する。個人化した地域社会のなかでは，地域とのつながりだけを理由として，社会統合を維持することはもはやできない。これまでのような「阿吽の呼吸」や権威への服従にもとづく名望家支配は終わりを告げる。地域においても合理的討論が開始されなければならない。このため近年の地方自治のなかでは地域住民相互の対話が重視されるようになっている。

　家族，職域，地域における個人化は消費の個人化を随伴する。ところが福祉国家はフォーディズムの時代に成立したメカニズムであり，大量生産・大量消費に親和的であって，個人化した生活スタイルに適応するのが難しい。このため消費者・利用者の需要・必要に対する反応が鈍い。個人化した消費

者にとって，福祉国家が提供する財やサービスの画一性は，我慢のならないものである。このため個人主義的ライフスタイルを身につけた消費者は，一般に，公共部門が供給する硬直的なサービスよりも民間部門が供給する柔軟なサービスのほうを好むようになる。生活スタイルの個人化は，福祉国家が前提する集合主義，あるいは集合的消費（collective consumption）と抵触する。

3）ガバメントからガバナンスへ

20世紀の第3四半期に成立した福祉国家は，国民主義的(ナショナリズム)であるとともに集合主義的(コレクティビズム)であった。このためグローバル化と個人化という今日的趨勢のなかで，福祉国家はその土台を揺るがせつつあるというのが現状である。このことは福祉国家の政治システムに対しても影響を及ぼしている。この点を示すキーワードが「ガバナンス」である。グローバル化という言葉が普及するのとほぼ同じ時期に，ガバナンスという言葉も世界中に普及しはじめた。この言葉が世界的に注目を集めるようになったのは，1988年に，ガイ・ピーターズとコリン・キャンベルによって『ガバナンス』と呼ばれる学術雑誌が刊行されて以来のことであるといわれる（中邨 2003: 16）。

ガバナンスという言葉が注目を集める背景には，ガバメントの機能低下といった事態が存在する。福祉社会という言葉がつねに福祉国家という言葉を念頭におきながら語られるのと同様，ガバナンスという言葉もガバメントを念頭におきながら語られている。このためガバナンスは，通常，「ガバメントからガバナンスへ」という文脈で取り上げられることになる。

中邨章（2003）によれば，20世紀末にガバメントの機能低下が生じた理由のひとつは経済のグローバル化である。

> 従来，政府，ことに中央政府は自治体と異なる重要な機能をもつと考えられてきた。中央政府は旅券や査証を発行し，人口の流れをコントロールしてきた。また，関税という方法で商品の流れを規制してきたのも中央政府である。ところが，近年の経済活動は，従来の政府の枠組みにはおさまりきらない規模と速さを誇るようになった。むしろ，最近の経済は政府の規

制を無視する行動をとる例が多い。……（国際的な金融の）圧力に対して，政府はいずれの国においても『統治』能力を欠いた。政府の後退がいわれる理由は，そのあたりに起因する（中邨 2003: 19）。

そして，ガバメントの機能低下が生じたもうひとつの理由は，同じく中邨（2003）によれば，情報技術の発展，すなわち情報という側面におけるグローバル化である。情報技術の発展によって巨大な仮想空間が形成されたが，政府はもはやそれをコントロールできなくなっている。たとえば，「個人がアメリカのバーチャル書店と交渉し書籍を手に入れる商取引に，日本政府が関与することはほとんど不可能」であり，このことはガバメントが統治を独占することができなくなっていることを示している（同上: 19）。また，かつてのような政府による情報の独占も崩れており，この点もまたガバメントの機能低下を促進する。

　ガバメントの機能低下にともなって，ガバナンスへの注目が集まっているわけだが，このガバナンスの考え方はガバメントの考え方とは異なる次のような特徴をもっている（中邨 2003）。ガバメントのもとでは，中央政府と地方政府とのあいだの政府間関係においても，また，政府部門と民間部門とのあいだにおいても垂直的な関係が一般的であった。しかしこうした垂直的関係を維持することを可能とした格差が現在縮小しつつあり，政府間関係や官民関係は水平的な関係に移行しつつある。ガバナンスのもとでは，中央政府とその他の諸機関との関係は垂直的なものではなくて水平的なものとして考えられている。また，このような水平的な関係が支配的になってくると，「中央政府はそれまでのように『統治』を一定に引き受ける強力な管理組織ではなくなる。それに代わって，中央政府の機能は，自治体や企業，それに住民との間に協力関係を生み出す調整機関に成長する」。このためガバナンスは「協治」や「共治」と訳されることにもなる。とはいえ，中央政府による統治の独占が崩れ水平的関係が優位になってくると，「異なる組織の関係は水平になるだけに複雑化し，いつも協調型に推移するとは限らない。むしろ，紛争が絶えず，競合や対立がおこりやすくなる可能性も出てくる。これ

からの政府には，異なる機関の競合や摩擦，それに衝突を緩和し調整する機能がことのほか重要にな」ってくる（中邨 2003: 101, 21-22）。

4）ガバナンスからソーシャル・ガバナンスへ

このような「ガバメントからガバナンスへ」という主張を社会政策や福祉国家の問題に適用したのが，ソーシャル・ガバナンスという考え方である。ソーシャル・ガバナンスという言葉は，ガバナンス以上に新しい言葉であり，日本の場合，一般に注目されるようになったのは21世紀に入ってからである。NIRA（総合研究開発機構）の研究プロジェクトの報告書（神野・沢井 2004）や，北海道大学の研究プロジェクト（「グローバリゼーション時代におけるガバナンスの変容に関する比較研究」）とこれに関するフォーラム，福祉社会学会のシンポジウム（「ソーシャル・ガバナンスの可能性」）などはいずれも今世紀のできごとである。

ただしソーシャル・ガバナンスという言葉は用いられなかったが，今日のソーシャル・ガバナンスにつながる議論は比較的古くから存在していた。たとえば，福祉多元主義や福祉ミックスに関する理論は1980年代以前にまで遡ることができる。福祉多元主義の理論は1970年代後半から80年代前半のいわゆる「福祉国家の危機」のなかで生まれたものであり，当時の社会政策に関するガバナンスの状況と密接に関わっている。福祉国家の危機のなかで主張されたことのひとつに「ガバナビリティの喪失」に関する指摘があった。統治能力を失った政府に対して福祉サービスの供給を全面的にゆだねるわけにはいかないところから，福祉多元主義の主張が生まれたのである。また，福祉多元主義の提唱には民主主義的な価値を福祉の領域で実現するという意味合いもあった。たとえばジョンソン（Johnson 1981）は，福祉多元主義のなかで重要な役割を担うことになる民間非営利部門の機能を，(1) 新しいサービスや方法の開拓，(2) 圧力集団としての活動，(3) 参加の奨励，(4) 情報・助言といった4つの点に集約しているが，そこには民間非営利部門の有するこれら民主的な機能を促進すべきだとの含意があった。福祉多元主義はソーシャル・ガバナンス論の先駆的形態と考えることができるが，そこには

重要な違いもある。前者は福祉サービスの供給体制に主眼をおいた議論であり，供給セクター間の予定調和的な均衡を暗黙のうちに前提としていた。このため福祉多元主義の理論では権力や強制といった要因が捨象された。ソーシャル・ガバナンスにおいて着目されるのは供給そのものではなくて，供給を通じて達成される統治のほうである。

　他方，1990年代以降の福祉国家研究のなかでは，エスピン－アンデルセンによる福祉国家レジーム論が大きな影響力をもった（Esping-Andersen 1990）。彼の分析は，通常，脱商品化スコアを用いた福祉国家の類型化を行なったものとして評価されているが，それ以上に重要な貢献は，各レジーム（というよりはスウェーデン，ドイツ，アメリカ合衆国）における福祉政治を歴史的かつ構造的に分析した点にあると思われる。このためレジーム論のなかには，福祉多元主義の理論とは違って，統治の視点が組み込まれている。福祉多元主義と福祉レジーム論は一般には無関係であると考えられているが，藤村正之（2001）も指摘するように，両者の関連は深い。というのは，福祉国家レジームが，ある意味で，各国における福祉多元主義の具体的形態を国際比較したものだからである。福祉国家レジームの概念が，労働市場や家族を取り込んだ福祉レジームの概念へと進化することによって，両者の関連はさらに強化されている。

　福祉多元主義や，これと連接するかたちでの福祉レジーム論の展開は，ソーシャル・ガバナンス論以前のソーシャル・ガバナンス論だった。しかしそこで想定されていたガバナンスは，国民国家の水準におけるものであった。福祉多元主義のほうは地方政府へも視野が及んでいたが，福祉レジームにおける政府部門は中央政府であったし，労働市場も国民経済におけるものであった。しかし第1節から第3節までで検討してきたように，グローバル化と個人化のなかで，今日のガバナンスはナショナルな水準だけを問題としていればよいということにはならない。とりわけ社会的な領域におけるガバナンス，すなわちソーシャル・ガバナンスの領域において重要な意味をもつのは，グローバルやローカルな水準におけるガバナンスである。

4　ソーシャル・ガバナンスにおけるグローバルとローカル

1）グローバル空間のソーシャル・ガバナンス

　国際社会には政府が存在しない。国民国家が正統性をもった権力を行使しながら，最終的には暴力によって国内秩序を維持することができるのに対して，国際社会にはそのような秩序維持のメカニズムが存在しない。国連は主権国家の集合体以上のものではない。このため国際社会ではホッブス的な万人の万人に対する争いの状況が文字どおり当てはまる。各種の国際機関や国際 NGO を通じたグローバル・ガバナンスの確立が求められるのは，このような国際社会の無政府的性格を克服するためである。

　すでに第 3 節で述べたように，世界経済のグローバル化によって，各国の社会政策が各国政府に裁量の余地のある純粋な国内問題とはいいにくい状況が生まれつつある。資本の国外逃避（Capital Flight）への恐怖から，各国政府は社会政策に関して自主規制しがちである。その結果，各国政府は「底辺への競争」に巻き込まれていく。実際，20 世紀の第 3 四半期は，グローバル資本主義に適応できた国とそうでない国とのあいだで公共政策の成否に関して明暗が分かれた。たとえば 1980 年代初頭のフランス政府がグローバル化に抗して失敗したのに対して，イギリス政府やスウェーデン政府はグローバル化の圧力をうまくかわした。また 1990 年代になると，グローバル資本主義の圧力はいっそう強まり，先進諸国のあいだでは，年金をはじめ各種社会政策の縮小が始まった。このためケインズ主義福祉国家（KWS）はシュンペーター型ワークフェア国家（Schumpeterian Workfare State!）に取って代わられつつあるといわれる（Jessop 1994）。

　このためグローバル化した世界のなかでは，福祉国家は一国単位で完結することができない。ソーシャル・ダンピングを回避するためには，社会的な領域においてこそグローバル・ガバナンスを確立する必要があるといえる。そのために国際機関などを通じて，トランスナショナルな社会政策を追求す

る動きがすでに出ている。

　第一に，IMF（国際通貨基金），世界銀行，WTO（世界貿易機関）などの諸機関が存在する。これらの国際機関は競争のルールを設定する役割を担っており，このルールのなかに，競争条件の均等化のための社会政策条項を含めることが可能である。たとえば，現在，WTOの貿易ルールのなかに環境や労働条件に関する事項を挿入すべきか否かということが議論の俎上にのぼっている。このような方法は通常「社会条項アプローチ」と呼ばれるが，このアプローチはINGO（国際非政府組織）や労働組合が賛成しているということに加えて，先進諸国の利益と合致するという事情もあり，有望である（武川 2003: 109）。

　第二に，国際連合やILO（国際労働機構）などが推進してきた社会政策に関する国際条約も存在する。国連は，1948年に，世界人権宣言を総会で採択して以来，人種差別撤廃条約や国際人権規約などの調印に対して，一定の成果を上げてきた。ILOは，労働条件や社会保障に関する条約や勧告を推進してきた。それらのなかには，強制労働や年少者の深夜労働など原生的労働関係を禁止したものから，有名な102号条約のように，社会保障の最低基準を定めたものにまで及んでいる。

　第三に，EU（欧州連合）やNAFTA（北米自由貿易協定）などのような，国民国家を超えた地域（リージョン）の水準における社会政策が存在し，これらが各国の社会政策に影響を及ぼしている。たとえば，EUは通貨統合にあたって各国政府にインフレや財政赤字の克服など財政規律に関する条件を課した。このため加盟国政府の社会政策は影響を受けた。カナダの社会政策もNAFTAの加盟によって変更を余儀なくされたという（Mishra 1999）。こうした間接的影響に加えて，EUの「共通社会政策」のように，加盟国に対して直接的影響を及ぼすものもある。地域の水準における社会政策にはグローバリズムを促す側面もあるが，共通社会政策のようにこれを防ぐ側面もある。

　さらにグローバルな水準における市民社会の生成もみられる。ラギーによれば，「かつては，国際的レベルのガバナンスといえば，国家の専権事項であった」が，「この数十年のあいだに，領域型国家を基本的な組織原理とし

ないアクターや諸勢力が国家の域を超えはじめ，内部からも国家のガバナンスを蚕食しはじめている」(Ruggie 2003: 101-102)。彼はそこにグローバルなパブリック・ドメインの生成をみている。彼によれば，このドメインは「グローバルなルール設定を中心に組織された言説・主張・行動のアリーナである。これは超国民的な空間であって，国家だけがその住人ではないし，国家に媒介されるものだけではなくて，人びとの関心が直接的に表現され，追求される場にほかならない。その主要な推進役のひとつが市民社会の役割の広がりであり，また，市民社会組織とグローバルな企業部門との相互作用である」(ibid.: 102)。実際，こうしたパブリック・ドメインにおける市民社会組織の活動によって，トランスナショナルな社会政策が推進されることがある。たとえば，OECDが締結しようとしていた「多国間投資協定」は市民社会組織の運動によって阻止された (ibid.: 103)。この協定は「1990年代の高水準の新自由主義的要請に応えようとするもの」であり，この協定における投資保護条項は多国籍企業が進出国の環境条件や労働条件を遵守しないことを認める効果をもっていた。現に，1996年に，「カナダがエシル社のガソリン添加物を禁止した際，同社はNAFTAの同様の条項をもとにカナダ政府に勝訴し，カナダ政府は1300万ドルで和解に応じ」たという (ibid.: 120)。この条項を廃止することによって，INGOは各国政府が多国籍企業を一定程度規制することを可能にしたのである。

2) ローカル空間のソーシャル・ガバナンス

こうしたグローバル空間におけるソーシャル・ガバナンスに加えて，ローカル空間におけるソーシャル・ガバナンスもまたグローバル化のなかで重要な意味をもつようになっている。というのは，今日のグローバル化を特徴づけているのは，それがローカル化と同時進行しているからである。そこには少なくとも2つの事情がある。ひとつは，グローバル化によってCPUから大学にいたる多くの場面で世界標準(グローバル・スタンダード)が普及しつつあるのは事実だが，グローバルな空間はいまのところ均質なものとしては成立しているわけではないから，世界標準が受け入れられるためには局所的な空間でローカイズさ

れなければならないといった事情がある。その意味では，今日のグローバル化はグローカル化だといえる。他方，このようにグローバル空間の変容にともなって生じるローカル化に加えて，ナショナルな空間の変容にともなってローカル化が進行するといった事情もある。しばしば指摘されてきたように，今日の国民国家はグローバルな課題を解決するのには小さすぎ，ローカルな課題を解決するには大きすぎる。このため中央と地方という政府間関係のあり方が問われ，実際に，日本でもここ十数年にわたって地方分権化が継続的に推進されてきた。もちろんこのようなローカル化を生み出すナショナル空間の変容もグローバル化とまったく切り離されて生じているわけではないから，こちらもグローバル化に随伴するローカル化といえるだろう。いずれにせよ今日のグローバル化はグローバル化とローカル化が同時進行するという意味で，グローカル化として捉えられなければならない。

1990年代以降の世界では，グローバル・ガバナンスだけでなく，ローカル・ガバナンスに関する理論と実践も積み重ねられてきた。そこでは協働，対等な関係，情報公開，透明性，説明責任，市民参加，政策評価などが鍵概念となっており，市民社会による政府の制御＝統制が追求された。それは，ある意味で，ローカルの水準における「福祉国家と福祉社会の協働」（武川2000）を追求するための作業であったといえる。

日本の場合，地域社会における個人化とボランタリズムへの動きが顕著となったのは1990年代以降のことである。この動きは，1995年のいわゆる「ボランティア元年」や1998年の特定非営利活動促進法の成立のなかに結実する。これによって現在，少なくとも理念の水準では，地方政府が主体となって伝統的な地縁団体がこれに協力するといった統治から，NPOなどの新しいタイプの団体や個人と地方政府が対等の協働関係のなかで達成されるガバナンスへの転換が追求されている。地域における個人化の進展がこうした動向に拍車をかけている。その結果，地域においても「ガバメントからガバナンスへ」といった動きが加速することになる（沢井2005）。

他方，1990年代は，地方行政の分野において地方分権改革が進められた。とりわけ1995年の地方分権推進法の成立以来，少なくとも理念の水準では，

国と地方公共団体とのあいだの政府間関係が地方政府の自主性を尊重するものへと転換することが求められている。社会福祉の世界では 2000 年の社会福祉法の改正によって地域福祉計画が法定化されたが，この計画は，まさしくローカル・ソーシャル・ガバナンスのための「学校」としての意味をもっているのである（武川編 2005）。

　本章では，グローバル化と個人化といった趨勢のなかで，福祉国家がどのような変容をこうむり，どのような再編を迫られているかについて検討してきた。この問いに答えるために，まず，今日のグローバル化と個人化を 19 世紀におけるグローバル化と個人化から区別した。そこから明らかになったことは，19 世紀的なグローバル化と個人化と今日的なグローバル化と個人化とのあいだには，福祉国家の成立という事実が存在するということであった。
　このことの意味は二重である。一方で，福祉国家は 19 世紀的なグローバル化と個人化を否定したところに成立したことを意味する。いわば福祉国家はグローバル化と個人化に対する反動である。ところが他方で，福祉国家がいちど否定したはずのグローバル化と個人化とがまったく新たな装いのもとに登場し，これが 20 世紀的な福祉国家の存在を現在脅かしていることを意味する。グローバル化は 20 世紀的な福祉国家が前提としていた雇用の安定や家族の安定を損なう。個人化もまた 20 世紀的な福祉国家が前提としていた雇用の安定や家族の安定を脅かす。しかもグローバル化と個人化とはまったく独立の現象というわけではなく，グローバル化が個人化を促進し，また個人化もグローバル化に寄与するという関係にある。このようなグローバル化と個人化の同時進行は，国民国家における政府機能の低下をもたらし，政治システムの変容を促す。このため「ガバメントからガバナンスへ」といったスローガンが掲げられるようになる。
　このことを福祉国家の問題に引き寄せて理解するならば，ソーシャル・ガバナンスという領域が新たに注目されなければならないことを示唆する。そして国民国家としての福祉国家の政府機能が低下しているとき，とりわけ重

要な意味をもつのは，グローバルな水準におけるソーシャル・ガバナンスとローカルな水準におけるソーシャル・ガバナンスである。今日のグローバル化はローカル化を随伴しているからである。

そして，グローバル資本主義の圧力によって国民国家の政府が社会政策に対する裁量権を奪われつつあるとき，国内の社会政策はグローバルな社会政策によって補完されることになる（たとえば，男女共同参画社会基本法の成立に対するグローバルな社会政策の意義）。また，国民国家の中央政府が地域社会の問題に対する感度を失いつつあるとき，ナショナルなガバナンスはローカル・ガバナンスによって補完されることになるだろう。実際，グローバルな水準でも，ローカルな水準でも，ソーシャル・ガバナンスの萌芽を観察することができる。

参考文献

Beck, U.（1986）*Risikogesellschaft*, Frankfurt am Main: Suhrkamp Verlag（東廉・伊藤美登里訳『危険社会――新しい近代への道』法政大学出版局，1998 年）．

Beck, U. and E. Beck-Gernsheim（2001）*Individualization: Institutionalized Indivicualism and Its Social and Political Consequences*, London: Sage.

Dicey, A. V.（1905）*Lectures on the Relation between Law and Public Opinion in England during the Nineteenth Century*, London: Macmillan（清水金二郎訳『法律と世論』法律文化社，1972 年）．

Durkheim, E.（1893）*De la deivision du travail social: Étude sur l'organisation des société supérieures*, Paris: Alcan（田原音和訳『現代社会学大系 第 2 巻 社会分業論』青木書店，1971 年）．

Esping-Andersen, G.（1990）*The Three Worlds of Welfare Capitalism*, Cambridge: Polity（岡沢憲芙・宮本太郎監訳『福祉資本主義の三つの世界――比較福祉国家の理論と動態』ミネルヴァ書房，2001 年）．

藤村正之（2001）「福祉国家・福祉社会論の社会学的文脈――その再検討の構図」三重野卓編『福祉国家の社会学―― 21 世紀における可能性を探る』東信堂，pp. 5-25。

Giddens, A.（2001）*Sociology*, 4th edn, Cambridge: Polity Press（松尾精文ほか訳『社会学 第 4 版』而立書房，2004 年）．

Jessop, B.（1994）'The transition to post-Fordist and the Schmpeterian workfare state', in R. Burrows and B. Loader (eds), *Towards a Post-Fordist Welfare State?*, London: Routledge, pp. 13-37.

神野直彦・沢井安勇編（2004）『ソーシャル・ガバナンス——新しい分権・市民社会の構図』東洋経済新報社。

Johnson, N.（1981）*Voluntary Social Services*, Oxford: Martin Robertson & Company（田端光美訳『イギリスの民間社会福祉活動——その歴史と現状』全国社会福祉協議会出版部，1989年）.

Mishra, R.（1999）*Globalization and the Welfare State*, Cheltenham: Edward Elgar Publishing.

中邨　章（2003）『自治体主権のシナリオ——ガバナンス・NPM・市民社会』芦書房。

落合恵美子（1994）『21世紀家族へ——家族の戦後体制の見かた・超えかた』有斐閣。

Ruggie, J. G.（1983）'International regimes, transactions, and change: Embedded liberalism in the postwar economic order', in S. D. Krasner (ed.), *International Regimes*, Ithaca & London: Cornell University Press, pp. 195-231.

――――（2003）'Taking embedded liberalism global: The corporate connection', in D. Held and M. Koenig-Archibugi (eds), *Taming Globalization: Frontiers of Governance*, Cambridge: Polity（中谷義和監訳『グローバル化をどうとらえるか——ガヴァナンスの新地平』法律文化社，2004年）.

Sassen, S.（1988）*The Mobility of Labor and Capital: A Study in International Investment and Labor Flow*, Cambridge: Cambridge University Press（森田桐郎ほか訳『資本と労働の国際移動』岩波書店，1992年）.

沢井　勝（2005）「ガバナンスの時代の地域福祉」武川正吾編『地域福祉計画——ガバナンス時代の社会福祉計画』有斐閣，pp. 237-257。

下平好博（2001）「グローバリゼーション論争と福祉国家」『明星大学社会学研究紀要』第21号，pp. 57-77。

武川正吾（2000）「福祉国家と福祉社会の協働」『社会政策研究』第1号，pp. 29-50。

――――（2002a）「グローバル化と福祉国家——コスモポリタニズムの社会政策のために」小倉充夫・梶田孝道編『国際社会5　グローバル化と社会変動』東京大学出版会，pp. 121-150。

――――（2002b）「グローバル化段階の福祉国家」小笠原浩一・武川正吾編『福祉国家の変貌——グローバル化と分権化のなかで』東信堂，pp. 72-90。

――――（2003）「福祉レジーム間のヘゲモニー競争——グローバル化と福祉国家の危機」武川正吾・山田信行編『現代社会学における歴史と批判　上巻　グローバル化の社会学』東信堂，pp. 211-235。

――――（2004）「福祉国家と個人化」『社会学評論』第54巻第4号，pp. 322-340。

――――編（2005）『地域福祉計画——ガバナンス時代の社会福祉計画』有斐閣。

山田昌弘（1994）『近代家族のゆくえ——家族と愛情のパラドックス』新曜社。

――――（2004）「家族の個人化」『社会学評論』第54巻第4号，pp. 341-354。

―――――― 第5章 ――――――
都市の親密圏／公共圏とケアの危機

1　「ケアの危機」をめぐる課題——ケアと親密圏／公共圏

1）ポスト工業化社会とケア・ニーズの高まり

　子ども，高齢者，病人，障害をもつ人など，世話や気づかいを必要とする人びとへのケアは長いあいだ，家族，隣人，友人などにより「インフォーマルな」場で提供されてきた。そのため，ケアの問題が各国・自治体での政策論議の主要な課題とされることは少なかった。しかし20世紀末になり，多くの国々で子育てや介護などのケア・ニーズが高まり，ケアをめぐる問題が社会政策上の課題として浮上してきた。変化の背景には，ポスト工業化社会における人口の少子高齢化，雇用・消費のサービス経済化，急速な技術発展，高度都市化，女性の雇用労働者化，家族・地域社会の不安定化・個人化など，グローバルで急激な構造変動とジェンダー秩序，社会規範の変容がある。

　20世紀の工業社会において人びとが共存する世界を支えるケアは長らく女性が担う役割とされてきた。つまり，ケアの大半は家庭内で女性が担う長時間の家事労働（無償労働）に依存してきた。これを補完していたのが，地域社会での近隣・親族や市民相互のボランタリーな生活援助活動である。福祉国家の社会保障制度も，こうした近代家族の内部での性別役割分業によるケアとインフォーマルな地域ケア活動を前提として設計されてきた。そのため北欧など一部の欧州諸国を除いて，公的部門における社会的ケア・サービスの発展は保健医療や教育分野のサービスに比べてもかなり遅れており，そのことが今日，ポスト工業化社会のグローバルな社会変動と増大するケア供給へのニーズの高まりのなかで，都市市民・家族の生活全般における「ケア

の危機」を招来している（Hochschild 1995; Lewis 2001）。

　本章の課題は，不安定さを増すポスト工業化時代（とくに1990年代以降）の都市社会における「ケアの危機」の中身を検討し，都市の共存的世界において人びとの生と生活を支え，親密圏と公共圏の重なりあう社会的な「ケアの場」がはらむ問題点について，日本の大都市の訪問介護現場で働く介護労働者の，ジェンダー化された働き方の解明を通して明らかにすることである。そのためまず，今日の先進工業国に現出する「ケアの危機」をめぐる課題を整理し，グローバルなケア労働の再編動向と都市生活におけるケア・ニーズの高まりについて概観する。

　2）「ケアの危機」とはなにか

　ケアという行為（caring）は，他者の世話（caring for）と他者への配慮（caring about）という2つの側面をもつ。ケアワークは本来，相互の尊重と尊厳，互恵主義などの倫理的感情をともない，社会規範に規定される社会的な関係である。それは，ケアの提供者が受け手の身体的・精神的・情緒的なウェルビーイング（well-being／よき生）に責任を負う関係性で成り立っており，他者をケアすることは，ケアの提供者にとっても価値ある行為である。人は人生のさまざまな場面で他者に依存する存在であり，ケアされる権利をもっている。したがってケアワーク（ケア労働，社会的再生産労働とも呼ばれる）の量的・質的な維持・供給は，人びとが生き，活動する現代都市の持続可能性にとっても欠かせない基本的な要件である。21世紀の都市社会においてはまた，ケアされる人の権利とともに，ケアする人の権利を保障し，これらを促進することが求められている。

　ケアはジェンダー化された不均衡な状況で行なわれ，女性は通常，男性より多くのケア役割を期待され，他者へのケアを提供してきた。ケアワークについては「フォーマル」対「インフォーマル」なケア，「営利」対「非営利」，「ペイドワーク（有償労働）」対「アンペイドワーク（無償労働）」などを区別して議論することが多い。たとえば今日，フォーマル・ケアの供給は公的部門や民間部門においてキャッシュ（現金）やサービスでなされているが，

より多くのケアは家族等のインフォーマル部門で無償で供給されている，などである。

　とはいえケアを通して進展する関係性は，つねに「公的と私的」「市場と非市場」「有償と無償」などの二分法が適用できるほど単純でも，異なるものでもない（Himmelweit 1999）。一方ケアの場は，「フォーマル／インフォーマル」「営利／非営利」「有償（公）／無償（私）」などによる，複雑な経済的・政治的線分が交錯する権力作用の場でもある。

　そこでまず，他の労働とはやや異なるケアワークの特徴を確認しておこう。ILO（国際労働機構）は，ケア労働の主な特徴として次のような点をあげている。①ケアワークは，実際の労働時間より多くの予備的労働時間を必要とする。②ケアという行為にともなう努力は，かなりの程度個人の裁量にまかせられている。③よいケアを行なうためには，かなり高い社会的（関係的）技術を求められる。④他の労働より，受け手や監督者への気遣いを求められる。⑤①〜④にともなう感情投入やそれによるストレスを生じやすい，などである（Standing 2001: 17-18）。ケアワークはその意味で，さまざまなかたちの「感情管理」を求められる感情労働である（ホックシールド 2000）。ILO は 1999 年以来，21 世紀に達成すべきディーセント・ワーク（働きがいのある人間的な仕事）の戦略目標として，権利，雇用，社会的保護，社会対話の追求の 4 つの目標をかかげている。女性の主な働き方のひとつとなっているケア労働についても，これら 4 つの目標の達成は，国際的にも重要な政策課題といえるであろう（堀内 2004: 34-55）。

　ところで 1980 代以降の欧米先進工業国では，福祉国家の危機と再編をめぐり，ケアに関わる国家，市場，家族（世帯），ボランタリー部門の諸要素間のバランスの問題が浮上してきた。これは，それ以前に福祉国家が対応可能とみなしていた規模をはるかに超えるケアへのニーズが発生するようになったからである。

　しかし主流の政策決定者，経済学者や統計専門家たち（主に男性）は，長らくケアの実態や価値を過少評価してきた。世帯内や地域で女性が提供してきたインフォーマルなケアワーク（家事，育児，介護労働やこれに関連する

地域でのボランタリーなケア活動）の多くがみえにくいために，福祉国家や福祉政策をめぐる議論においても，それらは経済的に価値の低い労働とみなされ，福祉の最大の供給者である女性がこうむってきた過重負担や，それによるペイドワークへの機会の制限の問題，女性のケアワークの経済的・社会的貢献の大きさなどは看過されてきた。そのためジェンダー間の格差や社会的不平等，公正の問題への対応も放置されてきたのである。そうした問題を，1970年代以降研究上の重要課題とし，家事労働論争やジェンダー視点からの福祉国家批判を通して展開してきたのはフェミニスト研究者たちであった（Ungerson 1990）。

1990年代になると各国のフェミニスト研究者たちは，そのことをポスト工業化社会における「ケアの危機」とケア労働をめぐるジェンダー平等，ジェンダー・ジャスティス，シティズンシップの問題としてより明確なかたちで提起するようになる。そしてケアやケア労働，ケア・ニーズの再定義を模索し，新たな議論を展開していく。主な論点には，ケア役割の平等化戦略の問題，感情労働の一形態としてのケア労働の価値評価の問題，福祉国家のケア政策の転換とケア労働の公正な配分のための提案などが含まれる（Ungerson 1990; Tronto 1993; Hochschild 1995; Himmelweit 1999）[1]。

日本でも1990年代以降，ジェンダー視点に立つ社会福祉・女性労働研究の必要性が主張されるようになり，欧米諸国の研究に刺激されたケアワークをめぐる実証的研究が蓄積されはじめている（杉本 1993, 2004: 4-14; 笹谷 1997, 2000, 2004, 2005; ケアワーク研究会 2002, 2003, 2004; 田中 2005）。インフォーマルなケア・サービスの基盤になってきた家族や地域社会が大きく変わりつつある現在，「ケアの危機」をめぐる問題は，都市・地域社会学の課題としても重要性を増している（矢澤ほか 2003）。これらの議論からも明らかなように，ディーセントなケア・サービスの実現に向けて，人びとが尊厳を守り，安全で安心して「生」の営みを持続できる多様なケア空間を，都市

---

[1] Hochschild (1995), Himmelweit (1999) の仮訳（要約）は，ケアワーク研究会 (2004) の研究資料篇に掲載した。

の生活過程にどうビルトインしていくかが問われている。つまりケアの提供者と受け手の互恵的な「居場所」（ホーム）としての，都市の多様な親密圏／公共圏構築の課題は，21世紀の最重要課題のひとつとなっている。

3）親密圏／公共圏をどうとらえるか

ここではまず本章の中心概念である2つの用語，親密圏／公共圏について，齋藤純一らにならい簡単に定義しておく。「親密圏」（intimate sphere）とは「具体的な他者の生／生命への配慮・関心によって形成・維持され，間－人格的，人称的な関係により織りなされる領域」を意味する。その領域性は，異なる感情や身体をもつ一人ひとりの生と生活の存続それ自体にかかわる関係性のネットワークとして把握することができる。親密圏は，そこに居ることを承認され，受容された人びとに「安全性の感覚を与える」場であり，親密圏の剥奪は，ケアの喪失と不可分なものとして生じる（齋藤 2003: 220-232）。この定義からも明らかなように，ケアワーク，ケア・サービスをめぐる課題は，都市生活において人びとのあいだに一定程度持続して形づくられる親密圏の実現に深くかかわっている。一方，親密圏の分析上の対概念は「公共圏」（public sphere）である。ここでの「公共圏」とは「人びとの〈間〉にある共通の問題への関心によって成立する非人称的な関係の領域」と定義されるものである（齋藤 2000: 101-107; 野崎 2003）。

つまり，親密圏／公共圏は，都市生活において直接的・間接的に「私たちの〈間〉に形成される空間」であり，次元を異にする複数の〈間〉を生きている私たちにとって，親密圏／公共圏もひとつの次元で完結することはない（齋藤 2003）。都市生活の場で，このような親密圏／公共圏がどのように関連し，重なり合うかはさまざまな生／生活課題との関連から丁寧に検証していく必要がある。ケア・サービスが，今日人びとの〈間〉にある共通の問題関心，つまり公共圏での問題として政策課題化してきていることは述べた。グローバルな市場化と「ケアの危機」が進行する今日，都市空間におけるそのような意味での親密圏／公共圏の連なり（構成）を視野に入れつつ，都市の共存的世界において人びとの生／生命の営みの様式（都市的生活様式，矢

澤 1993, 2003) を支える「親密圏」や家族の変容に注目し，新たな親密圏／公共圏の可能性を検討する必要性は増しているといえよう。

2　都市生活におけるケア・ニーズと親密圏／公共圏としてのケアの場

1）グローバルな市場化とケア労働の再編

　1970年代半ば以降に本格化した先進工業国における女性の市場労働への参入（労働力の女性化）とサービス経済化にともなう市場への労働力（人間）再生産過程の統合は，市場で代替されにくい無償の対人的サービス（ケア）の供給やケア・ニーズ（家庭内での子育てや高齢者の世話など）をいっそうみえにくくする一方，ケア労働やケア・サービス供給の仕方を大きく変化させてきた。都市生活の拡大により，以前はほとんどが無償の家事労働や地域扶助として提供されていたサービスを，個々人が市場から買ったり，国が提供したりするようになった。これは，多国籍化したグローバル資本主義が産業構造を再編し，社会的諸関係や人びとの「身体」「感情」をも市場化する戦略（「市場の社会的深化」，モーリス－スズキ 2004）に転じたことによる。また都市化の進展により，個人消費，共同消費が拡大し，官民の専門機関によるサービス提供を基本とした都市的生活様式が人びとの生活に広く浸透していった結果でもある。

　トランスナショナルな都市空間を覆う市場は，生活者の日常的ニーズや欲望を市場の消費財で満たすように構造化されている。男女ともそれらを購入するため，収入を目的とした労働に多くの時間を要するが，女性全体の総労働時間（有償労働と無償労働時間を合わせた労働時間）はどの国でも男性より長いことが，国際的な「時間利用調査」(time use survey) などから明らかにされるようになった[2]。時間資源をめぐるジェンダー間の不均衡の中身は各地域の性別文化や規範によりさまざまであるが，都市的生活様式の全世界

2）国際的時間利用調査研究の動向については，矢澤（2000）の本文と文献を参照のこと。

的な浸透とともに，共通にみられるようになったのは，世帯の内外での再生産労働をめぐる「時間的危機」(time crunch) の増大である（久場 2001: 67）。

1980年代中盤から21世紀初頭の今日にいたるアメリカ主導のグローバルな市場化と新自由主義的国家再編は，各地でそうした動向をいっそう加速させてきた。その結果，十分な収入を得てケア・サービスを購入できる都市中間層・上層とそれが困難な人びとのあいだに新たな階層格差と不平等が拡大している。また市場化されにくいケア・ニーズは，国の政策領域でも家庭内でも容易に「切り詰められる」事態となり，これが都市生活におけるケア労働／ケア・サービスの「空白」と圧迫を生み出す構造的な基盤となっている（久場 2001: 67-68）。

とりわけ1990年代以降の「経済のグローバル化」による競争の激化と福祉国家の危機は，世界中でケアとケア労働を圧迫している。男女ともに長時間労働を強いられるなかで生活時間の使い方が変化し，ケアに使える時間が減少している。国家財政の逼迫は，財政面からケア・サービスへの公共支出に圧力をかけている。「ケアの市場化」が進展するなかで，主に女性が担うケア労働の市場価値の低さと低賃金で不安定な雇用によって，ケア・サービスの供給はインセンティブを削がれている。そしてジェンダーは，これらすべての事柄において見逃すことのできない要因として作用している（国連開発計画 1999: 100）。

2) 都市生活におけるケア・ニーズの増大と越境するケア労働者

多くの先進諸国における少子高齢化や共働き世帯・単身世帯でのケア需要の増加とその内容には，都市の家族構造と就業構造の変化が影響しあっている。とりわけ働く母親（とくにひとり親）はケア不足で仕事と家庭のバランスを脅かされている。性別役割分業規範を前提とした男性中心の職場や家庭の文化に大幅な変化がないかぎり，都市的生活様式のもとでケア不足の直接的被害を受けるのは，働き盛りの男性より主に女性や子ども，高齢者などである (Hochschild 1995)。しかし，長期的にはいずれの社会においても，ケア不足は多様な人びとの良好な生活水準の維持やウェルビーイング，次世代育

成などに深刻な負の影響を与えていくであろう。1990年代以降の歯止めのかからない日本の少子化も,「ケアの危機」をめぐるこのような動向と不可分な「社会的事実」といえる。

　グローバルな大競争時代の今日,ジェンダー化されたケア労働をいかに再編し,ケアの負担・費用を男女間,国家・家族・民間セクター(企業,NPO等)間などを含む都市・地域社会でどのように公平かつ公正に配分していくか(welfare mix のあり方)は,今後の市民社会のゆくえを占う重要な政策課題となっている。なぜならケア不足の克服やケア・ニーズの高まりに対応できる持続可能な都市生活と人間開発のためには,市場化されたサービスのみならず「市場取引の対象とならない財・サービス,つまりケアや他の無償のサービスを提供する人を必要として(おり),ケア・サービスの不足は人間開発を破壊してしまうばかりか,経済成長も損なう」からである(国連開発計画 1999: 103-109)。無償のケアワーク(無償労働)の経済的・社会的な価値は非常に大きい。その大部分を女性が担う無償労働なしには,都市生活の屋台骨を支える有償労働のほとんどは存在しえないであろう(矢澤 2000: 94-107; 川崎ほか 2000)。

　都市生活におけるケア不足への対応を世界的にみると,国際的な労働力移動のジェンダー化された様相が浮かび上がる。欧米だけでなく他の地域の豊かな国々(たとえばシンガポール,香港,マレーシア,台湾等アジア諸国や中東の豊かな国)においても,中南米,アジア各地(たとえばフィリピン,インドネシア,スリランカなど),中東,アフリカなどから流入した大量の女性移民・出稼ぎ労働者が,メイド,サーバント,清掃人,介護人などとして,市場化された低賃金の家事労働(domestic labour),ケア労働に従事している。実態は十分把握されていないが,移住女性労働者の3分の1から半分は各種のケア労働者とも推測され,これらにより国際労働力移動の女性化が加速されている。各地で働く移住労働者は男女を問わず賃金不払いや長時間労働などの問題にさらされるが,とりわけ女性は,雇い主やその家族などからの深刻な性暴力被害も数多く報告されている。

　欧米を中心とした豊かな国々におけるケア・ニーズの増大は,福祉国家の

停滞による公的サービスの抑制，支援を得るための近隣・親族ネットワークの縮減，共働きカップルの子育て・介護の手不足などによるものである。また多くの先進諸国の公的サービス部門でも，介護や家事的労働に関わるケア・サービスを移民女性が担い，ケア供給の空白を埋めている。だがこれらのケア労働を買ったり，利用したりできる階層は限定されており，グローバルな市場化を進める 21 世紀型の新自由主義的政策動向も，ケアをめぐる人びとのあいだの格差と不平等を助長している。一方，そうして提供されるケアの質や，厳しい労働条件のもとで無償・低賃金の感情労働を強いられ，「自己」を搾取されやすいケア労働者の権利や尊厳への政策的対応については，外交上も問題となっている。

　世界各地に広がるグローバルなケア・ニーズの増大。本国と移動先の国との経済格差を背景に，外貨獲得のためという国の政策的後押しもあり，家族への仕送りなどを目的にそれらに引き寄せられるように越境するケア労働者たち。これらと並行して進む都市的ライフスタイルの浸透は，各地の都市空間でジェンダー，人種，エスニシティが複雑にからみあう，トランスナショナルな男女間・女性間の階層格差を拡大している。ケア労働者を含む移民労働者への社会保障，社会福祉の権利の設定やナショナル・シティズンシップを超えたポスト・ナショナルな社会的市民権保障のあり方は，国際的な人権保障の枠組みづくりや社会政策・都市政策上においても，ジェンダー秩序の再編を含む課題を投げかけている（久場 2001: 69, 71-72; 梅澤 2001: 87-97）。

　急速な少子高齢化のなかで，介護の担い手不足が顕在化している日本でも，台湾やカナダなどへのケアワーカーの「送り出し国」であるフィリピン政府とのあいだで，FTA（自由貿易協定）による看護師・介護士の受け入れが決まった（2006 年 4 月以降）。受け入れをめぐる世論は二分されているが，包括的移民政策を求める経済界や与党の積極姿勢もあり，日本政府は介護労働力不足の解消に向けて新たな体制づくりを迫られている。

3）「都市への帰属」と親密圏／ケア空間
　ケア不足が常態化する今日の都市生活において，ケア労働，ケア・サービ

スの配置・再配分と質の高い多様な「ケアの場」の創出を誰がどのように実現していくのか。この問いかけは，ケアの場，ケア空間としての都市の親密圏のあり方と深く関わっている。なぜならグローバルな市場化の波間で不安定さを増す都市空間において，人びとの生／生命の営みを支える親密圏／ケア空間は，都市生活を覆う社会的不安や「ケアの危機」を克服しようとする人びとが居場所（帰属できる場所）を確保し，「都市への帰属（urban belonging）」（イグナティエフ）をいかほどか確かなものにするための欠かせない場所だからである。

　トロント出身・ロンドン在住のジャーナリストで思想家の M. イグナティエフは，「帰属の政治学——わが家にまさる場所はない／帰るべき場所などどこにもない」という小論（エッセー）のなかで，都市を生活の場とする近代人の，葛藤に満ちた帰属感情について，次のように自問自答している。

> ある種の社会的不安は，近代人（modern）であるという経験そのものの不可分な一部を構成している。これらの不安のひとつは帰属の可能性をめぐるものだ。近代社会がそうであるように急速に変化してやまない社会，近代社会がそうであるように——人種，階級，ジェンダーおよび地域によって——はっきりと分断されている社会，そして資本主義的近代性（modernity）がそうであったように貨幣の力によってせき立てられている社会，はたしてこうした社会に対して帰属感を感じることが可能なのだろうか。このような問いの立て方がすでに答えを暗示している。近代性と帰属とはまったく両立しない。……近代性の核心をなす価値は自由である。尊厳と自尊についてのわたしたちの感覚そのものが個人的自由という理念へと深く結びつけられているからこそ，わたしたちは帰属感情——共同体，国家，家族への——を，ともすれば工業化以前の，近代以前の社会に暮らしていたわたしたちの祖先たちがしたよりもずっと低くしか評価しない傾向があるのだ。

だが続けていう。

わたしたちは帰属の可能性を信じていないかもしれないが，だからといって帰属を断念することはまずない。帰属するということは，たんにある特定の共同体——集落であれ国家であれ——メンバーであるという感情にとどまらず，理解し・理解されているというある特殊な感情のことである。すなわち，わたしたちが生きている社会的諸関係のより広範な世界を理解していること，そしてわたしたちの周囲にいる人びとがわたしが口にだして言うことを理解しているだけではなく本当に言いたいことを理解してくれていると感じること，なのだ。言いかえれば，わが家にいるようにくつろいだ感じをもつということは，情緒的であると同時に認知的な経験の，ある特殊な感じを言うのである（イグナティエフ 1999: 200-201）。

本章で定義した親密圏とは，「資本主義的近代性」を生きる同時代の都市生活者が，一定程度持続して「帰属」感情をもてる場のことである。そして，このような都市の親密圏をケアの空間と重ねあわせてみると，それはケアを提供する人と受ける人が「理解し理解されているというある特殊な感情」を感じ合い，「くつろいだ感じ」をもてる特定の場所であるといえる。このような近代人の帰属感情を育む親密圏／ケア空間は，イグナティエフがいうように「局所的で」つねに更新され続ける場所である（イグナティエフ 1999: 226）。とはいえ一方で，多くの都市生活者は，社会や政治がそうした親密圏／ケア空間を保障するより広範囲な制度的枠組み（公共圏のひとつとしての）を提供することを求めているのである。

本章ではそのような都市生活者の〈間〉につくられる，ローカルな「帰属」の場としての親密圏を保障する制度的な仕組みや枠組みづくりを，ケアをめぐる「公共圏」形成のあり方のひとつとして考えたい。それは，人びとの生活の公的保障の根幹にケアやケア空間を組み込むことを長らく看過してきた既存の公共性（「官」としての公共性）や公共圏の限界をこえて，多元的価値や他者を容認し合える「帰属」の場，共生の場（生活世界）としての親密圏と，そこでの親密「権」の保障を含む多様な公共圏の可能性を，新たに問う試みでもある（齋藤 2003）。

4）都市の公共圏の複数性とケアの場

　今日の都市社会は，イグナティエフが自問したように，変化と分断，貨幣の力に翻弄されかねない不安定な生／生活を再生産し続けている。世界各地の大都市に顕在化している人種，エスニシティ，階層，ジェンダーなどによる社会的空間の分断は，人びとの〈間〉に形成されるべき親密圏／公共圏の共通のリアリティ（共同性）を分断し，都市の公共圏の前提となるべき社会的連帯を空洞化させかねない状況にある（齋藤 2000: 81-84）。

　このような困難に直面する現代都市に求めうる，新たな公共圏とはどのようなものか。その可能性を示唆するフェミニスト研究者，フレイザーの提起が注目される。フレイザーは，ハーバマスの「ブルジョワ公共圏の自由主義的モデル」の前提要件への批判から，ジェンダーに敏感なオルタナティブな公共圏（「ポストブルジョワモデル」）の条件を提示している。フレイザーの公共圏の捉え方について要約しておこう（フレイザー 2003: 117-139）。

　フレイザーはまず，ハーバマスが述べるような社会的排除（social exclusion）に敏感ではない「特殊な——ブルジョワ的，男性中心的，白人優越的な——意味での公共圏」に共通する4つの前提を問い直す（フレイザー 2003: 117）。そのうえで，フレイザーが新たに構想する「あるレベルで」「規範的な理念としての自由主義的モデルを切り崩す」公共圏の概念とは，以下のようなものである（フレイザー 2003: 118-138）。

　①適切な公共圏の概念は，社会的不平等を単に脇においてしまうのでなく，解消することを求める（開かれたアクセス，参加の同等，社会的平等）。②（それは）単一の公共圏よりも複数の公共圏のほうが，階層社会と平等主義的社会の両方において望ましいとみなす（平等，多様性，複数の公共性）。③（それは）ブルジョワ的男性中心的イデオロギーが「私的」と分類し，受け入れられないとした利害関心や論点を，排除するのではなく内包する（「公」「私」のアプリオリな境界の否認）。④（それは）強い公共性（意見形成と決定の両方を含む）と弱い公共性（意見形成・決定までを含まない討論実践）をともに許容し，それらの関係を理論化するのに役立つ概念を擁護する（多様で複雑な公共性を含んだ制度間の調整の制度化など）。

ここで提起されている，差別や排除を取り除き「社会的不平等」の解消に開かれた公共圏，多様な「私的」利害関心を内包し，「強い公共性」と「弱い公共性」をともに許容する「複数の」公共圏という概念（①〜④，social inclusion としての公共圏）の意義を確認しておくことは，グローバルに越境する都市生活における多元的な親密圏／ケアの場と公共圏の構成や関係性（都市のガバナンス）をリアルに把握し，日本の都市における「ケアの危機」克服への政策的目標像をさぐるうえでも有益といえよう。次節ではこのような公共圏の可能性を念頭において，戦後日本の都市家族の変容と「ケアの危機」についてみる。そして，グローバル化する都市生活におけるケア・ニーズの増大が，日本においてどのように現出してきたかを高齢者の介護に焦点化して検討する。

3　戦後日本の都市家族の変容と「ケアの危機」

1)「家族の戦後体制」と親密圏としての家族の変容

　戦後日本の都市家族は，近代産業社会が生み出した家族類型のひとつとしての「近代家族」の特徴をもつ。つまりそれは，性別役割分業を基本とした核家族であり，子ども中心主義と母性愛の規範，情緒的絆の強さ，非親族の排除，職住分離による家族のプライバシー空間の確保をめざした「モダンリビング」（nLDKモデルの住戸）などの特徴を強めつつ，高度経済成長期に都市化とともに勤労者層のあいだに広まり大衆化した（落合 1994: 94-110）。

　1960年代には雇用者の妻を被扶養者（専業主婦）として税制上などで優遇する制度が導入され，一家の稼ぎ手である夫（企業戦士ら）を支えて家庭中心に生きる既婚女性の「主婦化」が政策的にも誘導された。そして近代的な都市家族の容器（マイホーム・ライフ）としての「モダンリビング」に合致した産児制限（中絶と避妊）が法的に容認され（1948年「優性保護法」に「経済的理由による中絶」条項を付加），都市化の進展とともに夫婦と子ども中心の小家族が「標準家族」として全国的にも一般化していった。

だが1970年代半ば頃からは「高度成長を担った人口過剰の移行期世代から少産少死の人口過少世代へ」と人口構造の転換が進み，ジェンダー分業を基盤とした「家族の戦後体制」は早くも揺らぎはじめる。1980年代には夫婦・単身世帯等の増加による家族形態の多様化，結婚や家族をめぐる価値観の変化，労働力の女性化（既婚女性のパートタイム労働者化）などと並行して，日本でも少子高齢化という人口構造の長期的変動期が始まったからである。この急速な人口動向の変化は，日本におけるその後の都市家族を取り巻く「ケアの危機」の構造的規定要因となっていく。

　家族の変容は，人びとの意識や感情面からも生じていく。1970年代後半以降「豊かな社会」の到来により，日本でも「モノの豊かさ」から「心の豊かさ」へと人びとの意識や感情は変化し，1980年代以降はこの傾向がいっそう顕在化していく。個人の欲求や感情重視の家族規範は，都市型社会に適合的な「個人化する家族」の自己中心的・消費中心的ともいえるライフスタイルを広げ，結婚や家族のあり方も変容していく。「結婚適齢期」規範が崩れ，初婚年齢の上昇と交際期間の長期化による晩婚化が，その後は未婚化も進行する。結婚の意義は経済的・社会的なものから個人的・情緒的なものに移行し，男女とも結婚や家庭には「精神的な安らぎの場」をもっとも期待するようになった（井上・江原 2005: 12-13）。こうして家族生活は当人同士の「私事」となり，夫婦や親子間の情緒的絆で結ばれた「内閉的な親密圏」としての「小さな」都市家族は，その分だけ不安定さを抱え込む状況になっている（矢澤ほか 2003: 53-59; 山田 2004: 130-144）。

　一方，男女のジェンダー化された生活構造が根強い日本の家族では，家族の「安らぎ」やケアのための家事労働（家事・育児・介護というアンペイドのケアワーク）は，もっぱら女性（妻，母，主婦）の感情労働にゆだねられてきた。このことは，男女別アンペイド・ワーク負担の国際比較データや家事時間の時系列分析などからも繰り返し明らかにされている。また政府が行なった「家族が無償で行う介護・保育」の貨幣評価の試算によると，介護は1.7兆円（介護サービス生産額全体の37％），保育は7.3兆円（保育サービス生産額全体の74％）の生産額に換算されることが判明した（内閣府 2000年

公表)。このうち介護の82％を女性が，保育の86％を母親が担っていることも示された（井上・江原 2005: 142-143）。少子高齢化により不安定さを増す家族の変容過程で，「ケアの私事化」は，女性の過重なケアワークの負担を拡大しており，それらが顕在化した諸問題（「介護地獄」「育児ノイローゼ」など）は社会問題となり，「ケアの危機」は政策課題へと押し出されてきたのである。以下の本章では，介護問題に限定して日本における「ケアの危機」の中身についてみていくことにしよう。

2）高齢化する家族と介護の危機

戦後日本の高齢化は，世界に例をみない速さで進行してきた。1975年以降の高齢化率（総人口中の65歳以上人口比率）をみると，1975年の7.9％から85年10.3％，95年14.5％で，2005年には20.0％となった。日本は確実に超高齢社会（21％以上，2014年と予測）へと突き進んでいる。今後は2015年時点でほぼ4人に1人（2040年には3人に1人）が高齢者となり，2020年以降は75歳以上の後期高齢者人口が，前期高齢者人口を上回ると見込まれている（厚生労働省『2005年版　高齢社会白書』）。

今日，高齢者世帯比率は全世帯のほぼ4割（37.7％，2003年）に達している。高齢者世帯類型を年次推移でみると，三世代世帯（24.1％）が減少する一方，単独世帯（19.7％）と夫婦世帯（28.1％）の割合は大幅に伸びている（「国民生活基礎調査」2003年）。日本は欧米諸国に比べ子ども世帯と老親との同居率はまだかなり高いがそれも年々低下傾向にあり，2003年では47.8％となっている。地域差も大きく大都市では低下傾向が目立つ。

戦後60年，21世紀初頭の日本の家族はますます「小さな家族」化に向かっており，同居・近隣居などの家族による老親介護の機能低下は，将来さらに深刻化すると予想される。とりわけ今後は後期高齢者の激増により，要介護高齢者（寝たきりや認知症の高齢者の介護の長期化，重度化と在宅介護者の高齢化など）の増加が見込まれる。平均寿命の長い女性は，要介護者としてもまた介護者としても，これまでにも増して「ケアの危機」（介護危機）の中核に位置することになるだろう。性別役割分業を前提とした家族規範や

制度を見直し，高齢者介護の家族（とくに女性）負担（「介護の私事化」）を軽減させ，介護を社会（地域）でいかに支えるか（「介護の社会化」）は，ジェンダー・ジャスティスの根幹に触れる重要な課題となっている。

　親に対する扶養意識や高齢者自身の老後に対する考え方も大きく変化している。老後の生活費に対する考え方をみると，「社会保障でまかなわれるべき」とする社会保障型が46.3％，「働けるうちに準備し，他に頼らない」とする自立型が42.6％で，「家族が面倒をみるべき」とする家族依存型は7.9％にとどまっている（内閣府「高齢者の生活と意識に関する国際比較調査」2000年）。一方，65歳以上の高齢者の労働力率は7.4％（2004年）から2015年には11.0％に達すると予想され，生計や家族（無業の配偶者や自立の遅い子どもなど）のために働かざるをえない高齢者の数も増加傾向にある。

　これらの点からは，戦後一般化した日本型「近代家族」の扶養意識や自立意識が高齢化とともに変容してきた帰結の一端をみることができる。超高齢社会にふさわしい社会保障の充実とホームヘルプ・サービスなどの各種支援による高齢者の自立型生活設計の保障（生活権保障）は，不安定さを増す都市環境のなかで高齢者が要介護状態になっても確保していけるのか。持続可能な都市づくりにおけるケアのネットワークとしての親密圏／公共圏の構築を念頭において，少子高齢型社会における都市生活者諸世代の意識変化に合致した「地域福祉の主流化」「介護の社会化」を早急に進めなければならない現実がここにある（武川 2003）。

4　介護の社会化とケア労働者の困難

1）介護の社会化と介護労働の担い手としての女性

　2000年4月に創設された日本の介護保険制度は，急速な高齢化により深刻さを増す介護危機への政策的対応として大きな意義をもつ。介護は家族で女性が担うのが当たり前という考え方は，日本では10年ほど前まで社会の常識であった。遠距離介護，親の介護のための退職や介護別居，介護に行き

詰まった果ての近親者による殺人や老々介護心中など,深刻な実態が社会問題となって久しい。そのような状況を変える必要性が高まり,介護の当事者としての家族や女性たちの粘り強い運動(「呆け老人をかかえる家族の会」1980年結成,「高齢社会をよくする女性の会」1983年結成など)による政府や国会,マスメディアへの働きかけもあり,「介護の社会化」を求める声は徐々に社会の声となっていった。一方,政府は介護施設の不足や家族介護の困難による「社会的入院」の長期化などで医療費が増大し,財政面からも新たな政策対応を迫られていた。

　こうして制度実現への機運が熟し(1995年老人保険福祉審議会で具体案を答申,1997年介護保険法成立,2000年社会福祉法施行),介護ニーズへの対応を社会全体で保障していこうと2000年4月に公的介護保険制度が発足した(介護保険利用者の数は2005年9月末現在で424万8400人,厚生労働省調べ)。憲法24条の個人の尊厳と25条の健康で文化的な生活の条項に関わる「社会権としてのケア(介護)権」は,不十分ながらようやく社会保障として制度化されたのである[3]。

　介護保険の制度化に向けた最重要の前提要件として,増大する介護サービスを担う人材の確保と育成という政策課題があった。介護保険の制度設計において,ホームヘルパー(訪問介護士)など新たに介護サービスを担う大量の労働力の獲保は,当初から被扶養の枠内で働く主婦の活用が想定されていた。なぜなら日本では制度設計上における「脱人称化されたケア・サービスは,ケアの個別性を根拠としてケアされる者の『選択の自由』が強調され,ケア・サービスの市場を通した購入というモデルが採用された」(松川 2004: 27-28)ためである。つまり財源調達と介護報酬の価格設定は官主導で,サービス供給は多様な主体を組み入れた市場・民間部門でというかたちの「準市場」(クワジ・マーケット)的な供給体制が構想されていた。福祉公社,医療・社会福祉法人,企業・NPOなど各種の事業所が,必要とする労働力

---

[3] なお2006年4月より,介護保険制度は大幅に改正され介護予防と介護給付の二本立ての制度となる。

を登録型やパートタイム型など主婦の安価な労働力により調達する方策は，すでに1990年代初頭から政策化されていた。1991年には，短期間の研修によりヘルパーの養成を可能にする3段階の階層的研修制度（1級360時間〔基幹的ヘルパー〕，2級90時間〔主に身体介護〕，3級40時間〔主に家事援助〕の養成研修終了者を認定）が設けられた。これらをテコに，1995年にはホームヘルパー養成研修の改訂，新ゴールドプランの策定により，ホームヘルパーの大量増員計画（目標17万人）が打ち出され，サービス供給の質的改善と量的拡大が図られた。その結果，2000年時点でのホームヘルパーの数は，介護職員（治療・福祉施設等）のそれをはるかに上回る14万2000人（96％が女性）と1995年（3万3000人）の4倍に達し（国勢調査），2003年度の実働者数は約34万人となった（常勤8万人，パート15万人，登録ヘルパー23万人。試算では登録ヘルパー〔週10時間労働〕2人をパート〔週20時間労働〕1人に換算，なお訪問介護サービス利用者数は2005年9月末で約258万2000人，厚生労働省調べ）。

　この制度のもとで各地方自治体の認定機構により要介護認定を受けた被保険者は，介護報酬額の1割分の負担でサービスを受ける権利を手に入れ，事業者との契約により「サービスの買い手」となった。一方，サービスを提供する（売る）事業者間では利用者（買い手）の獲得競争が起こり，ケアの現場では事業者による費用対効果の観点からの管理と介入がなされる。つまり，都市型社会・日本の介護保険制度のもとで「準市場」となった介護の場は，ケアをめぐる公共圏と親密圏をつなぐ準市場論理の支配する「媒介装置」として新たに機能することになった。これらのことが，介護労働の質や介護者と被介護者との関係性にどのような影響を与えるのか（松川 2004: 28）。この点に関わる問題について，ケアをめぐる公共圏／親密圏が交差する訪問介護の現場で働く大都市ホームヘルパーの労働実態から検証してみよう。データは，筆者らが主宰する「ケアワーク研究会」が，2001年に実施した社会福祉法人・横浜市福祉サービス協会（以下「協会」という）所属の415名のヘルパー（すべて女性，640票配布，回収率64.8％）への質問紙調査の結果にもとづく[4]。

2) ホームヘルプ労働の階層化・断片化と価値の切り下げ

同協会（原組織体）は，都市型福祉サービス供給体の新たなモデル的存在として，全国に先駆けて横浜市により 1980 年代半ば（1984 年）に設立され，ここ 15 年ほどニーズの増大に合わせて訪問介護事業を拡大してきた（矢澤 1993: 145-178）。

表 1 は，協会所属の訪問介護士（「ヘルパー」と総称）の多様な雇用・就労形態，勤務時間，主な業務内容を示す。調査では，介護保険導入前後のヘルパーの雇用・労働条件の変化の有無，そのジェンダー化された仕事の特質や就業形態・所得などにより区分された職業意識，ヘルパー職を支える仲間や家族との関係，市民意識，ジェンダー意識などについて質問した。その結果，階層序列化された就労形態，勤務時間などにより断片化されたヘルパーの働き方の中身や，職業アイデンティティ，コミュニケーション状態，介護の仕事がもつ感情労働としての側面（利用者・家族への配慮，精神的ストレス，孤独感の有無など），市民意識・ジェンダー意識の諸相が明らかになった。自由回答欄には，多様な利用者の異なる「家庭」という親密圏に入り込む「訪問介護」の現場に特徴的な問題点（家族の無理解や過剰介入，セクハラなど）や制度・雇用主への疑問（過重労働や低賃金への対応の不十分さ，サポート体制の不備など）・要望が多く寄せられた。

在宅福祉サービスの担い手としてのヘルパーの働き方と介護保険制度の問題点については，これまでの研究で次のような点が指摘されている。第一に，ヘルパーは職業分類上，家政婦や家事手伝いとともに「家庭生活支援サービスの職業」とされ，専門的なケアワーク「職」として位置づけられていないため，ケア（愛情）とワーク（賃労働），キャッシュ（お金）とケアの境界が流動化する市場経済体制下に導入された在宅福祉サービス制度の担い手として，これらの境界を越境しながら公的介護と私的介護の狭間でいわば宙ずり状態にされ，さまざまなジレンマを抱えて仕事をしていること（久場

---

4) 同調査の詳細（分析フレーム，調査結果のデータなど）については，ケアワーク研究会（2002, 2003, 2004）を参照のこと。

表1 横浜市福祉サービス協会の雇用形態

		チーフヘルパー	ケアヘルパー	タイムヘルパー	ホームヘルパー
雇用関係等	雇用関係	嘱託職員	嘱託職員	パート雇用	パート雇用
	活動形態	週5日勤務 2交替制 8:45〜17:00 11:45〜20:00	週5日勤務 2交替制 9:00〜16:30 12:30〜20:00	週4日勤務 (週2日勤務) (日〜土の中で固定した勤務) 8:45〜20:00の間の8時間勤務	8:45〜20:00の間の活動可能時間
賃金	賃金等	月給 258,000円	月給 237,000円	時給 1,170円	時給 1,060円
定年	定年	60歳 年度末	60歳 年度末	60歳 年度末	68歳 年度末
研修	研修等	採用時研修 現任研修	採用時研修 現任研修 介護福祉士準備講習会	採用時研修 現任研修 介護福祉士準備講習会	採用時研修 現任研修 介護福祉士準備講習会
保険等	社会保険 厚生年金 損害・傷害保険 労災保険	あり あり あり あり	あり あり あり あり	あり(なし) あり(なし) あり あり	なし なし あり あり
資格	資格等	保健婦(士)・看護婦(士)・介護福祉士・1級修了者 協会ケアヘルパー在籍者	保健婦(士)・看護婦(士)・介護福祉士・職訓校修了者 1級修了者及び協会3年／1,500時間の1級及び2級修了者	保健婦(士)・看護婦(士)・介護福祉士 2級以上研修修了者	当協会,育成研修修了者 他機関にて2級以上研修修了者 保健婦(士)・看護婦(士)・介護福祉士
業務内容	内容等	協会本部,支部におけるヘルパー派遣,相談業務及び家事援助,介護・関係機関との連絡調整・ヘルパーの現任訓練・指導	高齢者,障害者その他何らかのハンディキャップを有する個人の家庭における日常の家事援助 介護等に関すること	高齢者,障害者その他何らかのハンディキャップを有する個人の家庭における日常の家事援助 介護等に関すること	高齢者,障害者その他何らかのハンディキャップを有する個人の家庭における日常の家事援助 介護等に関すること
註			24時間巡回ケアヘルパーが含まれる。	24時間巡回タイムヘルパーが含まれる。	

註:＊横浜市福祉サービス協会《平成12年度・協会職員雇用形態表》より作成。
　　＊＊平成12年10月1日現在。
出所:久場(2003:90)より。

2003: 11-13)。第二に，ヘルパーたちは，女性をケアラーとして当然視する社会・家族の眼差しのなかで，1980年代末以降の政府の在宅福祉サービス戦略を通して定着してきた「伝統的ケア・ジェンダー観」にもとづく制度設計の担い手として，序列化・階層化された働き方を余儀なくされていること（笹谷 2000, 2004: 31-32）。そして第三に，身体介護に傾斜した「非理念的・即物的ホームヘルプ観」にもとづく介護保険の制度設計は，グローバルなサービス経済体制下におけるケア・サービスの商品化，柔軟化，効率化，部分化（断片化，細分化），非専門化の流れを背景に，主婦業・母親業の延長線上に想定されたホームヘルプ労働への低い評価と価値の切り下げを温存し，拡大してきたといえること（小川 1998; 矢澤 1993, 2004），などである。

　筆者らの調査結果からは，提供されるサービスの量と質が，都市生活者，主婦（母親）としての経験豊かなヘルパー個々人とその集団の自発的判断力や調整努力にかなりの程度依存したかたちで辛うじて維持されていることが確認された。また「柔軟」な雇用形態のもとで，断片化されたサービス提供を余儀なくされるヘルパーの働き方の困難（厳しく制限された時間やサービス項目により被介護者とのコミュニケーションが不十分になりがちなど）や，協会ヘルパーの9割を占める登録型やパート型を大幅に組み入れたサービス体制のもとでの，常勤型ヘルパーの仕事の負荷の増大，ヘルパー職全般にわたる「価値切下げ」の実態が明らかになった（久場 2004: 13-19; 矢澤ほか 2003: 35-57）。そこで同調査データから，ホームヘルプ労働者が抱える困難とヘルパー職を規定するケアワークの都市的文脈についてさらにみていこう。

3) ジェンダー化されたケア労働者とヘルパー職を規定する都市的文脈

　調査結果から，大都市ホームヘルプ・サービスの担い手のプロフィールをみると（年齢，M字型就労，介護経験，ケアに関わる職業経験や資格・入職理由・職業意識・自己実現感など），多くのヘルパーがライフステージ第三期（子育て後）の「都市生活者（主婦業・母親業の担い手）」として十分なケア経験をもち（約半数が「家計補充型就労者」），自らの家族介護やボランティア経験，医療・福祉関連資格などを活かして働いていることが示され

た。また多くのヘルパーは，利用者である「本人を主体としつつ，本人と家族の生活の維持・回復・発達を援助する」というホームヘルプ「職」の意義を自覚し，その職業経験や熟練度を高めながら，仕事にやり甲斐を感じ，柔軟性と自発性を発揮して働いている（矢澤ほか 2003: 6-30）。

しかしその反面，ヘルパー職の養成過程では「職」の確立に向けた教育内容の同質化が進んでおらず，職業倫理として内面化されるべき規範は不明確で，仕事上は「社会常識としての母親業の感情規則が流用されることになる」（松川 2004: 37）。感情労働を担うヘルパーは，「精神的ストレスが大きい」「収入がすくない」「体がきつい」など仕事への大小の不満を抱えている。「収入がすくない」はパートタイム型や登録型に，「仕事が不定期」「サービス単位時間が少ない」などの不満は登録型ヘルパーに多い。また利用者や家族がヘルパーを「お手伝いさんの延長」「安いお手伝い」と誤解していることが「あまりにも多い」などの不満もあり，とくにチーフヘルパー，ケアヘルパー，週4日型タイムヘルパーなど，活動量が多く専門職意識が高く，責任の重い層に不満が目立つ。

介護の重度化，長期化が予測されるなかで，このような介護保険の制度設計とその運用のあり方は，ヘルパーの職業的資質や自立性を延ばすのでなく，ケアワーク本来の働き方や意欲を削いでいる面がみられる。ホームヘルパーの非正規労働力化と医療専門職などからの差別化はまた，働き甲斐のあるディーセント・ワークの担い手としての都市型ケアワーカーの養成や経験の蓄積とその正当な評価という，国際的な政策目標にも逆行している。

非正規・短時間ヘルパーのなかには，1級ヘルパー，ケアマネージャーなどの上級資格をとり，より安定した正規雇用の働き方を目指す人もいる。ヘルパーの仕事に他では得られない働き甲斐を感じ，被介護者との互酬的関係づくりに努める人も少なくない。だが，ヘルパーと利用者・家族を媒介する「準市場化された」大都市在宅福祉サービスの現場は，親密圏と公共圏が曖昧なかたちで渾然一体化した都市的文脈におけるケア空間でもある。そうした場の構成自体が，ケア・サービスを「商品」として「買っている」という利用者・家族の意識を生み出し，ヘルパーの仕事や制度への無理解と差別的

眼差しを助長し，ヘルパーのジェンダー化されたケアワークに多くの困難を生じさせている。つまりそうした制度設計上での「ケアの場」の設定と，そこでのヘルパー・利用者・家族間の関係に埋め込まれた制度設計上の「生／生活維持政治」戦略が，「ヘルパーの職業アイデンティティを攪乱し，精神的ストレスを高める原因」ともなっているのである（松川 2004: 33-37）。

　各自が「感情管理」の多様な技法（ケア・スキル）を求められる，個別化されたケア空間でさまざまな困難に対処するため，ヘルパーの「職」は十分機能しているのか。「直行直帰」を基本とする登録型などヘルパー職へのソーシャル・サポートのネットワーク（caring carer）はあるのか。利用者・家族の私的な生活領域（個別の親密圏）と重なる「ケア空間」でのケア・サービスの質は，より広い都市的文脈でのサーポート・ネットワークやガバナンス（公共圏）との関わりで問い直される必要があろう。

4）「ケアの危機」をめぐる親密圏／公共圏の課題

　先の調査では，ヘルパーが対人接触により得られるソーシャル・サポート（社会的支援）のネットワークにも注目し，いくつかの点から分析した。主な項目としては，①通常勤務日にチーフヘルパーと会い話す頻度，②仕事仲間のヘルパーと話す機会の有無，③職場の仲間同士で励まし合う機会の有無，④ストレス対処の仕方について，仲間から教唆された経験，⑤家族・友人など，職場外で仕事上のグチをこぼす相手の有無，などである（矢澤ほか 2003: 49-57）。その結果，嘱託型とパート型は①〜④のネットワークをサポート資源としてかなり活用しているのに対して，登録型ではそれらの頻度，機会，経験は少なめで孤立感が強く，ヘルパーの「職」を支える経営体の「組織的な脆弱性」が浮かび上がった。

　介護をめぐる親密圏と公共圏をつなぐ介護サービス事業体が質の高い在宅福祉サービスを継続して提供するには，現場を担うヘルパーの感情労働への十分な組織的対応が欠かせない。しかし大都市訪問介護の現場は，ソーシャル・サポートの仕組みが「インフォーマルなものでさえも発達しにくい職場」であり，それは組織の柔軟性，収益性，効率性の追求により生まれた登

録型というケアワークにおいてかなり深刻であった（松川 2004: 38-41）。「家庭生活支援サービス」の現場であるそれぞれの「家庭」（親密圏）がヘルパーたちにとってはストレスの多い，気持ちの通じ合いも乏しい，孤立を強いられる「ケアの場」であるならば，高齢者の尊厳と安心を支える場（親密圏／公共圏）とはなりえないであろう。

　一方，このような大規模組織の経営上の問題点を回避し，また訪問介護サービスの限界を越えてケアを提供する人と受ける人が「理解し理解されて，くつろいだ感じをもてる」地域密着型の生活・介護サービスの場（オルタナティブなホーム）の創出は，1980年代から90年代にかけて全国各地の市民団体やNPOなどにより，障害者や認知症高齢者のためのグループホームづくりとして実践的に取り組まれてきた。そして介護保険開始後，認知症の人をケアするグループホームは驚異的な数で増えている（2000年3月末266カ所から2005年12月末現在約7,600カ所へ）。これらホームは，「ユニット・ケア」（少人数単位の施設ケア）政策化の動向に対応して，新たなケアモデル（「全人的介護モデル」，業務中心から「生活中心モデル」へ）実践の場としても注目されている（厚生労働省高齢者介護研究会 2003）。

　介護をめぐる都市的・地域的文脈では「ケアの危機」が進行し，重度化・長期化する介護に対応しきれない家族が多くの問題を抱えている（すでに要介護高齢者の約半数は認知症とされる）。そのような危機的状況を背景に，介護を必要とする多様な高齢者一人ひとりのあり方を承認し，小規模な空間で少人数の高齢者の尊厳を支えるという「生活支援」ケアの本来的な理念（ケアの倫理）に立ち返り，高齢者が「安心できる多様な居場所（ホーム）」と双方向的ケア関係を提供する必要性は確かに増している（Young 1997）。

　グループホームなどでの「ユニット・ケア」は，「高齢者に『大家族』のようなアットホームな雰囲気での継続的で安定した居場所を提供することにより」，症状を和らげるなど多くの効果が実証されている。だがその反面，経験の浅い職員の多いケアの場などの実態をみると，介護者が負担の増大や「逃げ場のない」ストレスなど，感情労働の長期化・過重化にさらされ，より人間関係の濃密な親密圏と化した「疑似家族環境」で常時「母親的役割」

を期待されるなど，新たなジェンダー問題も浮上している（春日 2003; 笹谷 2004: 35-36）。そこでは身体介護技術のほかに，家事能力全般や書類・行事プランの作成などの事務・企画能力も求められ，「高度なマルチ技量」が必要になる。国や全国痴呆性高齢者グループホーム協会では，それらに対応して実務者研修や第三者評価のモデル事業，経営者研修などケアの質の確保やレベルアップに努力しているが，介護現場の実態と乖離した政策的期待やグループホームの急増に追いついていないという（おちとよこ，Asahi Shimbun Weekly Aera, 2005.4.25: 50-51）。そして，グループホームという新たなケアの場で大小のストレスに直面する介護者（職員）が抱える問題は，すでに多くの論者が指摘し，筆者らの調査でも検証したホームヘルパー（訪問介護士）たちが抱える問題とも多くの点で共通するものである。

そこで最後に，今後とも増大が見込まれるジェンダー化されたケア労働の公正な価値評価とケアをめぐり，都市の親密圏／公共圏の新たな可能性をさぐるうえで，緊急に検討すべき政策課題について次の7点をあげておきたい。①ジェンダーに中立的なケアワーク独自の職務評価の確立，②安定した雇用形態の創出とケア労働者の市民権保障（報酬の適正化，年金権，保険），③ケア労働の感情労働としての特質やケアの倫理，独自の専門性基準に配慮した研修制度と「職」の確立，④ケア労働者の雇用・労働条件改善と各種の研修・組合活動・地域福祉の仲間づくり支援，⑤ケアの倫理が制度や市場の欠陥により歪められないための制度理念の政策化，⑥男性ヘルパー参入の促進，⑦利用者・家族の適切な制度・サービス理解・利用を促す地域での取り組み。

これらの課題は，現代日本の都市的文脈において，フレイザーが提起した「社会的不平等」の解消に開かれた「公共圏」（としての複数のケアの場）を実現するための政策課題でもある。多様化する介護現場での「介護関係」の良好化（well-being）を図るためにも，課題ひとつひとつへの丁寧な対応が求められる。

21世紀の持続可能な都市づくりは，そのようにして構築されるケアの場でのディーセントなケアワークを基盤にしてこそ，ケア関係に欠かせない相互間の「無意識の豊かさ」（三好 2005）を内包し，人びとの安心と安全が保

障(「社会権としてのケア権」の保障)された生／生活の場(ホーム)を実現できるであろう。都市の共存的世界はこうして,新たな福祉文化(ケアの文化)や福祉教育(ケアの教育)にも寄与する複数の都市的親密圏／公共圏(ガバナンス)の共振へと拓かれていくのではないだろうか。

参考文献

フレイザー,N.(2003)仲正昌樹監訳『中断された正義――「ポスト社会主義的」条件をめぐる批判的省察』御茶の水書房(Nancy Fraser, *Justice Interruptus: Critical Reflections on the "Postsocialist" Condition*, London & New York: Routledge, 1997)。

Himmelweit, S.(1999)'Caring labor', *Annals of the American Academy of Political and Social Science*, No. 561, pp. 27–38.

ホックシールド,A. R.(2000)石川准・室伏亜希訳『管理される心――感情が商品になるとき』世界思想社(Arlie Russell Hochschild, *The Managed Heart: Commercialization of Human Feeling*, Berkeley, Calif.: University of California Press, 1983)。

Hochschild, A. R.(1995)'The culture of politics: Traditional, postmodern, coldmodern and warmmoden ideals of care', *Social Politics: International Studies in Gender, State and Society*, Vol. 2, No. 3 (Fall), pp. 331–346.

堀内光子(2004)「ディーセント・ワーク」北九州市立男女共同参画センター"ムーブ"『ジェンダー白書2　女性と労働』明石書店。

イグナティエフ,M.(1999)添谷育志・金田耕一訳「帰属の政治学――わが家にまさる場所はない／帰るべき場所などどこにもない」同『ニーズ・オブ・ストレンジャーズ』風行社(Michael Ignatieff, 'There's no place like home: The politics of belonging', in S. Dunant and R. Porter, eds., *The Age of Anxiety*, Virago: London, 1996; *The Needs of Strangers*, New York: Viking, 1984)。

井上輝子・江原由美子編(2005)『女性のデータブック　第4版』有斐閣。

春日キスヨ(2003)「高齢者介護倫理のパラダイム転換とケア労働」『思想』11月号,pp. 216–236。

川崎賢子・中村陽一編(2000)『アンペイド・ワークとは何か』藤原書店。

久場嬉子(2001)「『経済のグローバル化』における労働力の女性化と福祉国家の『危機』」伊豫谷登士翁編『経済のグローバリゼーションとジェンダー』(叢書　現代の経済・社会とジェンダー5)明石書店。

―――(2004)「ホームヘルプサービス――『職』の確立を考える」ケアワーク研究会『ジェンダー化されたケア労働の形成に関する理論的・実証的研究』(平成14年度〜15年度科学研究費補助金研究成果報告書　研究代表者・矢澤澄子),pp. 11–23。

ケアワーク研究会(2002)『市場化にともなう介護労働の実態に関する調査研究』(平成12度〜13年度科学研究費研究成果報告書　研究代表者・久場嬉子)。

─── (2003)『ホームヘルプサービス職に従事する人の労働と生活——実態調査報告と政提言』(平成14年度～15年度科学研究費研究成果報告書　研究代表者・矢澤澄子)。

─── (2004)『ジェンダー化されたケア労働の形成に関する理論的・実証的研究』(平成14年度～15年度科学研究費補助金研究成果報告書　研究代表者・矢澤澄子)。

国連開発計画編 (1999) 北谷勝秀ほか監修『グローバリゼーションと人間開発』国際協力出版会 (UNDP, *Human Development Report 1999*, New York: Oxford University Press, 1999)。

厚生労働省高齢者介護研究会 (2003)『2015年の高齢者介護——高齢者の尊厳を支えるケアの確立に向けて』厚生労働省。

Lewis, J. (2001) 'Legitimizing care work and the issue of gender equality', in M. Daley (ed.), *Care Work: The Quest for Security*, Geneva: ILO.

松川誠一 (2004)「介護保険制度におけるホームヘルプ職の労働過程分析——ケアの政治経済学に向けて」ケアワーク研究会『ジェンダー化されたケア労働の形成に関する理論的・実証的研究』(平成14年度～15年度科学研究費補助金，研究成果報告書　研究代表者・矢澤澄子), pp. 25–44。

三好春樹 (2005)「介護の町内化とエロス化を」川本隆史編『ケアの社会倫理学』有斐閣。

モーリス–スズキ, T. (2004) 辛島理人訳『自由を耐え忍ぶ』岩波書店。

野崎綾子 (2003)『正義・家族・法の構造変換——リベラル・フェミニズムの再定位』勁草書房。

落合恵美子 (1994)『21世紀家族へ——家族の戦後体制の見かた・超えかた』有斐閣。

小川栄二 (1998)「ホームヘルプ労働のあるべき姿と改善課題」河合克義編『ホームヘルプにおける公的責任を考える——多面的徹底解明』あけび書房。

齋藤純一 (2000)『公共性』岩波書店。

齋藤純一編 (2003)『親密圏のポリティクス』ナカニシヤ書店。

笹谷春美 (1997)「イギリスにおけるケアリング研究——フェミニズムの視点から」『女性労働研究』No. 31。

─── (2000)「『伝統的女性職』の新編成——ホームヘルプ労働の専門性」木本喜美子・深澤知子編『現代日本の女性労働とジェンダー——新たな視角からの接近』ミネルヴァ書房。

─── (2004)「福祉労働のジェンダー課題——介護労働の専門性」杉本貴代栄編『フェミニスト福祉政策原論——社会福祉の新しい研究視角を求めて』ミネルヴァ書房。

─── (2005)『ケアワーカーの養成過程におけるジェンダー課題——伝統的女性労働と「専門性」確保』(平成14年度～16年度科学研究費研究成果報告書　研究代表者・笹谷春美)。

Standing, G. (2001) 'Care work: Overcoming insecurity and neglect', in M. Daly (ed.), *Care Work: The Quest for Security*, Geneva: ILO.

杉本貴代栄（1993）『社会構造とフェミニズム』勁草書房．
─────（2004）「フェミニスト社会福祉学をめざして──ジェンダー視点を据えた社会科学として」杉本貴代栄編『フェミニスト福祉政策原論──社会福祉の新しい研究視角を求めて』ミネルヴァ書房，pp. 1-21．
武川正吾（2003）「グローカリティと公共性の転換──コミュニティ形成から地域福祉へ」地域社会学会編『「公共性」の転換と地域社会』地域社会学会年報第15集，pp. 1-19．
田中かず子（2005）「ケアワークの専門性──見えない労働・感情労働を中心に」『女性労働研究』No. 47, pp. 58-71．
田中尚輝・浅川澄一・安立清史（2003）『介護系NPOの最前線』ミネルヴァ書房．
Tronto, J. C.（1993）*Moral Boundaries: A Political Argument for an Ethic of Care*, London: Routledge.
梅澤直樹（2001）「『再生産労働力』の越境化をめぐって」『グローバリゼーションとジェンダー』（叢書　現代の経済・社会とジェンダー5）明石書店，pp. 73-97．
Ungerson, C.（1990）*Gender and Caring: Work and Welfare in Britain and Scandinavia*, New York: Wheatsheaf.
山田昌弘（2004）『希望格差社会──「負け組」の絶望感が日本を引き裂く』筑摩書房．
矢澤澄子（1993）「介護の社会化とホームヘルパーの社会的評価」矢澤澄子編『都市と女性の社会学──性役割の揺らぎを超えて』サイエンス社．
─────（2000）「アンペイド・ワークをめぐる国内の研究と議論の現在」川崎賢子・中村陽一編『アンペイド・ワークとは何か』藤原書店，pp. 43-72．
矢澤澄子・深田喜美子（2003）「ホームヘルプサービス職に従事する人の労働と生活──横浜市福祉サービス協会ヘルパー調査の分析から」ケアワーク研究会『ホームヘルプサービス職に従事する人の労働と生活──実態調査と政策提言』（平成14年度～15年度科学研究費補助金研究成果報告書　研究代表者・矢澤澄子），pp. 1-73．
─────（2004）「高齢者ケアサービスとホームヘルパーの介護労働──『ホームヘルプサービス職に従事する人の労働と生活に関する調査』の概要と考察」（ケアワーク研究会『ジェンダー化されたケア労働の形成に関する理論的・実証的研究』平成14年度～15年度科学研究費研究成果報告書　研究代表者・矢澤澄子），pp. 1-9．
矢澤澄子・国広陽子・天童睦子（2003）『都市環境と子育て──少子化・ジェンダー・シティズンシップ』勁草書房．
Young, I. M.（1997）'House and home: Feminist variations on a theme', in *Intersecting Voices: Dilemmas of Gender, Political Philosophy and Policy*, Princeton, NJ: Princeton University Press.

——————— 第6章 ———————
「居住収縮」現象と社会的実践としてのまちづくり
コモンズ化による地域協同運営のレジーム

1　住宅政策の転換と「居住収縮」現象

　住宅政策が，戦後の住宅供給55年体制を総括し，軌道を大きく転換しはじめた。それは，「人口・世帯減少社会の到来」に対応して，住宅供給については，公的住宅供給を縮減して住宅市場にまかせ，政策的には市場の適正な作動を支援する制度インフラを整備すること，そして，「良質なストック」を形成するために，「居住環境整備」を軸とする「選択と集中」による市街地整備を図ることが，柱となるという。たしかに，すでに始まった「国の公的住宅政策からの撤退」はネオリベラリズム的な色彩が強く，いわば住宅居住の厚生の観点からは「戦後住宅政策の終焉」として懸念される（本間 2005）。

　だが，その一方で，この転換は，看過しがたい，旧くて新しい「問題」に，法制度，すなわち統治性の構造が逢着しており，それへの解決策を模索しはじめた兆候であるともいえる。事実，こうした政策転換の背景には，「住宅が管理されずに放置され，老朽化が著しく進んだ結果，不良資産化することにより，住宅地全体の活力と安全性の低下を招く問題（放置住宅問題）が顕在化する可能性もあり，適切な対応が求められる」（社会資本整備審議会住宅宅地分科会基本制度部会 2005: 11）といった認識がある。もともと，ある住宅が空家化して放置され，そのまま廃棄同然の状態になる背景には，「既

＊　本稿を作成するにあたって，志賀勉氏には，最新の資料を提供していただいたばかりか，筆者の拙い議論に応じていただいた。記して深謝するしだいです。

存不適格」を強いる都市法・制度の規制と不備，さらに，それに対応して「不良資産」とみなす市場が存在している。したがって，廃棄同然の空家・空宅地の「管理」の主体は，行政・地域はいわんや，制度上，その所有権者をのぞいては，どこにも見出すことなどできない。

　「放置住宅問題」は，たしかに，これまでの住宅政策の限界線上にある重要な問題のひとつであり，この問題への現在の制度・施策の対応に限界がある。それゆえ／しかし，「住宅地全体の活力と安全性の低下」に対応して，地域住民のまちづくり実践が，固有に，拓かれてきたのである。たしかに，地域住民のまちづくり実践には，制度・施策に誘導された「公民協働」の側面がある。しかし，この「公民協働」の側面は，地域住民の，あえていえば，「住民協働」の日常的実践なくしては成り立たない。あまつさえ，「住環境の持続可能性」は，まちづくりの日常的実践なくして保ちえないのである。

　だが，人口の社会減のみならず自然減に相即して放置住宅が増える構造的な社会的位置に，地域が置かれ，住民相互の地域生活の日常様態が総体的に希薄になり，その結果「住民協働」の日常的実践が困難になり，自らの居住地域の緩やかな，しかし，確実な崩壊が，居住者自身に予知されはじめることこそ，住民にとっての「放置住宅問題」である。本章では，この側面を，志賀勉の言葉をかりて「居住収縮」（志賀 2005）現象と規定する[1]。以下に，北九州市丸山・大谷地区の「住環境整備事業」を通して，居住収縮現象と制度，そして，まちづくりの関係を考察し，地域社会に「街づくり」のハード系の制度がもたらす社会的効果／帰結の分析を試みる。

　丸山・大谷地区は，かの八幡製鉄所の後背地をなす「斜面住宅地」である。昭和初期から段階的に山林・棚田などが工場労働者の住宅地として開発されてきた（松尾 2000）。1964 年に八幡製鉄所が県外の君津工場などに職員を異

---

[1] 志賀勉は，「都市収縮期」における住宅・宅地ストックの社会的管理のあり方の考察のテーマから，「居住収縮」の概念を導出している。この視点でみれば，この社会の都市部のまちづくりが，インナーシティ問題・中心市街地活性化問題・オールドニュータウン問題など「居住収縮」に対応して継起していることが鮮明になる。

動しはじめたため，この地区は，世帯分離によって30〜40歳代の働き盛りの世帯を中心に転出が始まり，人口の社会減にみまわれる。さらに，斜面地という地形は生活の仕方にさまざまな制約を課すため，高度成長期以降になると，後背地でのニュータウン開発などもあって，生活上の「利便性」を重視する住宅の市場ニーズにあわず，ほとんど新規入居者がみこめなくなり，人口減少は避けがたい事態となった。その結果，「問題」がいっそう深刻化し，人口の自然減が地区の人口減に直結して，空家や空地が増加し，「居住サービス」を含めた居住状態が総体的に貧弱になる「居住収縮」現象が進行している。

しかしながら，地域のふるくからの住民は，この斜面地に住宅を取得することが工場労働者としての誇りであったこともあって，現在の住宅市場の居住選好などでは推し量れない別の居住規範を培ってきた。このため，地区の居住者は，ある種の職業的な同質性をベースとして，地域における面識共同体的な関係性を築きあげており，このコミュナルな生活規範を是とする。もっといえば，平均勾配20％の急な坂道，階段の「厳しい」と思われる「歩行環境」ですら，高齢の住民には「眺めもよく，けっこう便利です」と肯定的に了解されている。独特の居住のハビトゥスが形成されている。したがって，この斜面地形そのものが生活スタイルを規定しており，現在の住宅市場にあっておのずと入居者の選別を行なっていると考えることもできる。いまや，期せずして，地形が排他的な特性を備えるにいたっている。したがって，斜面住宅地のようなバナキュラーな居住スタイルを選好する層にとっては，格好の居住地域として存在している。

とはいえ，住宅市場の一般的な住宅需要がみこめないため，現在は，急激な高齢化にみまわれている。1998年現在，地区人口1,903人，世帯数806で，住宅戸数は933戸である。65歳以上の人口は498人（26.2％）で，世帯型でみると，高齢単身世帯が103世帯（12.8％），高齢夫婦のみの世帯が97世帯（12.0％）である。さらに，木造住宅770戸は，「接道不良」の状態のままに斜面地に密集しており，そのようなエリアに高齢者世帯の住宅の多くが分布している。また，空き家が127戸（13.6％）あり，とくに「利便性」の低い

エリアでの人口流出が多い，と指摘されている（志賀 1999: 132-133）。

　このような地域では，空家の老朽化がすすみ，また，取り壊されて空宅地となる。空家・空宅地の放置状態は，その地盤の保水能力の低下をまねき，法面のはらみ・きれつ・ひびわれなどを起こし，斜面住宅地の「全体の地盤」をあやうくする。たんに当該の「放置住宅・宅地」だけの問題にとどまらない。そのうえ，不審火の発生などの防災上の問題，不審者の侵入・非行の温床などの防犯上の問題，さらには害虫の発生などの保健・衛生上の問題を引き起こすとされるのであり，そのような不如意の事態はすべて，周辺の居住者がこうむることになる。かくて，「空家・空宅地」は，単なる所有者の管理問題を超えて，いわば「制度的問題化」の対象になる。いわゆる「住環境」の標準化された基準である「安全性」・「快適性」の理念像から逸脱した状態と診断され，行政の計画的な「空間の規範」からみれば，それこそ「放置」しがたい建造物環境と判断される。北九州市は，1993 年より，この地区に，「斜面地住環境整備事業」の導入のための検討を開始していた。

　一方，この地区の自治会も，かねてより，所有者に空家・空宅地の適正な管理の要請を行なっていたが，私有財産であるため，それ以上の踏み込んだ手段はとれないままであった。残念ながら，1995 年に空家から出火し，延焼した（これは斜面地の樹木が延焼遮断帯となって鎮火した）。北九州市より 1995 年 8 月に「斜面地住環境整備事業」の導入の打診を受けた丸山・大谷地区では，さきに空家からの火災があったこともきっかけとなって，12 の町会からなる連合自治会が動き，事業に踏み出すことになった。

　北九州市は住環境整備事業を多く手がけており，事業導入にあたっては，連合自治会とは別に，まちづくり協議会を結成し，計画策定・事業運営に住民参加を促し合意形成を図る方式をとるのを，通例としていた。そこで，1995 年 11 月，「丸山・大谷地区まちづくり推進会」（以下，「推進会」と略記）が，事業対応のための地域住民組織として組織された。しかし，北九州市には，たとえば神戸市のような「まちづくり条例」がないため，「推進会」には，制度的に担保された「まちづくり案の提案権」のような権限はなく，したがって，「公的に認定された組織」でもないため，地域組織としては，

連合自治会の「下部組織」に位置づけられ，「任意性」がきわめて強い組織として出発するしかなかった。

2　事業対応型まちづくりの限界と「反まちづくり的構造」

　まちづくり推進会は，この事業が「計画作成に 3 年，事業に 10 年かかる」と知らされ，事業による地域改善の成果が住民に判然とするようになるには，歳月を要すると判断している。そこで，まず，「まち歩き会」を 1995 年 12 月と翌 96 年 1 月の 2 回にわたって催した。推進委員全員で，地域の住環境の実態を確認し，その問題点を議論して，「まちづくりの 6 原則」をうちたてた。その 6 原則とは，以下のようなものである。
　1）火災・がけ崩れの心配のない「どだいづくり」
　2）住み心地をよくする「すまいづくり」
　3）坂道の負担を軽減する「みちづくり」
　4）お年寄りが安心して暮らせる「あんしんづくり」
　5）眺望を活かし景観に配慮した「ながめづくり」
　6）これらが一体となって斜面住宅地の独自性をひき出す「やまさかづくり」

「やまさか」とは，この地区の人が，自分たちの「まち」を指す言葉である，という。この 6 原則は，斜面市街地「やまさか」の物理的な基盤整備だけにとどまらず，そこでの住民の暮らしぶりまで射程に入れているじつに見事なものである。この 6 原則は，推進会の A4 裏表一枚の広報紙『丸山・大谷やまさかだより』の創刊号（1996 年 5 月発行）にわかりやすく図解され，地域の全戸に配布されて，周知された。推進会は，事業の対象地域として行政的に把握される丸山・大谷地区全域 24ha に対して，この 6 原則のもとで実質的に「まちづくり」を図ろうとしているのである。
　まちづくり 6 原則は，コンサルタントが定型的に提示したものではないと判断される。『やまさかだより』第 2 号（1996 年 6 月）では，まちづくり活

動の今後の方向について意見交換する「まちづくり学習会」での意見が報告されている。たとえば，「廃屋や空家への対応は町内会の力では困難な場合が多い」といった意見が紹介されている。この意見は，現在の町内会を超えた別の力がなければ，廃屋・空家などの「放置住宅・空宅地」の問題は解決できないという地区での活動経験の限界が住民自身に確認されていることをはっきり指し示している。だから，この意見は，事業とは別の問題解決の方法を問いかけているのだ。これは，「どだいづくり」を超えた，「やまさかづくり」のための制度的・社会的な仕掛けの重要さを指摘しており，ハードな事業に任せることを相対化するものといえよう。

　あるいは，「みちづくり」についてつぎのような意見もみうけられる。「昔は横に抜ける道があったが，現在はそれぞれの家が庭を拡張して横道をつぶしている。そのため，遠回りをしなくてはならない」という意見である。これは，「やまさか」の独自性として，私有地たる宅地の庭先の一部が「横道」として「共用」されていたことを指摘し，「やまさか」における生活路のあり方の重要さと，それによって形成されたハビトゥスの特異さを伝えている。そのほか，さまざまなアイデア，意見が自由にとりだされている。それらは，「生きられた経験」にもとづき，あくまでも，「具体的空間の使いよさ」を志向している。まちづくり6原則は，住民に身体化された「やまさか」のハビトゥスを誘出する，すぐれた指標として，つくられているのである。

　『やまさかだより』第5号（1997年7月）で，「丸山・大谷地区の整備計画案」が提示された。しかし，これまでの『やまさかだより』と違って，推進会のやくどころが，この号ではみえない。すなわち，この計画案は，推進会と行政との協議の結果として住民に提示されたとされるが，釈然としないのである。推進会の任意性の高い社会的位置づけがそうさせるのか，それとも，任意事業の「整備計画案」の段階だからなのかは，わからない。だが，この第5号を境にして，広報紙のおもむきが徐々に変わる。推進会が住民にむけたメッセージというより，行政が住民に「告知」するような事業ベースのメッセージになっていく。

この号によると，整備目標は「やまさかの上り下りの負担をやわらげるため，住宅と道路との高低差をおおむね10m以内となるように整備」すること，「サービス環境を向上させるため，サービスポケット（車の駐車・転回スペース）を約5haに1箇所整備」することとある。整備計画案の図面が示され，「まちの中心的な位置に斜行エレベーターを建設すると共に，斜面型環境共生住宅や生活拠点施設，プロムナードを連続的に整備し，しっかりした縦軸をつくります。あわせて，2本の新設道路をつくる」と記されている。もとより，国の事業制度，「密集住宅市街地整備促進事業」に従ってすすめるのが，この北九州市の「斜面地住環境整備事業」である以上，行政側のハードの整備計画案が提示されるのは当然である。しかし，この整備計画案では，あのまちづくり6原則に対応して，どのように自分たちの生活が改善され，この地区がかかえている具体的な問題がどう解決されるのかが，住民には推し量りがたい。

　問題は，この整備計画案が，住民の「表象の空間」，あるいは，具体的な生活行為のハビトゥスから「隔絶」していることである。推進会にしてみれば，この「隔絶」が事業展開過程でもたらす影響を，どのように捉え，具体的に解決するかという課題をつきつけられることになる。げんに，「整備計画案説明会」のあとの『やまさかだより』第6号（1997年8月）では，斜行エレベーター，新設道路の必要性がわからない，無駄であるという意見や，そればかりか，「新設道路は町内住民を二分するのではないか心配だ」という率直な住民の懸念が表明されたことが，紹介されている（そして，第6号以後，『やまさかだより』は，完全に事業のスケジュールの「告知・報告」版になる）。

　行政側にしてみれば，「まちの骨格となる道路や施設などの整備は主に市が行う一方，個々の住宅の改善や施設の管理などに住民のみなさんが主体的に取り組めば，まちの住みごこちはさらにたかまる」（『やまさかだより』第5号）ということになる。それが，「市と住民の役割分担に基づく協働事業」に関する行政の考え方である。役割分担の仕方については「協議」などしていないなどといわないでおこう。ここで確認すべきことは，街区の公共施設

たる道路整備は行政が行ない，まちづくり6原則の内実達成は，住民の「主体性」の度合いに依存するという「現行の画然たる公民の役割分担にもとづく協働のレジーム」を行政が自己設定していることである。それに従って，行政は，ある「空間の表象」にもとづいて，「空間的実践」を執行していくとしている。そこまでが，行政の領分とする。すなわち，「空間の表象」たる計画は，計画が想定し施行してつくりだされる建造物環境までは表象するが，その建造物環境にあって住民が「経験する空間」の具体像までは表象しない。まして，「やまさか」のハビトゥスなどは一顧だにされないどころか，計画的には否定的にしか扱われない。しかも，行政の「空間的実践」が，現行の協働のレジームをささえているさまざまな観念・言説，たとえば，サブシディアリティ（補完性の原則）などを反復することになるのは，もはや，行政には，自明のことである。

　かくて，「整備計画」が策定され（1998年7月），地形測量が始まり（98年7月〜10月），「事業計画」の告知が行なわれ（99年8月），そして，事業上の除却対象住戸の戸別意向調査が開始され（99年9月〜11月），事業用地の買収が始まり，斜向エレベーター・新設道路などの「事業実施の具体的計画・設計」が明らかになるにつれ（2000年3月），まちづくり推進会のまちづくり6原則が，宙に浮いてくることが鮮明になる。一般に，事業対応型のまちづくりの問題は，事業のステークホルダーが限定され，地域住民に亀裂が入りこむことである。

　なるほど，斜面地住環境整備事業は，当初は地区全域を検討対象としている。そして，あえて言えば，事業の「公共的意図」は，地区全域の住民にとって「居住サービスの改善」，あるいは，「交通サービス，それへのアクセスビリティの向上」を図ることであり，そのために，都市施設としての道路などの整備を実施することである。しかし，最終的には事業の「施行区域」を局限する。それによって，事業施行区域と非事業施行区域とに，丸山・大谷地区が分割される。この結果，事業用地として「除却」される住宅世帯には，相当の補償金が支払われる。当然のこととはいえ，そのうえ，地元に戻る意思があれば，一時仮住宅への移転費用，家賃補填がされ，コミュニティ住宅，

あるいは，分譲宅地が地元に用意される。これが，さまざまな補償を受ける直接的なステークホルダー層である。つぎに，新設道路に接する住宅は「接道条件」をみたすことになる。この結果，改築が可能になるなど，その「不動産価値」が「増進」する。すなわち，開発利益を享受する層が顕在化する。ここまでは，貨幣価値によって鮮明に区分されるし，地区の住民にも判然としている。ついで，「公共的意図」にいう各種のサービス，あるいは，そのアクセスビリティが向上する度合いに応じてさまざまな社会的受益層が見出されうるが，それは，従前と社会的受益がまったくかわらぬ層と截然と区分できるものではなく，判然としない。それゆえ，地区全域の「公共的意図」として，設定しやすい。だから，事業によるハード整備——斜行エレベーターとコミュニティ住宅，道路など——は，地域全域の持続的まちづくりの重要な物的基盤であり，「生活利便性」を改善し，上下の移動の身体的負担を緩和するなどと公的に言明される。それは，活用するか否かは住民の「自己決定」にゆだねられると想定しうるからである。だが，その受益層は，現実的には限定されている。だから，事業遂行過程で，「経済的利益」による明確な分割線が引かれ，そのうえに，「社会的利益」のあいまいな区分のいくつかの破線が引かれることは，確定的である。

　たしかに，ひとりの住民の「受益」観じたい多様なものでありうる。しかし，それだけに，地域住民の微妙な分割／破断が，暗黙裡に，あるいは，さまざまな内輪話を介して進む。事業の「非当事者」，あるいは「非受益者」として区分されたと自己判断する地域住民が，まちづくり6原則に共鳴して期待を寄せているほど，結果として，それは理念的なきれいごとにすぎなかったのか，という落胆の念を抱いても不思議ではなく，避けがたい事態といわねばならない。かくて，事業展開過程では，事業施行区域の焦点化と全域的なまちづくり6原則との乖離，そして，地域社会の微妙な分断にともなう推進会からの住民の多様な離反，この2つの「事態」があらわになる。この2つの問題は，「まちづくり6原則」が地域の自前であるだけに，住民側にまちづくりの「課題」として浮上してくる。ひとつには，事業の効果を非事業区域にどれだけ及ぼすことができ，「社会的受益層」を実質的に拡大でき

るか，ふたつには，その効果が間接的にも及ばない区域，そう考える住民層にどう対応するかが問いただされる。前者についていえば，斜行エレベーターの形態・管理体制，そのアクセシビリティの確保，また，コミュニティ住宅の入居要件などが問題化してくると思われる。後者はまさに，推進会の存在理由そのものが問題化されることになる。

　事業遂行段階で生じるこの事態は，推進会の委員にとって，あるいは現場の行政担当者にとってさえも，意図せざる事態であるといわざるをえない。今日の「事業」の体制そのものに，地域住民が微妙に分割・破断された地域の社会状態を生み出してしまう「反まちづくり的な構造」が，はらまれている。事業の体制の「反まちづくり的な構造」によって，地域社会の自壊につながるロスト・フィールド，あるいは，地域組織の分解にいたるロスト・プレイヤー状況に直結しかねないリスクに，「まちづくり」の現場にいる住民，行政スタッフ，コンサルタントらは，さらされる。自らに負債なき奇妙な負い目を負い，それを払拭していくツールを開発し，プログラムを実行しなければならない。それが，社会的実践としてのまちづくりである。

3　社会的実践としてのまちづくりと現代的コモンズ

　「まちづくり推進会」の会長，佐々木利明氏は，この事業が長期にわたることを知って「この間，具体的に何もしないのでは地域住民から推進会への信頼は得られない」と考えていた。まちづくり推進会の席で地元委員が市に対して坂道に「バンコ（長椅子）」を設置してくれるよう要望した。その要望を，市の担当者が「国の事業制度に盛り込まれていない」という理由であっさり拒否した（志賀 2005b）。佐々木氏は，それなら，住民の力で「バンコ」を作ろうと決意する。推進会は事業対応の組織でもあり，いろいろ制約もあるので，機動的に動ける組織が望ましいと判断した。そこで同氏のネットワークに呼びかけ，それに「共感」した同地区で老人の移動介助などの福祉活動をしていた「北九州義農の会」の宮川幸夫氏，また事業のコンサルタ

ントをしていた九州大学の志賀勉氏とともに，1996年11月に「やまさか暮らし研究会」（以下，「研究会」と略記する）をたちあげることになった。ハード整備のみでは達成できない「やまさかの住み心地を高める工夫」をしていく，という実践的な理念を掲げた。その最初の試みが，「バンコ」を，丸山・大谷地区「全域」に分散して配置することである。

「バンコ」は，ポルトガル語を語源とする方言で，ベンチ，縁台を意味する。研究会は，当初，自治区会の設置場所の要望をもとにして，区役所や警察署と「バンコ設置」の可否をめぐって，協議を重ねた。北九州市ではじめてのことで，行政の「前例主義」が壁となった。結局，設置の仕方の指導を受け，設置後は研究会が責任をもって管理にあたるという条件で，設置許可を得た。だから，バンコには，管理責任者として，佐々木利明氏の名前が記入されており，設置されたバンコはアンカーボルトで道路，道などに緊結されている。最初の設置は1998年の春であり，9台が公有地に設置された。やがて，階段道，坂道の沿道住民から，「うちの土地を使っていいよ」と申し出があって，さらに4台が私有地に設置された。現在（2005年）は20台が設置されている。そして，バンコの経年的な劣化に対応して，地元の小学生が，「総合学習」の一環として改修作業を行なっており，バンコが持続的に維持されている。設置されている場所は，私有地／公有地の別を問わない。

バンコはお尻を待っている。バンコを利用することは，その土地に入り込むことである。だから，バンコの利用者は，私有地に入り込むことがある。すなわち，バンコは，あたかもそれぞれの家の庭を横断するこの地区の横道に倣うかのように，私有地の共用関係をつくりだしている。バンコを設置したのは，公式的には「やまさか暮らし研究会」だ。しかし，設置作業をしたのは，地区の小学生を筆頭に，地区の住民有志である。この者たちは，公園・広場・道路といった公有地にいわば「私物」を「工作」したのである。バンコを介して，利用者，設置者たちは，私有／公有に無関与に，土地の利用の協同化・共用化を実践している。バンコが緊結された土地は誰にでもひらかれている。バンコの存在には，この地域での「空地」の利用実践――菜園化――にみられるような領有的な相互性に相通じるものがある。それは，

所有や占有の排他的な社会関係ではなく，限りなく土地所有者と地域社会が贈与的な関係にあることだ。その関係に行政も巻き込まれて，参加している。だから，「バンコが在り続ける」ことは，土地の近代的所有権を越えた「場所」の共用の地域協同管理の萌芽であり，その持続である。バンコの存在は，土地所有権を「使用」の次元で，地域社会に帰属させることを自明とするコモンズ化の社会的実践である2)。

　この研究会の強みは，バンコ設置にみられるように，臨機応変な，形なき微細な連携・連動である。それが可能となっているのは，それぞれのメンバーが，異なる集団に帰属していながら，その帰属集団の規範に準拠しているわけでも，拘束されているわけでもなく，個人の力能において自発的に連合しているからである。それゆえ，研究会は，異質な発想がぶつかり合う討議の場であり，また結合する創造の場と化す。目的は唯一，先の実践的理念の現実化である。ある着想が固まると，それを実施するために，各帰属団体のネットワークから適切な実行体制がそのつど組み立てられる。そして，着想にもとづくプログラム実践は，丸山・大谷地区という特異性をもった地域社会に，新しい事態，そこにあれば有意義な工夫，そして，これまで誰も実現できなかった事態を産み出す。

　さらに重要なことは，この研究会は，丸山・大谷地区で活動している自治会，社会福祉協議会，子供会，祭祀組織などの既存の地域住民組織に対して（さらには，推進会，義農の会，専門家グループという自らの帰属団体に対してすら），自由であるゆえに，まさに，それらの諸団体に対して中間支援的な媒介者的位置にあることだ。丸山・大谷地区の地域社会の外部にあるというには丸山・大谷地区のもうひとつのまちづくりを直接実施しており，実施しているからといって，丸山・大谷地区の諸団体に拘束されてしまって内部にあるのでもない。だから，どのような地域住民組織とも連携可能な位置

2）コモンズは，一般には，入会地などの管理／維持に関する仕組み総体を指す。しかし，本章では，まちづくり実践において，土地の近代的所有権などの排他的な権利関係を相対化し，空間／場所の共用可能性を顕在化させ，管理／運営／持続させる仕組みに注目している。「現代的コモンズ」と称する所以である。

にある。これが重要である。

　この研究会のまちづくり実践は，参加する住民たちが「おもしろがりながら得をし」，協働するうちに，地域の潜在力——とりあえず，排他的なコミュナルなもの，と規定しておこう——に共鳴し，それを蘇生させるような，「身の丈にあった」実践である。

　研究会は，「事業計画」が策定される1999年前後に，すなわち，事業完結型のまちづくりの「反まちづくり的構造」が露呈しはじめるころに，「花いっぱい活動」を始める。たとえば，東丸山公園で花植えが行なわれる。当然，それぞれの出自集団のネットワークが巧まず動員される。花は市内の園芸農家などから不良品・不用品をもらいうけ，花など植えられる状態ではない石だらけの土地には別のところから調達した堆肥を入れて土壌をかえ，いざ花を植えるにあたっては地元の小学生を動員し，花の水やりなどは社会福祉協議会のメンバーに分担してもらい，公園清掃には子供会に分担を割り振る。さらに，余った花の苗は，各自治会を通じて，希望する住民に配布してしまう。「花」を咲かせ，楽しんでもらうという素朴な営みが成就するには，実に「いっぱい手が要る」のである。こうした面倒なことがらを，多くの住民，地域住民組織・団体とともに成し遂げる。

　「花を植える」というありふれた日常の行為の延長上に組み立てられる協働化こそが，「生きられる経験」に「まちづくり」をたたみこむ。「花いっぱい活動」は，丸山・大谷地区全域の「住み心地」の改善に向けられていることのメッセージを発しているだけではない。地域がひとつの「連携体」として存在していることを，「協働」のかたちであらためて組み立て，そのことを「地域」に呈示しかえす実践なのである。それは，行政の公園管理課に，「公園の地域協同運営」を納得させることにもなる。

　行政では，「公有地」たる公園に草花を植えて育てるというあたりまえの日常的実践までは，「手」はまわらないし，そもそも考えることもない。通常の制度の「空間の表象」では，「公園」は公物管理の対象であり，住民の公園での活動は「憩う」機能に縮減されるしかないからである。しかし，「花いっぱい活動」は，公園に，そのような「空間の表象」とは別に，住民

の協働の場として新たな「連携体」としての社会性を付与する。制度の空間的実践が機能的に支配する具体的な「場所」に，新たな社会性を協働で創り出す実践を，「社会的実践」と呼ぼう。社会的実践としての「花いっぱい活動」が，公園を「コモンズ」に変えたのだ。

　この研究会は，「コモンズ」をたくまずして，しかし，戦略的に仕込んでいるようにみえる。日常に密接する微細な社会的実践——バンコ設置，花植え——を担保する地域協同運営のレジームが，徐々にあらわれる。研究会は，たしかに，バンコ設置・改修活動のみならず，花いっぱい活動，映画製作上映協力，サトウキビ畑づくりによる福祉との連携，解体家屋の部材の再活用の試みなどを実行し，ゆるやかな地域協同運営の連携体の陣形を地域全域につくりあげてきている。このレジームは，行政の制度的な空間的実践では可視化されない領域においてこそ，地域社会の住民組織の連携体を柔軟に機動させ，地域のコモンズ化，そして，相互の信頼関係をたえず醸成する。それによって，たとえ事業・制度が空間的実践の平面で地区を事業区域と非事業区域に分割しようと，「推進会」のまちづくり6原則を「生きられる経験」において下支えしていくのである。この社会状態は「ローカル・ガバナンス」と呼んでもよいように思われる。

　この段階で，「地元もここまでしている。行政もなんとか協働してくれ」という行政折衝が可能となる。行政のまちづくり活動の助成などの経済的支援は，単にアウトソーシングとか，委託ではなく，地域社会の納税に対する当然の反対給付であり，行政への折衝は，行政に包摂されることでも，妥協することでも，まして，依存することでもなく，ローカル・ガバナンスの最初の段階にすぎない。社会的実践としてのまちづくりは，事業のハード整備の過程がもたらす地区の分割・破断を地域社会に吸収する内在的な基盤となるのであり，そして，逆に，このような多様なプログラム実践の持続を可能にする活きたインフラとして，公共施設，制度インフラが形づくられるように，「ローカル・ガバメント」を自らの戦略に組み込むことである。

　おそらく，丸山・大谷地区の最大のコミュニティ・リスクは，空き地・空家の地域協同管理の可能性をめぐる問題にかかわる。行政（ガバメント）の

「空間の表象」が及ばない領域，空間的実践を超えている領域に対して，まさに，研究会（そして推進会）がどのように対応するか。まちづくり実践における地域社会での「協働的相補性」が問いかけられている。九州大学グループは精力的に，地域全域の空き地・空家調査・分析を実施してきている。その成果をみると，問題は，おそらく，空き地の菜園利用にみられる自発的な相互性をベースとしながら，それが地域全域の協同性へと転化していく仕組みを投入できるか否かにかかっているように思われる。そのためには，まず自発的な相互性の水準で，所有者の空き地・空家の提供のモチベーションを誘発し，顕在化する一方，利用主体を隣人などの個別レベルから地区単位の集合レベルへと拡げうるような方策と仕掛けが組み立てられねばならない。所有者が空き地・空家をコモンズとして提供することの不安を解消し，単なる個人的な領有にとどめないことが重要である。

　こうしたコモンズをささえ，循環できる自発的な相互性の協同的組み立てとコモンズ実践は，「やまさか」の空地・空家をそのまま保全し，「場所」に変換して，新たな「生きられる経験」を構成する。そのことは，「やまさか」を否定的な「空間」として問題化する制度とその「空間的実践」に対峙しようとする試みであり，「やまさか」の社会的実践としてのまちづくりのベースなのだ。

4　事業制度の自己収縮と制度の転移的な再帰性

　2000年度に始まった事業が山手線の上側でコミュニティ住宅の建設に着手した2004年の暮れに，「事業計画の見直し」が，『やまさかだより』第35号で告知された。見直しの根拠は，きわめて重大な問題をはらむ。

　これまでの事業施行区域で，用地買収面積：1万3301㎡，家屋補償戸数：88戸，そのうち，居住世帯：61戸である。この61戸のうち，コミュニティ住宅入居希望者：28世帯，分譲宅地希望者：2世帯で，この地区に戻る世帯は30世帯であり，逆に，事業によって地区外に転出する世帯のほうが，31

世帯と多い（『やまさかだより』第33号）。この事業の目的は，安全・快適・利便の住環境の「空間規範」に照らして問題がある「地域」に対して，基盤整備を図るものである。北九州市が丸山・大谷地区を斜面地住環境整備事業のモデルに指定した「公共的意図」は，住民の上がり・下がりの身体的な負担を軽減し，「居住の安定化」をつくりだすことにあった。たしかに，「階段や坂道の昇降を高低差10m以内に押さえ生活環境を平地と変わらない水準にする」（北九州市2003）ことは困難であると，事業計画の策定段階で，考えられている。だが，事業の現実的効果として，「居住収縮」現象はともかく，人口流出は食い止めなければならない。にもかかわらず，まったくそれとは反対に，この事業そのものが，現在の居住住民を「流出」させている。この事態は，事業そのものにとって，背理ではないか。

　むろん，行政は，より精確にいえば，事業制度の計画技術は，そう考えない。居住住民の転出が計画予測より多いのは，コミュニティ住宅の需要がないからであり，当初計画戸数70戸を60戸に減らして，整合させればよい。また，同様に，分譲宅地区画は，16区画から，6区画に減らす。そう考えている。じつに，明解な「数合わせ」の合理性である。ここでは，住民の転出の自由な意思決定を尊重し，それにことさら介入しないという計画技術の自由主義的な言説編制があらわになる。だが，その一方で，地域住民の意志を補足し代弁するかのように，「道路整備に伴う家屋の除却で人口の流出がさらに進む恐れがある」と述べ，このため，新設道路を減らすという。それは，地域の意志を考慮・斟酌し，計画技術の「空間的は実践」は行使・介入しないというパターナリステックな全体主義的な言説があらわれる。かくて，事業規模が縮小される。総事業費は当初の2000年度59億円から，見直し後は47億円に圧縮された[3]。

　問題は，この面的整備事業の制度設計そのものが，人口の流出や「居住収

---

3) 事業の見直しは，直接的には，「平成16年度北九州市公共事業再評価委員会」からの意見具申に対応したように住民には説明されている。3回，委員会が開催されているが，なぜか，本事業に審議が集中している。第2回などは，本事業のみが審議されている。しかし，その質問の多くは，事業の「費用対効果」を問うものである。

縮」現象を制御できるようにできていないことである。住宅系の任意事業でありながら，計画技術のねらいは，都市基盤，主として，道路整備をする土木系都市計画の課題におかれている。北九州市は，見直し後の計画事業全体の効果について，「不燃領域率」と「未接道・接道不良住宅率」の効果指標のみを呈示している。北九州市のホームページによれば，「事業施行区域」面積1.7haで，ふたつの指標はそれぞれ，事業前／事業後で，2.5％／88.5％，66.4％／0％と記載されている。一見すると，この地区全域に劇的な「住環境」の改善がもたらされているように思われるかもしれない。しかし，これは，この事業の計画技術のすなおな自己表明にすぎない。「事業施行区域」とは，「垂直型エレベーター」の「移動支援施設」と新設道路の区域，ならびに，この事業のために用地買収に応じた従前居住者用住宅を確保する用地区域にすぎない。その新しい公共施設と住宅の区域のなかで，さきの指標が「計算」されているのだから激変するのは当然である。丸山・大谷地区の事業区域全域24haで「効果指標」が算出されているのではない。

　ここで確認されるべきことは，計画技術は，「用地買収」に応じたエリアだけに「効果」を限定しており，ただ，都市の公共施設だけが関心の対象であることだ。それ以外の約22ha，存置戸数821戸は，計画技術の視線には入っていないのである。これを，「計画技術の内閉性」と呼ぼう。したがって，従前居住者がこの地区に戻るか否かは，居住住民の「自由な意思決定」にゆだねられる。また，他地区からの転入者があって人口が回復するか否かは，「市場」が決めるというわけである。まして，「居住収縮」など，問題ではない。たしかに，新設道路は，新しい「交通サービスへのアクセス」の改善，それにともなう「生活サービス」を享受する可能性を与え，「居住サービス」の向上につながると考えられている（社会資本整備審議会 2005: 16）。だが，存置住宅821戸が「居住サービス」を保証されるか否かも，「市場」の需給にゆだねられる。

　そもそも，なぜ，除去住宅の住民が流出したのか。「制度要件」についていえば，分譲宅地，コミュニティ住宅の応募資格が除去住宅の居住世帯に限定されており，しかも仮住まいの家賃はある程度補償されている。にもかか

わらず、とりわけ、持地持家層が分譲宅地に応募しないのは、斜面地の基盤整備コストが宅地分譲価格に反映されるため、除去の補償金では購入した場合、生活再建が困難になるような「制度の仕組み」が原因であると考えられている。これは、事業制度の補助金の仕組みが、「平地」を標準に設計されているためである。では、現行制度の仕組みのままで分譲宅地の需要がみこめないなら、「応能応益家賃」のコミュニティ住宅を増やせばよいのかといえば、その需要も限定的であると考えられている。それゆえ、制度を「斜面住宅地の実態」にあわせて弾力的に運用するか、除去住宅の世帯に応募資格を限定している「制度要件」を緩和するしかない。そうでなければ、住宅用地として住宅を除去されたことになる世帯を含め、斜面住宅地の「住環境」整備の「公共的意図」のために買収に応じた世帯の意志、その結果の「事業用地」が、制度が「障害」となって、活かされないということになりかねない。それができない以上、制度そのものが、「自己収縮」を起こしていることにほかならない。

　この制度の自己収縮は、おそらく、丸山・大谷地区の斜面住宅地の「居住収縮」現象と「密集住宅市街地整備事業」の系列との根本的な乖離、不適合に起因するのではないか。この乖離は乗り越えられるのだろうか。制度の側に即していえば、すでに指摘したように、「計画技術の内閉性」は「居住収縮」現象はいうまでもなく、地域に散在し、潜在する空家・空宅地の全体すら対象としているわけではない。「反まちづくり的構造」を備えている。そして、計画技術の介入の言説はみごとなまでに近代的に編制されている。一方で、介入された住民の判断については、主体の意思決定を尊重する自由主義的な「市場」と相関する言説を行使し、他方、介入しない根拠には、地域（住民）の意志を尊重する全体主義的な「国家」と相関する言説を行使してみせる。したがって、そこには、「協議」の余地はなく、計画技術の再帰性の可能性は低いと考えられる。しかし、事業の全体的な帰結、計画不適合な運用実態の認識によって、事業制度の運用が転移的に再帰しうる。なぜなら、事業にとって計画不適合な状態は事業自身の存在理由にかかわり、計画技術以外の局面で変化せざるをえないからだ。

他方，地域社会，住民の側にも，自由と規制をめぐる循環の言説があり，社会的実践としてのまちづくりがこの循環を慎重に回避しようと模索しつつあるといえよう。そのあらわれが，たとえば，推進会と研究会による地域住民組織の二重化ではないか。推進会は，制度的な担保がないにもかかわらず，まちづくりの6原則を住民に提示し，制度的な介入に対する住民の判断座標を与えた。研究会は，制度の空間的実践が及ばない社会的実践の領域をつくりだしながら，任意ではあっても，地域の連携体の実践的可能性を示したのである。そして，こうした地域社会でのまちづくり実践の動向が，事業制度の運用の転移を促す力になると思える程度に，都市法領域の法・制度は脱近代化しはじめている[4]。

　「人口減少」の時代を迎えつつあるこの国では，丸山・大谷地区のように，「住宅継承」が成立せず，しかも，住宅市場にのらないまま，「空家」「空き宅地」として放置された「住宅ストック」が累積する「地区」が，顕在化しはじめている。そこでは，これまでの「住環境」の「空間規範」（安全／保健／利便／快適／持続可能性）にもとづく政策だけでは，この「居住収縮」現象に対応しきれない。「居住収縮」現象は，たしかに「住宅ストック」の状態にまずあらわれる。しかし，「居住収縮」現象は，「住宅」という建物の性能や様態が問題なのではない。むしろ，住宅と宅地を介した人の生活の営み，その物在の繕い方を，地域の自発的な相互性の水準で取り戻していく「集住の規範」が今日あらためて問いかけられているのではないか。だからこそ，たとえば，「やまさか暮らし研究会」の現代的コモンズ化の試行が「空間の表象」とは別の次元で「生きられる経験」を創出するように，多様な「社会的実践としてのまちづくり」が叢生している。そして，そこには，「ローカル・ガバナンス」が存在する。

---

4) この観点から，今後は，「まちづくり交付金制度」の運用実態に注目すべきであろう。

参考文献

浅見泰司編 (2001)『住環境』東京大学出版会。
本間義人 (2005)「戦後住宅政策の終焉」『世界』9月号。
丸山・大谷地区まちづくり推進会編 (1996-2005)『やまさかだより』第1～36号。
松尾敬一郎 (2000)「斜面住宅地における共用空間の地域共同管理に関する研究」『日本建築学会大会学術講演梗概集』日本建築学会。
森反章夫 (2005)「街づくりとローカル・ガバナンス」地域社会学会編『〈ローカル〉の再審』地域社会学会年報第17集。
社会資本整備審議会住宅宅地分科会基本制度部会 (2005)「新たな住宅政策に対応した制度的枠組みはいかにあるべきか」。
志賀　勉 (1999a)「パートナーシップによる斜面住宅地のまちづくり活動」『北九州都市協会研究報告集』北九州都市協会。
―――ほか (1999b)「斜面住宅地における住宅・宅地のコミュニティ管理にかんする研究」『日本建築学会大会学術講演梗概集』日本建築学会。
――― (2005a)「北九州市における斜面市街地の現状と課題」『新都市』第59巻2号。
――― (2005b)「やまさかのまちで共に学ぶ」『アクティブ』第12号。
やまさか暮らし研究会 (2003)「パートナーシップによる『やまさか』のまちづくり」。

第7章
「複数化」する都市のセルフ・ガバナンス

1 都市社会におけるセルフ・ガバナンスの可能性

　近年の「地方」「地域」，または「ローカル」に対する注目の高まりは，1970年代末「地方の時代」（長州 1978）が叫ばれて以来ではないかと思われる。現在の状況が1970年代と異なるのは，「地方政治をめぐる階級対抗の問題は，国家独占資本主義体制『解体』に結びつく社会的矛盾のひとつの結節点として注目をあびている」（古城 1977: 157）というような全体社会との関連はいったん切り離され，むしろローカルの独自性を追求する方向で事態が進行していることにある。かつていわれたように「地方から攻め上って」中央の公共性を作り直すのではなく，それぞれの足もとで，それぞれ固有の地域・都市社会の公共性を作り直すという動きである。住民投票に象徴されるローカル政治の再活性化と NPO・ボランティア活動の隆盛は，新しい公共性が，中央の動向からは独立したものとして，ローカル・レベルで形成されつつあることを示している。なかでも，変容しつつある公共圏と親密圏の「隙間」のような領域が注目されており，障害者・野宿者・外国人など見落とされてきた集団・個人の生を都市・地域社会学の研究対象として取り上げていこうとする指向が学問的にはみられる。これら「下から」都市・地域をつくっていく動きが本章の焦点となる。

　上に記したような状況に名前をつけるため「セルフ・ガバナンス」（self governance）という用語を導入したい。ガバナンスという用語は，「コーポレート・ガバナンス」「国際政治ガバナンス」「環境ガバナンス」など多様な分野で定着しはじめており，地方社会論でも早い時期から使われている。た

とえばイギリスでは「local governance は地方における経済的，社会的環境を管理する諸関係のあまりフォーマルでない構造であり，換言すれば，地方政府・中央政府の諸関係，民間部門および市民グループ間の諸関係である」（ハンプトン 1996）というような定義がある。これら，地方政治の分野における governance 概念の意味内容は，「共治」や「協治」という日本語訳があてられやすいことからもわかるように，市民と政権とのパートナーシップによって新しいローカルの公共性を創出するような意味合いが与えられている。何よりも，ガバメントとの違いを浮き彫りにするために使われはじめたわけなので，政府のみが特定の領域をコントロールするのではなく，多様な主体が公式・非公式な協力・競争・連携・対立のなかで領域秩序を形成していくという含意がある。

　この「ガバナンス」という言葉に「セルフ」という語を被せることにより，住民と関係主体が足もとのローカルで固有の文化をもつ地域に目を向け，対立と協力のダイナミズムのなかで新しい関係性やローカル公共性，ひいては都市社会の新しい秩序を形成しようとする行為，というような意味をもたせることができる。なぜ「自治」（self government）と言わないのか，と疑問をもたれる読者もいるかもしれない。2つ理由がある。第一には，日本における地方自治が，外発的な枠組みのなかで形成されてきた歴史があり，現在もなお，枠組みそのものを疑う態度が醸成されにくい側面があるためである。「住民投票をきちんと地方自治法の中に位置づけてほしい」というような要求はその典型であり，各地方固有の事情に即して，独自のアイデアのもとで取り組まれるべき地方自治が，中央から与えられるものになっていることを示唆している。のちに触れるように，「アメとムチ」と呼ばれた誘導策によってわずか数年のあいだに千以上の市町村が減少する見込みの「平成の大合併」にも，同じ構図をみてとることができる。本章では，枠組みそのもの，問いの構造そのものを問い直すことこそ真に「住民が自ら治めること」につながるという観点を明確にしたい。第二に，いまローカルにおいて問題になっているのは単なる government，つまり議会・行政を中心とする制度政治（公）領域の再編だけではないからである。そもそも市町村合併によって基

礎自治体は巨大化し，その制度領域は人びとの生活から相当乖離しつつある（合併後の市議会議員は，かつての県議会議員ほどの距離の遠さをもって実感される）。こうなれば，「公」よりも身近な領域で，かつ「私」領域と直接接するような「公共」の領域の組み直しこそ争点なのだ。

　以上のことから本章では，「セルフ・ガバナンス」という用語を押し通すことにするが，これは筆者の造語というわけではない。たとえばインターネットの世界は，もともと「ボランタリー原理によるセルフ・ガバナンス」によって運営されてきたという歴史をもつ[1]。また近年では，公益法人改革について，当該法人の「セルフ・ガバナンス」を確立すべきだ，という文脈でも用いられる[2]。

　日本のローカル・レベルにおいて，政府以外の主体が登場しながら秩序をつくっていこうとする動きの先駆けは，1990年代の住民投票運動ではなかったかと思われる。国家政策に独占されてきた「公共性」へ異議申し立てを行ない，ローカルの事情と共鳴を踏まえた自己決定を目指す動きであった。たとえば新潟県巻町で組織された「住民投票を実行する会」の「カネで人の心を買う政治を終わりにしよう」というメッセージは，町民のあいだに次のような共感を生んだ。「このままでは巻町は腐ってしまう。カネではなく高潔で誇り高い町を孫たちに手渡したい。実行する会ができて，みんな目が覚めたんだ」[3]。徳島住民投票についても同じような挿話が紹介されている。投票率50％を切ったら投票用紙を焼き捨てるという厳しい制約のついた住民投票であったため，「第十堰の会」の人たちは投票日1月23日を示すプラカードを市中心部の「かちどき橋」で掲げるのを日課にしていた。投票日の

---

1) たとえばICANN（Internet Corporation for Assigned Names and Numbers）はこのような原理によって設立されたものであり，関係者のあいだでは自己統治（self governance）がキーワードとなっている。
2) たとえば，内閣官房行政改革推進事務局が2002年に発表した「公益法人制度の抜本的改革に向けて（論点整理）」に，セルフ・ガバナンス（法人の自己統治）という言葉が登場する。
3) 自民党代議士後援会の中心人物だった巻町の石塚又造氏の証言。

3日前に雪が降ったが，日課は続けられた。その日，会のホームページには書き込みが殺到したという。「感動しました」「車を運転しながら涙が止まりませんでした」と（今井 2000）。客観的現象としては「住民投票123」と書いたプラカードを持った人びとが橋の上に立っていただけである。それがこれほどの共感の輪を広げたのは，「圧力に屈せず住民投票を成功させよう」という無言のメッセージが伝わったからにほかならない。こうして「弱い主体」でもありうる人びとが，「強い主体」であることを引き受けたことがひとつのポイントだったかと思われる。すぐに挫折しかねない立場にある「弱い主体」が，利他的に運動を始めたという動機が伝わるなかで，人びとはようやく運動者に共感し，そこにローカルな公共性が立ち上がる。

　さて，1990年代は政策のレベルでも地方分権推進委員会設置に象徴される制度改革が進められ，象徴的なできごととして国と地方の上下関係を設定してきた機関委任事務は廃止された。2000年以降になると「戦う知事会」という形容が登場するように，地方団体と中央省庁が分権をめぐって対立し交渉するようにもなる。2002年には「構造改革特区」制度が導入されるなど，特定の場所空間でのみ分権化を実現するような政策が顕著になってきている。したがって社会関係をかきまわす主体が存在する自治体は，さまざまな制度を利用してかなりのフリーハンドを手に入れられるようになった。まちづくり基本条例を制定した北海道ニセコ町，観光資源としての「黒壁」に硝子産業を組み合わせた株式会社方式により，衰退した中心市街地の再生に成功した滋賀県長浜市などはとくに有名である。このように「小さくても輝く自治体」が多様な取り組みを進める一方，自立できない自治体は合併やむなしという流れとなり，いわゆる「合併特例法」の期限が2005年度末で切れるのを目指して，都道府県によっては県庁の存在意義が疑われるほどの大規模合併が行なわれている。一段落すれば都道府県合併と道州制の検討が日程にのぼってくることだろう。

　しかし，地方自治の国際比較をしたとき，基礎自治体数が異常に少なく，また異常に広いことは注意しておいてよい。たとえば日本で都道府県として五番目に大きい新潟県は，「平成の大合併」により，1999年時点で112あっ

た市町村数が，2005年度末には35へと，実に3分の1にまで減る見込みである。これにより県内一市町村の平均人口は7万735人となる。フランスの平均1,565人，アメリカの7,100人との比較は言うに及ばず，先進主要国のなかではもっとも基礎自治体が大規模なオランダの19,122人よりもはるかに大きい（工藤2003）[4]。ところで目を転じると，どの都道府県も新潟のようになったわけではない。面積の広い北海道では，212あった市町村が180になるに止まっていて，こうした基礎自治体のあいだの「まだら模様」ぶりも今後，問題化してくることだろう。

このように，セルフ・ガバナンスをめざす草の根の動きが激しく展開する一方で，制度改革は混迷しがちな2005年現在の状況を整理し，いわば「虫の目」から今後の都市社会像を見るために，次節では1990年代末くらいから本格化してきた住民活動・NPO活動の現状を描写してみよう。

2　セルフ・ガバナンスの展開と質量——北海道を事例に

1）セルフ・ガバナンスの例示

全国的な活動をバラバラに取り上げるとまとまりがなくなるので，本節では，筆者がたまたま関わりを多くもっていた北海道に重点をおいて，いくつかの活動を紹介する。

本章の第2節2項でもみるように，この10年間における福祉系の市民活動・NPOの増加は著しく，活動の質量がもっとも目立つ領域となっている（渋川2001）。札幌では，ボランティア情報の結節点として『ボラナビ』というフリーペーパーが毎月発行され，また後述する市民メディアのひとつとして「みてねっと北海道」が動画で「NPO図鑑」を作成し，ボランティア

---

[4] ただし，イギリスにおけるcityレベルでの平均人口は119,831人に達するが，cityの内部には徴税権すら持つparishやdistrictが多数存在しており，この場合の基礎自治体はparishと見なすべきだろう。

組織のディレクトリ化につとめている[5]。

　そうしたディレクトリのなかから事例を抽出してみよう。美幌町では「高齢者こんびに　ば・じ・る」というコミュニティ・スペースを中心商店街の空き店舗を利用して設置した。ここではまちの縁側に立ち寄る高齢者たちが互いを支え合うような，ケアを中心としたコミュニティが成立しはじめている。「ば・じ・る」とは「ばあちゃん・じいちゃん・るんるん」の略である（倉原 2004）。江別市野幌における「サタデーのっぽ」は（倉原 2004; 中澤・大國 2005），商店街の空き店舗を改装した「ほっとワールドのっぽ」と呼ばれる場所を拠点とし，札幌のベッドタウンとして「住むための町」である野幌の実情を踏まえ，子どもが地元に愛着を持つことを目指す活動である。週休五日制への移行をきっかけに，土曜日の午前中を利用して，大学生を中心とするスタッフが中心になって，地域の大人・資源とふれあう活動を行なっている。

　福祉まちづくり系諸活動の活発化は，単に少子高齢社会への対応に止まらず，これまで地域社会から隔離されてきた異質者・弱者が地域に溢れ出す動きとも共鳴している。1970 年代まで，福祉施設は遠く離れた山里に建設され，稀に住宅地に建設される計画がもちあがると，潜在的に資産価値の下落を心配する新住民の反対運動に直面して断念するというようなケースが多かった（副田 1980）。そのなかで提唱された「ノーマライゼーション」という理念も空回りしがちなところがあり，支援者たちの悩みも深かった。

　ところが 1980 年代以降になると，これら排除されてきた人びと自らが，地域で暮らしたいとの意思表明を行ない，ときには強引に地域に溢れ出す動きが本格化する。その先駆的な運動を担ったのは北海道の諸団体であるといってよい。強い主体であることを引き受けた障害者たちが，何の見通しもないまま地域に飛び出し，ある種強引に社会を変えていくのである。たとえば，『生の技法』（安積ほか著 1998）によって全国的に有名になった札幌市の

5）それぞれのホームページの URL は次のとおりである。ボラナビ倶楽部　http://www.npohokkaido.jp/volunavi/，みてねっと北海道　http://www.mitenet.or.jp

「青い芝の会」は「健常者と障害者は分かり合えない」という過激な思想を掲げ，バスには車椅子が乗れないとされていた時代に，バス停に待ちかまえて「乗せろ」と要求する，アメリカ公民権運動を彷彿とさせるような運動を展開した。浦河町の「べてるの家」は（四宮 2002），「べてるでは問題はなーんも解決していません」というコメントに象徴される自然体によって地元コミュニティにとけ込み，障害も個性であるという思想をごく自然に普及させていくことになる。このように障害者，少数民族などのマイノリティ部分が，Empowerment をキーワードにしながら地域生活者としての権利と機会を勝ち取ろうとする動きが，この 10 年ほどでローカルに溢れ出してきた。これらの運動は短期間に「自己決定」をキーワードとした地域福祉政策への転換を促す原動力となったが，依然として施設や自宅に置き去りにされている障害者や，障害者と呼ばれることを拒否する人びとも潜在化していること，また第 3 節で述べるように突然の政策的包摂に対して混乱し消耗する危険もあることにも触れねばなるまい。

　また，都市にとっての他者という点では，農村もこれまで都市から見捨てられる存在としてのみ感受されていた。「農都交流」の必要性は早くからいわれ，各種団体がつくられていたものの，的はずれな施設・政策や例外的ケースにとどまるものが多かった。ようやく真剣な取り組みが結実してくるのも 1990 年代後半以降のことであろう。北海道でも札幌近郊の由仁町などで，都市民の定住を誘導する政策，クラインガルテンの整備，また地産地消運動などというかたちで都市との連携がはかられている。より壮大な計画としては，「団塊世代の帰農」を見据えて伊達市などのエリアを「北の湘南」と呼び，海外ではなく北海道で定年後の生活を設計することを呼びかける，という運動もある。実際この時期，都市民にとって農業体験がツアーの対象となりはじめ，アグリ・ツーリズムないしグリーン・ツーリズムが本格化してくる。すでにマス・ツーリズムの時代は終わり，観光の個人化とストーリー化が指摘されていたが，こうした風潮と農都交流の動きとがようやく噛み合いはじめたのである。こうした交流が国際レベルにまで拡大する兆しもみられる。北海道ではすでに台湾・香港からの観光者が柱となりつつある。地元メディ

アもまた，台湾で放送される「北海道アワー」という番組の制作というようなかたちでそれを支えている。

　メディアという点でいえば，市民が自らの地域について自ら情報を取得し，考えていこうとする「市民ジャーナリズム」と呼ばれる動きもある。1980年代からいわれていた「地域情報化」政策は，ハード偏重で内実を欠くと批判され続けてきた。この欠落を，市民のネットワークが埋めたともいえる。思潮としては，北米で普及していた「パブリック・アクセス」ないし「パブリック・ジャーナリズム」という動きを踏まえている（津田・平塚 2000）。札幌市の web ページ制作の一部を受託している「シビックメディア」は，札幌についてのさまざまなニュースや観光案内を市民の立場から取材し，web 動画として配信する運動を展開している。情報技術による他者との交流であると同時に，市民が自らの場所について等身大の自画像を描く試みでもある。

2) セルフ・ガバナンスの全体像

　以上のような例示をみて読者は，こうした活動の全体像を知りたいと考えるだろう。それはもっともなことであり，1980 年代まで地域社会学の分野でそのような試みも多くなされてきた（似田貝 1990; 町村 1987）。しかし今日，市民活動の分野が飛躍的に拡大したため，十分な準備のない本稿では NPO 数に関わる統計データを若干紹介するのがせいぜいである。

　周知のように NPO 法人は認証制であるため，所轄庁は登録された団体データを公開している。その際，活動分野・所在地も登録されているので，それらから一定の傾向を読み取ることができる。実際には NPO 法人格を申請しない市民活動団体も多いので，もちろん全体像を反映した数字ではありえないが，参考にはなるだろう。

　北海道庁のサイト[6] などによると，2005 年 6 月末現在，北海道で認証さ

6）北海道庁生活振興課市民活動グループによるページ「北海道の NPO」http://www.pref.hokkaido.jp/kseikatu/ks-bssbk/npo.index.htm など。

表1 北海道と東京・神奈川におけるNPO法人の認定状況

	北海道	神奈川県	東京都
認定NPO数 （2005年6月末，東京都は5月末）	883	431	5,067
人口1万あたりNPO数 （2004/10/1現在の人口で計算）	1.56	1.65	4.12
もっとも登録の多い分野と全団体に 占める割合	保健医療福祉 42%	保健医療福祉 52%	NPOの支援調整 50%
二番目に登録の多い分野と割合	まちづくり 15%	子どもの健全育成 22%	社会教育 47%
三番目に登録の多い分野と割合	学術文化芸術 スポーツ 12%	社会教育 20%	保健医療福祉 45%
県庁所在地（都は区部）の団体数と 全体に占める割合	426（51%）	642（45%）	3,407（67%）

註：東京都は活動分野を複数登録しているため，合計は100%を超える。
出所：筆者作成。

れているNPOの数は883である（表1）。このうち札幌市内が426とほぼ半分を占める。分野別では、「保険，医療，福祉の増進」が42%と多く，「まちづくりの推進」（15%）「学術，文化，芸術又はスポーツの振興」（12%）「環境の保全」（11%）と続く。比較対象として東京・神奈川についても調べてみたが，分野別の傾向や，県庁所在地への集中度にそれほど差はないようだ。ただし北海道の場合，「まちづくり」が二番目に登録の多い分野となっているのが特徴といえよう。

それにしても，県庁所在地に活動が集中していること，また人口あたりNPO数でみると東京が突出していることが印象的である。ここから，都市規模によってセルフ・ガバナンスの，少なくとも「量」的側面には大きな違いがあることが示唆される。この点を，次節で突っ込んで論じてみたい。

3 都市と／のセルフ・ガバナンスの複数化

1）都市間競争と複数化

　1990年代における成長の終焉のなかで，「都市間競争」は自治体関係者のキーワードとなった。たしかに欧米においてはEU統合などの「国家の衰退」によって，国家の庇護が受けられない都市の生き残りをかけて「都市間競争」概念が登場してきた。ただ日本において四全総以降に普及してきたこの用語は，財政危機のなかで，「経済的・行政的厚生の増大をめざす」ために危機感を煽る論理ではないか。たとえば「今日，地域経済の発展は産地間競争の論理に支えられているが，今後の都市行政の発展は，この産地間競争の論理と似た都市の『自治体間競争』及び都市づくりまで射程に入れた『都市間競争』の論理に支えられていく」と佐々木信夫はいう（佐々木 1990: 121）。さらに彼はこの時点で「国際都市間競争」ということまで唱えている。しかし日本ではEUと異なり，国家より大きな主体が登場したわけではない。

　そもそも都市間競争といっても，並列型競争と縦列型競争に分けるべきだろう（中村 1995）。並列型競争とは，同格の大規模都市のあいだにおける都市機能充実競争であり，「格の競争」でもある。中心業務地区機能間競争（三大都市），地方中枢都市間競争（札幌，仙台，広島，福岡），地方中核都市間競争（新潟，金沢，岡山，高松，熊本など）が昼間人口獲得競争であるとすれば，大都市圏衛星都市間では夜間人口の獲得をめぐる競争が繰り広げられる。一方，異なる都市階層間の競争は「縦列型競争」と呼べる。広域圏内・県内での立地誘導競争や，産業や人口をめぐる郊外と中心の駆け引きがその内容となるが，産業空洞化や人口減少という局面になれば，この縦列型競争が消耗戦にしかならないことは明らかだろう。

　佐々木のいう「都市間競争」は，暗黙のうちに並列型競争を想定している。しかし地方小都市エリート層にも漠然とした「都市間競争」意識だけは蔓延している。そして，国が提示する諸政策もまた，モデル事業やパイロット事

業、構造改革特区といった、市町村からの申請により特色あるものだけに予算をつけるようなやり方が主流となっている。しかし、地方小都市が過疎化や体力低下のなかで、スタートラインの違う縦列型競争をしても、「小さくても輝く自治体」としての固有性がよほど強くないかぎり勝ち目はない。

　さらに前節でも示唆したように、セルフ・ガバナンスについても、大都市のほうが展開しやすいようだ。東京都には人口あたり圧倒的に多いNPO法人が存在するが、そのなかで郡部に存在するNPO法人数は17にすぎない（2005年5月末現在）。実際、一定規模以下の衰退型都市では、しばしば主体が見あたらない状況が生まれることが、「まちづくり」関係者の悩みの種となっている。ボランティアや主体に満たされる空間がひとつの現実であると同時に、グローバル化の進展にともない「『妻の総労働力化』と並んで、『夫を含めた雇用の総不安定化・流動化』が進行し」「『落層・平準化』が進みつつある」（鎌田 2000）のも現実である。後者の人びとにとって生活は厳しく、市民活動どころではない。

　このように、都市規模という観点からみても、それと関係したセルフ・ガバナンスの展開度合いからみても、〈地域〉[7]というリアリティ自体が場所によって相当異なっている状況が生まれてきた。これは、戦後日本においてはじめて現われた現象であろう。このことを本章ではかりに「複数化」と呼びたい。いくつかのベクトルに分裂して、それぞれの方向を目指すような動きに仮につけた名前である。政治学でいう「多元化」（pluralization）のように主体間の抑制と均衡という含意があるわけでなく、「多様化」（diversification）に近いニュアンスではあるが、単に「いろいろある」ではなく有限のベクトルに場合分けできるということであり、傾向性がより明確になってくれば別の用語を与えることができよう。ここではとりあえず、「複数化する」現実を三類型ほどに整理してみたい。

---

[7] 本章のなかで、とくに〈　〉づきの〈地域〉という用語を用いるときは、伝統的な地域社会学が対象にしてきた、「いわゆる地域」という含意が込められている。すなわち、領域性（regionality）・共同性（communality）・場所性（locality）の三要素によって統合されている社会ということである。

①再編される〈地域〉

NPO や市民活動というかたちで、政策を脱構築しながら〈地域〉を再編成している動きが顕在化し注目されている。事例としては大都市近郊や政令指定都市に多発するか、または先述したような「小さくても輝く自治体」に散見されるという両極端な現象である。

筆者の調査した事例でいえば、「環境自治体」鎌倉市はこの類型に該当する（中澤 2004）。環境自治体を標榜する市長のもとで、さまざまな市民活動が「環境」の定義をめぐって衝突しながら地域を再編成していた。行政のリストラと市民のイニシアティブが交錯しながら、市民と政策との距離が成熟してきているようにみえる。このほか、ローカル・パーティを目指す動きなども、こうした地域再編の一環であろう（地方議員政策研究会 1998）。

また、女性、障害者、少数民族などのマイノリティ部分が、Empowerment の政治のもとに構造化され、しばしば無理をしながら「強い主体」像を引き受ける動きもここに分類できる。ただし、民主党が 2000 年に唱えた「NPO による雇用創出 120 万人構想」のように、これら〈再編される地域〉が身の丈にあわない期待を受けるという状況もある。「福祉サービス体系に無防備に位置づけられることによる住民活動の『消耗』」（清水 2001）は、すでに多くの現場で指摘されている。

②プロト〈地域〉

〈地域〉で顕在化していない場所、いわばプロト〈地域〉にも、集合的主体の契機がみられないわけではない。このようなプロト〈地域〉は、さらに分ければ 2 つのベクトルとして現われ、上記の「再編される地域」の隙間に顔をのぞかせている。

ひとつは、弱い主体として他者に向き合い、そこから集合的主体をつくりだしていこうとする動きである。阪神大震災後に展開した NPO やボランティアたちが発見したような、「公共圏」と「親密圏」の隙間にある、「見捨てられた境遇」（アレント 1973）の人びとへのケアを進めていく運動が典型である（似田貝 2001）。これら密やかな動きは、やがて「市民権の政治」として顕在化するかもしれないし、self-help group のように潜在化し続けるかも

しれない。

　一方，メディアを媒介にして，いったん地域性とは切り離された共同意識が形成され，それが既存の〈地域〉と関係したり逆に攻撃したりする動きもみえてきた。若者を中心に既存の〈地域〉内に役割をもたず，発言のチャンネルを相対的に剥奪されてきた人びとは，「弱い主体」を既得権集団として攻撃するという方法論を発見しつつある。この若者集団と保守勢力とが暗黙の連携をくみ，これまで「弱者」とされてきた人びとや周辺の社会運動を「サヨ」などと蔑称して排斥する動きが，言論活動を萎縮させるまでに成長している。「外国人犯罪」「テロリズム」などのキーワードに過剰に反応し「体感治安」の悪化を根拠に，リスクに対する防衛を契機に擬似共同体を形成する動きもある。ゲイティド・コミュニティの一種といえる管理人常駐・セキュリティ完備のマンションが各都市に林立しているのは，こうした趨勢の象徴であろう。こうした擬似共同体が優越するような領域が成立すれば，それはリスク〈地域〉とでも呼ばれることになるだろう。

　このリスク〈地域〉では，リスクを共有していることによる人びとの無意識的な共同性が形成され，リスクをヘッジできる立場の者への荒々しい攻撃，一方では「弱者」へのリスク移転，ナショナリズム的感情の高まりといった現象が予測される。

　③古典的〈地域〉

　人口10～30万程度の地方都市ならば，旧来の研究手法による地域集団把握がなお可能であろう。古典的に〈地域〉が成立している社会といえる。しかし古典的〈地域〉は，グローバルないしナショナルな経済状況の影響を強く受ける社会でもある。中央レベルの経済政策に沿ってもたらされる小さな事業機会（small opportunities）が断ち切られたとき，拓銀破綻後の北海道経済に典型的にみられるように，生活者の「落層・平準化」が進むのである。こうした〈地域〉の現実は，構造分析や階級・階層分析など伝統的な枠組みがかえって有効な状態であり，地域集団の動向は，似田貝・蓮見（1993）が指摘したような都市コーポラティズム化の度合いを強めているように思われる。そこから排除される階層や個人の問題も発生してくるだろう。

以上のような類型化は暫定的なものではあるが，それぞれ異なる地域特性のなかで展開されており，別々の研究者が別々の争点として研究に取り組んでいる。このような「複数化」がおおむね妥当と仮定したとき，類型をつくりだすようなメカニズムはどのように働いているのだろうか。私見ではあるが，前述した都市間競争に耐える体力という意味での都市規模の問題のみならず，リテラシーの格差ともいうべきものがともなっているのではないか。

2）セルフ・ガバナンスの分断？

　そもそも，情報のいかがわしさを真に知っているのは，情報の生産点に近く，直接情報行動の機会が多い人びとだという逆説がある。これはメディア研究において「知識ギャップ仮説」（社会に流通する知識が増えると，情報処理能力の差のために，むしろ知識をもっているものとそうでないものとの格差は拡大する）と呼ばれている法則性と同型である。この，いわば「リテラシー・ギャップ」の証拠として，表2をあげておきたい。この調査結果は，直接情報行動時間（人に会う時間）が多いのが関東圏の人びとであり，地方居住者はマスメディア，とりわけテレビ漬けになっているという，常識とは異なる実態を示唆している[8]。ただし，統計的に有意といえない部分があることに注意が必要である。

　直接会って得られる情報こそ価値が高いことは，ビジネスの世界ではよく知られており，だからこそ東京一極集中は加速するばかりである。直接情報を経済的機会として活用できる人と，そもそもメディアに載らない情報があることすら知らない人びととの格差は，このような情報行動の差異によって，さらに拡大していくのではないか。原理的に情報金融資本主義とは，格差を利用して資本を移動させることを原理として成立しているのだから（内橋2004）。

8）このことは，NHK県別生活時間調査2000による都道府県別の一日の視聴時間の差異によっても傍証された。東京都の平均視聴時間が3時間05分であるのに対し，北海道は3時間46分，青森県は3時間52分という日平均視聴時間を記録している（牧田2001）。

表2　各種情報行動の地域差（2000年）

数字は一日あたり情報行動の平均を示す（単位分）

	北海道	東北	関東	中部	近畿	中国・四国	九州
直接情報行動（対人行動）	73.5	83.4	85.7	82.2	78.2	79.5	75.9
マスメディア接触型（TV・ラジオ）	244.7	228.2	210.5	227.7	230.0	213.9	192.1
	a	ab	ab	ab	a	ab	b

原註：ただし，ab は同記号間では DUNCAN 法により $p<0.05$ の有意差がないことを示す。
出所：東京大学社会情報研究所（2004: 44）。

表3　再編される地域・プロト地域・古典的地域

	再編される〈地域〉	プロト〈地域〉	古典的〈地域〉
主として該当する範域	大都市・中核都市郊外	インナーシティや周辺地域	地方都市
リスク	低い	リスク／リスクヘッジを（擬似）共同化	高い
情報リテラシー	高い	中間	低い
公共性	新しい地域公共性	公共性の模索／切断	萌芽を見つけにくい
旧来の政策との関係	新しい実験的政策の適用	新旧の政策にとって考慮の範囲外	旧来の政策は縮小

出所：筆者作成。

　これまでの議論をまとめると表3のようになる。このうち再編される〈地域〉では，感動や共感を契機にして新しいローカル公共性が形成されつつあり，それは環境政策や福祉政策を軸にしたものとして現われている。一方，地方都市を中心とする古典的〈地域〉は，引き続き旧来の政策やグローバリゼーションの影響を強く受けており，地域集団分析や階級・階層分析による実態把握が必要だ。さらに〈地域〉に潜在している集合的契機として，これまでの公共圏と親密圏の隙間に入り込んでしまった人びととのリスクを共同化していこうとする志向があり，逆にリスキーと感じられる他者の排除によってリスクヘッジを擬似共同化していくような傾向性も看取できる。これらをプロト〈地域〉と呼ぶことができる。

このような空間の分断状況は，〈地域〉を考察することを，ましてや〈地域〉を理論化することを，さらに困難にしている。地域空間の分断を越えるために，どのような理論と処方箋がありうるのか。ひとつの方向性を提示して本章を閉じたい。

4　生命圏（Bioregion）のほうへ

　現代の金融資本主義は「生産力」ではなく「空間」の落差を根拠として利益を増殖させる。ルフェーブルはつとに工業生産に対して金融を「第二の産業循環」と指定していたが，たしかに慧眼であり，資本主義は国際金融市場が成立する1980年代頃から新しい段階に入ったのである。内橋克人もまた，今日の金融工学を駆使した資本主義が空間のあいだに存在する「落差」を利用して増殖することを看破している（内橋 2004）。現在日本の大都市では，この「フローの論理」がさらに複雑怪奇な姿となり，土足で固有性と歴史をもった「場所」に踏み込んでいる。

　すなわち都市無計画による「都市再生」といわれるように，2000年以降に行なわれている東京都心再開発は，巨大資本が各種建築規制から完全な自由を獲得したうえで高集積型都市空間を構成して，そこに人や資本や文化を誘引していく。しかし，これらの空間がいつまでも資本を惹きつけられる保証はなく，投資・使用の対象として魅力を失えば別の「都市再開発」空間へと資本も会社もヒトも逃避していくだろう。こうして世界をかけめぐる「フローの論理」に対置できるのは「場所の論理」である。これに関連して，大分県湯布院温泉のまちおこしの中心人物である中谷健太郎氏のコメントを，少し長くなるが引用してみたい。

　　農村の力こそ都市に持ち帰って，それを磨き上げて勝負する以外に地方都市が生きる道はないのではないか，と僕は最近思っているのですが，そういうことを身をもってやっていたのが金沢や北陸の地方都市でした。農

村で紡がれた糸を町に引き上げて，色を染めたり模様を刺繍したりして，京都にも負けない織物に仕上げることに賭けてきた。この仲買システムの中心にいる人たちは，今風に言うと地場産業のプロデューサーのような存在で，織物だけでなく工芸品や和菓子なども，原料を育てる農村の人たちと，それを加工する町の職人たちの間に立って，その両方を指導したのです。そうやってものづくりを育てるエネルギーが続いていた間は北陸の都市や農村はうまくいっていたのです。

（中略）

僕らは湯布院という生活圏を固持して，「ここにいらっしゃいよ」と訴えてきた。湯布院という特定の空間を色濃くするために，生活圏はできるだけ顔見知りの空間でありたいのですが，当然，そこで生産されるものだけでは生活できませんから，必要なものを外から入れます。それをできるだけ近くの地域から持って来るように工夫して，最終的に手に入らないものだけを，外の，ゲリマンダーの遠いところから入れる。そういう発想をしていくと，みんなでどうやってこの地域を盛り立てていくかという産業計画のようなものが，観光とか農業とかいった枠にとらわれずに見えてくる。「地球の上に一緒に生きている人たち」というイメージを大事に育てていくために「農村にとって都市はすごく大事だし，農村があってこそ都市がある」という関係を築き上げていかなければと思うのです（中谷2004: 44-45）。

このように中谷は，個別の農村地域を，その場所の中核となる都市が「プロデュース」するという発想をもち「村のいのちを都市の暮らしへ」というスローガンを唱えている。こうしてプロデュースされる「生活圏」のことを，本章では生命圏（Bioregion）[9]と言い直しておく。風土に規定された顔見知

---

9) これは玉野井芳郎の提唱する「生命系」（玉野井 1984）に似た概念であるが，より厳密に，北米で彫琢されてきた"Bioregionalism"の用法に従うため「生命圏」という言葉を使う。

りの領域内でモノとコトを調達する優先順位を高め，地域内で物質・経済・文化・関係が循環するようなシステムをつくりあげることである。ここには，明らかに時間の経過のなかで特定の場所に蓄積された固有性と文化があり，フローの論理からは導かれない価値観がある。この固有性と文化のことを一般に「場所性」と呼んでいる。

　Bioregion という言葉自体は，「社会的エコロジー」（social ecology）を唱えたブクチンの系譜に連なりつつ，自然により統治される地域，人間サイズの組織としての生命＝地域（Bioregion）を考えようとする Sale（1985）らによって提唱された。生命圏は風土と密接に結びついていて，水系や山脈によって成立する領域のなかで，できるだけ自立的な物質循環と暮らしを実現していこうとするものである（McGinnis 1999）。それにもとづき北米では，いくつかの都市・地域において生命圏の循環をつくりだすような政策的試みがなされている（Roseland 1998: part 2）。再生エネルギー促進の一環として地域冷暖房システムはカリフォルニア全域で試みられているし，イサカ市では地域通貨の導入，環境ビジネス，コミュニティ農林水産業の促進などが図られている。

　これまで日本における都市社会は，人口増の圧力により「押し出された」空間としてあった。このとき都市はフローの論理に従属しがちで，単なる機能競争・施設立地競争によって人口獲得を競うしかない。そうではなく「生命圏をプロデュースする」「セルフ・ガバナンスの拠点」へと転換していくことは，各都市の固有性を紡ぎ出していける方向性であり，いたずらな自滅的競争に惑わされずそれぞれの場所性を存続させていく戦略であろう。中谷氏にみられるように，「いのち」に接している農村の声に，耳を澄ませる時期なのではないか。

　本章では，「複数化」および「セルフ・ガバナンス」という耳慣れない言葉を用いて，2005年現在における地域社会の姿を描き出そうとしてきた。この10年間の地域社会の変動は，まさに明治維新・戦後改革につぐ第三の革命というにふさわしい激動ぶりを示し，学問はそれを追いかけるだけで精一杯というところがあった。のみならず，大学が地域貢献すべきだという時

代潮流のなかで,単なる学問ではなく,それぞれの現場と格闘することも求められた。このような混沌のなかで,本章は中間報告としての意味しかもたない。

「複数化する都市」というイメージ自体が,このような中間性の象徴である。都市規模に応じてセルフ・ガバナンスを目指す諸活動の態様が著しく異なり,プロト〈地域〉とかリスク〈地域〉と呼ぶしかないような集合も生まれている。このような分断状況を乗り越えて,各地のセルフ・ガバナンスが共通して目指すべき戦略目標として「生命圏」という概念を構想できると本章では主張した。今日,都市社会が普遍化したので,本章でも「都市社会」と「地域」という言葉を,ほとんど交換可能なものとして用いている。しかしというべきか,だからこそというべきか,都市を単独で措定するのではなく,農村との関わりのなかで構想することが今ほど求められている時代はない。

参考文献

アレント, H.（1973）志水速雄訳『人間の条件』中央公論社（Hannah Arendt, *The Human Condition*, Chicago: University of Chicago Press, 1958）。

安積純子ほか著（1998）『生の技法』藤原書店。

地方議員政策研究会（1998）『地方から日本を変える』コモンズ。

古城利明（1977）『地方政治の社会学』東京大学出版会。

ハンプトン, W.（1996）君村昌監訳『地方自治と都市政治 第2版』敬文堂（William Hampton, *Local Government and Urban Politics*, 2nd edn, London & New York: Longman, 1991）。

今井 一（2000）『住民投票』岩波新書。

鎌田とし子（2000）「実証主義社会学の伝統を受けつぐ」『現代社会学研究』第13号, pp. 1-26。

工藤裕子（2003）「持続可能な都市づくりのための社会制度」『地域開発』11月号, pp. 29-35。

倉原宗孝（2005）「『縁女』によるヒト・モノ・コトを結ぶ場づくり」『季刊まちづくり』第6号, pp. 35-36。

三浦 展（2004）『ファスト風土化する日本』洋泉社新書。

中村良平（1995）『いま都市が選ばれる――競争と連携の時代へ』山陽新聞社。

中谷健太郎（2004）「いまこそ『村のいのちを都市の暮らしへ』」『現代農業増刊 なつかしい未来へ』農文協, pp. 39-53。

中澤秀雄（2004）「サステナブル都市論の展開と日本の環境自治体政策」『日本都市社会

学会年報』第 22 号, pp. 43-58。
中澤秀雄・大國充彦（2005）「開拓混住ベッドタウンにおける『まちづくり』と記憶の『可視化』」地域社会学会編『〈ローカル〉の再審』地域社会学会年報第 17 集, pp. 29-39。
長洲一二（1978）「『地方の時代』を求めて」『世界』395 号, pp. 49-66。
似田貝香門（1991）「現代社会の地域集団」蓮見音彦編『地域社会学』サイエンス社。
─── （2001）「市民の複数性──今日の生をめぐる〈主体性〉と〈公共性〉」地域社会学会編『自己決定・協働，その主体』地域社会学会年報第 13 集, pp. 38-56。
似田貝香門・蓮見音彦編（1993）『都市政策と市民生活──福山市を対象に』東京大学出版会。
町村敬志（1987）「低成長期における都市社会運動の展開」栗原彬・庄司興吉編『社会運動と文化形成』東京大学出版会。
牧田徹雄（2001）「テレビ視聴に 1 時間を超える県間差」『放送研究と調査』5 月号, pp. 2-11。
McGinnis, M. V. ed. (1999) *Bioregionalism*, London & New York: Routledge.
Roseland, M. ed. (1998) *Toward Sustainable Communities: Resources for Citizens and their Governments*, Gabriola Island, B.C.: New Society Publishers.
Sale, K. (1985) *Dwellers in the Land: The Bioregional Vision*, San Francisco: Sierra Club.
佐々木信夫（1990）『都市行政学研究』勁草書房。
渋川智明（2001）『福祉 NPO ──地域を支える市民起業』岩波新書。
清水洋行（2001）「地域社会における新たな主体像をめぐるアプローチの可能性と課題」地域社会学会編『市民と地域──自己決定・協働，その主体』地域社会学会年報第 13 集, pp. 20-37。
副田義也（1980）「社会福祉を阻害する住民運動」地域社会研究会編『地域別問題と地域政策』時潮社, pp. 93-118。
玉野井芳郎（1984）『いのちと"農"の論理』学陽書房。
東京大学社会情報研究所編（2004）『日本人の情報行動 2000』東京大学出版会。
津田正夫・平塚千尋（2000）『パブリック・アクセス──市民がつくるメディア』リベルタ出版。
内橋克人（2004）『「共生経済」がはじまる』日本放送出版協会。
四宮鉄男（2002）『とても普通の人びと──浦河べてるの家から』北海道新聞社。

―――― 終　章 ――――
「グローバルな市民社会」と場所のナラティブ

1　「社会」の再審のために

　グローバル化は今日，社会学にとどまらずあらゆる〈知〉の形態にこれまで考えられなかったような地殻変動を引き起こしている。社会学についていえば，それが所与の前提としてきた「社会」に根源的な再審を迫るとともに，社会学的問題構制(プロブレマチック)の中心に移動を据えることになった。同時に，グローバルなものの把握をめぐって個別科学の境界を横断するような脱・学問分野が立ち現われ，その方向性がにわかに取り沙汰されるようになっている。「社会」が越境するのと符節を合わせて，学問分野の「境界性(マージナリティ)」とでもいうべきものが人びとの耳目を集めるようになっているのである。
　ところで，これまでは「社会」の再審は，国民国家，公共圏，シティズンシップなどをキーワードにしながら，とくに「中心と周縁」，「グローバルとローカル」のようなテーマをめぐって行なわれてきた。そしてごく近年までは，後者（周縁，ローカル）が前者（中心，グローバル）に呑み込まれていくとするディコトミー的発想が優勢であった。しかしいまやこうした発想は，後景にしりぞいたり周辺においやられたりするようになっている。グローバル化（中心化）が進むほど，ローカル化（周縁）が深化するといった言説の拡がりにみられるように，グローバル化とローカル化の相補性ないし両義性を強調する論調が主流になりつつある。それとともにグローバル化を流動体のメタファーで，すなわちヒト，モノ，マネー，情報，イメージ等のフローが織り成す共棲的で離接的で不安定な一連の関係において，またそうした関係の瞬時性／同時性／再帰性の局面においてとらえる論調が台頭している。

本章は，社会学におけるこうした動向を踏まえながら，第一にそのフロンティアでささやかれている「グローバルな市民社会」のありようをシティズンシップの変容とかかわらせて論じることにする。そして次に，「グローバルな市民社会」が深く根をおろしているローカルなものと場所について，その立ち位置を検討することにする。近年，「場所の強化」がさまざまなサイドから唱えられているが，どちらかというとグローバル化をめぐる動態的な関係の分析を欠いた状態で主張される傾向にある。本章は，そうした傾向に対してひとつの反省的視座を投じるものである。なお，近年，とりわけ脚光をあびている「バーチャル・コミュニティ」については，論及の必要性を認めながらも，ここではコミュニティの再定式化の文脈で派生的に論じるにとどめる[1]。

2　グローバル・シティズンシップと「グローバルな市民社会」

1）ナショナル・シティズンシップからグローバル・シティズンシップへ

　グローバル化がさまざまに取り沙汰されている。その論調が2つの立場をめぐって鋭く対立していることについては後述するとして，ここではまずグローバル化によって「社会」が相互に相容れない忠誠と共約不可能な義務を抱え込むようになって，もはや「領域」としては立ちゆかなくなっていることを指摘したい。「社会」はこれまで市民をひとつにまとめ，彼らのすべてにナショナル・アイデンティティ，すなわちひとつの境界づけられた空間にもとづく排他的なシティズンシップを与え，そのことによって「単一の声で語る」ということを可能にしてきた。ちなみに，マーシャルによれば，そうしたナショナル・シティズンシップの拡充によって階級がもたらす不平等，とりわけ諸階級間の収入と財産の格差が著しく緩和されたという[2]（マーシ

---

[1]「バーチャル・コミュニティ」については，さしあたり Delanty（2003: 167-185）を参照されたい。なお，後述するカステルの定式化も参照のこと。

ャル／ボットモア 1993: 100)。

　しかしこうしたナショナル・シティズンシップは，国民国家のもとでのヒエラルキーの構造を前提にしてはじめて有効に機能するものである／あった。グローバル化は何よりもまずナショナルな政府を迂回するグローバルなフローとネットワーク，脱領域的に整備されたインフラ[3]の発展を促すことによって，上記のヒエラルキーの構造を弱体化せしめると同時に，ナショナルな主権の基盤を掘り崩した。このことに関していうと，指摘されるようなフローとネットワークの拡充およびインフラの整備にともなってさまざまな形態の義務と権利の発達がみられるようになるとともに，それらへのアクセスをめぐり不均衡な状態→新しい不平等・格差が生じていること，さらにそうした動向とともに廃棄物や健康リスクの増大に象徴的にみられるように，「国内」問題と「国外」問題との境界が曖昧になっていることが注目される。なぜなら，そうした事態が重なり合ってナショナル・シティズンシップの維持を困難にさせるとともに，権力／知の新たな布置構成をまねいているからである。

　それではナショナル・シティズンシップに代わってどのようなシティズンシップが浮上しているのであろうか。ソイサルはそれを文字どおり「ポスト・ナショナル」なシティズンシップと呼び (Soysal 1994)，ユーヴァル－デイヴィスは「弁別的で重層化したシティズンシップ」と呼んでいる (Yuval-Davis 1997: 12)。さらにアーリは「フローのシティズンシップ」と呼んでいる (Urry 2000: 287)。ここではさしあたり，そうしたものをグローバル・シティズンシップと総称することにする。重要なのは，そうしたグロー

---

2) しかしこうしたマーシャルの説明も，事実上，健常な白人男性をめぐるシティズンシップしかみておらず，たとえばゲイとかレズビアンが依然として「不完全な市民」であることを黙認している，すなわちジェンダーとかセクシュアリティの不平等を看過するといった弊に陥っていることは否めない。
3) 時間－空間を劇的に圧縮もしくは収縮させる多種多様な一連のモノ，マシーン，テクノロジーのことをさしている。それは光ファイバーからはじまって，コンピュータ・ネットワークはいうにおよばず軍事的テクノロジーまでも含んでいる。

バル・シティズンシップが「モダンの形態の中央集権的な政治支配に重圧を加えている」(コーク 1995: xvii) とともに，良心にもとづく義務を包合した下からの「パフォーマティヴなシティズンシップ」(オルブロウ 2000: 287) としてあるという点である。詳述はさておき，そこから垣間みえてくるのは，指摘されるようなグローバル・シティズンシップがグローバルなフローとネットワークの「調整者」としての国家の役割に部分的に共振していることと，そうしたフローおよびネットワークと相互作用しながら立ち現われているローカルな意識と行動の体系に深く根をおろしていることである。

　ところで前者については本章の第3節2項の叙述にゆだねるとして，ここで後者についてひとこと触れておくなら，グローバルなフローとネットワークのなかで自らの立ち位置を確認する（しかない）人びとと——そうしたものに包摂されているか，そうしたものから排除されているかの違いはあるにせよ——にとって，お互いに同じ市民であるとイメージできる社会空間はもはや国家ではありえない。いまを生きる人びとは，かりにそれが想像上の移動（たとえば，コンピュータ上でのバーチャルな旅）であるにしても日々複雑で多重化された移動のなかにあるのであって，したがって「純粋にナショナルな自己」という意識の増幅よりは，むしろ複合的なアイデンティティの形成に向かいがちである。むろん，日常世界に生きる人びとは日々の自分たちの営為がグローバルなものにどう連鎖するかについてほとんど意識せずに，それを反復しているにすぎないといえるかもしれない。しかしその反復的な行為がグローバルなフローとネットワークに組み込まれて，「離接」と「競合」を繰り返しながらよその世界とつながっているのである。そして「境界線のある領土」を越えて一時的で偶発的な関係を発展させることによって，固定されたアイデンティティよりは複数の代替的なアイデンティティをふくらませているといえる。こうしたアイデンティティが脱領域的なローカルな意識と行動の体系を下支えし，厚みのあるものにしていることはいうまでもない。

　いずれにせよ，以上瞥見したアイデンティティは，それ自体，高度に離接的で「現前‐対応」的な性格をはらみながら，国民国家のシステムにも明確

に境界づけられた排他性を有するナショナルなシティズンシップの観念にもおさまるものではないのである。興味深いのは、それが以下に触れる「グローバルな市民社会」においてきわめて重要な位置を占めていることである。項をあらためて検討することにしよう。

2)「グローバルな市民社会」とは

グローバル化の進展とともに始まりも終わりも明確でない多種多様の流動体が発展し、前項でみたようなアイデンティティが跳梁するなかで、コスモポリタンでハイブリッドな市民社会が立ち現われている。ジョーンズによれば、それは新たな学習の形態、新たなカウンター・カルチャーの形成、著作権やプライバシーの意味変容、直接民主主義への新たな機会の創出をもたらしている（Jones 1995: 26）。だが、それはイニシアティブをとる主体もなければ、進歩と発展の理念に裏うちされたユートピアを志向するわけでもない。また（それは）地理的に離れている人びとが緊密な絆を結ぶのを助けるが、メンバーはといえば断続的に「現前－対応」するだけである。メンバーのあいだでみられるトランスナショナルな民主主義は、私と公、表（舞台）と（舞台）裏、遠くと近くの関係／境界を曖昧にし、公共圏が可視性をメルクマールとする公的舞台へと転じるのを促す。したがってこうした「グローバルな市民社会」は、ハイデガーのいう「『世界』の開離」、つまり私の手が届かないような大きな世界に私を連れていって、隔たりや遠さを取り払うといった空間性の変容をともなっているところに特徴がある（Scannell 1996）。国民国家によって組織された市民社会はいまや急速に旧びたものになっており、CMC（コンピュータによって媒介されたコミュニケーション）によってつくられた市民社会がそれに取って替わろうとしているのである。

ところであらためて注目されるのは、いまコーエンが「ディアスポラ化」と呼んでいる事態が地球上のあちこちでみられることである。それは文字どおり「領土的な線引きがなく、いくつもの言語をこなし、グローバル化の傾向とローカル化の傾向の間にある溝を架橋することができる……ディアスポラがよりいっそう世界的存在となっていく」（コーエン 2001: 279）ことであ

るが[4]，こうした事態の進展とともに，ある種トランスナショナルな一体感が醸成されるようになっている。そして，そうした一体感が国家から相対的に自由なシティズンシップをはぐくむとともに，上述した「グローバルな市民社会」の形成を促すことになっているのである。ともあれ，このような「ディアスポラ化」からみても単一で安定的かつ包括的なナショナル・アイデンティティ，すなわち単一の国民をめぐって編成された市民社会という観念がもはやリアリティをもちえないことは明らかである（Urry 2000: chap. 7）。

とはいえ，「グローバルな市民社会」は上述のような固定されたアイデンティティの内外を自由にフローすることができるグローバルなコスモポリタンの簇生だけでは成り立ちえない。指摘されるようなディアスポラ＝グローバルなコスモポリタンによって部分的に媒介されて公的舞台に立ち現われつつあるさまざまなソシエーションと，それらがきり結ぶ互酬的，互報的関係の影響もまた無視できない。ちなみに，ここでソシエーションとは自助グループ，直接行動組織，環境NGOなどの「新部族」コミュニティ（後述）からはじまって，マッケイのいう「複数の緩やかなネットワークを緩やかにつなぐネットワーク」(Mckay 1996: 11)，たとえばフリー・フェスティバル，ルーラル・フェア，ピース・コンボイなどを含む（写真1参照）。詳述はさておき，それらが織り合いながら部分的で不完全で偶発的なものであるにせよ，「グローバルな市民社会」を形づくっているのである。と同時に，以上のような境界に縛られないネットワークのある種の水平的な拡がりを支えながらも，それらを規整（レギュレート）する国家の「社会的調整者」としての役割（この点は後述）も見過ごすことができない。というのも，そうした国家の役割を前提にしてはじめて，「グローバルな市民社会」はグローバル化への抵抗とグローバルなものの利用の上にある，とカステルが言述するような状態が生じると考えられるからである（Castells 1997）。

---

[4] もともとディアスポラは，「迫害の犠牲者」，「強制的迫害者」，「精神的外傷者」という意味合いで用いられることが多かったが，ここにきてディアスポラの存在形態がグローバルなフローとネットワークとの親和性において取り沙汰されるようになっている。

写真1 ルーラル・フェア

出所：Mckay (1996: 37).

　さてこのように考えていくと，必然的にグローバル化をどうとらえるかという基本的な問題に突きあたらざるをえない。しかし，グローバル化の構造的な枠組み＝全体像については，すでに本書の第Ⅰ部第1章で達意に論じられている。したがって，いわゆる屋上屋を重ねることの愚を避けて，ここではグローバル化について最低限の記述を行なうにとどめる。ちなみに，そうした記述に際して要となるのは，システム内の小さな摂動が予測不可能でカオスをともなうシステムの分岐にいたるとするブローディの言述（Brodie 1998）を，「グローバルとローカルのパラドクス」の説明にどう援用するかである。

3 グローバルなもののローカルな展開

1）フローとネットワーク——グローバル化のメタファー

今日のグローバル化をめぐる議論の潮流は，主として2つの対立する立場によって説明することができる。ひとつは，グローバル化を文字どおり，新しい時代の到来，すなわち国境なきユートピアとしてとらえる立場である。この場合，国境内にとどまらず，国境を超えて移動するヒト，イメージ，情報，貨幣のフローが人びとに対して新たな機会をもたらすことが指摘される。そしていまひとつは，国民体のゆらぎとともに中世主義の再来[5]，つまり西洋の近代以前への退行，ディストピアを説く立場である。両者ともに上述のフローが新たなリスク（たとえば，エイズの蔓延とか環境リスクの増大）とかアクセス上の新たな不平等を派生していることを認識しているが，その論じ方において楽観主義的論調と悲観主義的論調とに分かれている。

ちなみに，この2つの論調は，これまでのところは一方におけるネオリベラル的なリアクション，他方におけるコミュニタリアン的なリアクションを生み出している[6]。そしてそれらはグローバルなもののローカルなものへの展開／差延において，いわば擬人化された資本のリストラクチャリングに積極的に同化していくのか，それとも「囲われたアットホームネス」＝原生的

---

[5] 中世の世界は国境が定かではなく，「社会」が存在しないという特徴を有していた。そして「中心と周縁」からなるそれぞれの帝国は多様な交差圏と競合する権力および多元的な言語圏から成り立っていた。現在，グローバル化のもとで，こうした「中世的」な多重的な支配権とアイデンティティをもつ競合的な諸制度が立ち現われているといわれている。

[6] ここでネオリベラル的なリアクションとは，グローバル化は容赦ないものであり，事実上止めることはできない，したがって抵抗するよりは受け入れるしかないといった態度であり，コミュニタリアン的なリアクションとは，「ローカルを『アイデンティティに縛られた場』とか『審美化された空間性の反動的な政治』といった過去にもどる場とみなす」ような態度である（吉原 2004: 176-177）。

なアイデンティティに消極的に身を寄せていくのかの（スタンスの）違いとなって顕在化している。実は，この違いは後述するローカルなもの／場所をめぐる2つの立場へとつながっていくのであるが，ここであえて指摘しておきたいのは，上述の2つの立場が否定的に交錯するなかで，既存の「社会」の内部に脱中心的な性格をもつ，複雑で重層的で離接的な（グローバル化の）効果が埋め込まれているとみる立場が立ち現われていることである。

そうした立場の基底をなしているのは，グローバル化のメタファーがどのようなものであれ，グローバル化の秩序と制度が領域としての社会というよりはネットワークとか流動体もしくはハイブリットの社会としてとらえられるという認識である。もはやグローバル化は，より大きな領域が個別の社会といったより小さな領域を呑み込むといったストーリーではとらえきることはできない。そしてそうであればこそ，「中心，権力の集中，垂直的なヒエラルキー，フォーマル，インフォーマルな構成をともなう」（Urry 2000: 33）構造のメタファーは不適切なものとしてしりぞけられることになる。考えてみれば，「遠くのもの」と「目の前のもの」とのあいだで生じる，ギデンズのいう脱埋め込み-転移-再埋め込みのプロセスは，ネットワークのメタファーなしには容易に想定しがたいのである（ギデンズ 1993）。もっとも，ネットワーク型のシステムは，それが権力にもとづく政治的行為に依拠していないぶん，情報操作による誘導とか説得をともなった管理を誘発しがちであることは否定できない（→「監視社会」化）。

2) ナショナルな枠組みの再審

ところでグローバルなフローとネットワークは，それらがもたらしたさまざまな影響を介して現実に多様なローカルの形態を生み出しているが，何にもまして注目されるのは，それらが従来のナショナルな枠組みの「脱全体化」を促していることである。カステルによれば，グローバルなネットワーク，すなわちそれ自体，著しい速さで予期できない流動体のかたちで領域を横断する，きわめて非均質的で断片化されたヒト，モノ，貨幣，情報，イメージのフローのなかではぐくまれている権力の形成の論理と，個々の社会に

表1　華僑・華人の分布（1989・1997年）

（単位：万人）

国・地域	1989年	1997年
世界	2726.0	3284.0
アジア（日本を除く）	2369.0	2528.1
東南アジア	2330.5	2495.9
マレーシア	520.0	544.5
シンガポール	209.0	231.1
タイ	610.0	635.8
インドネシア	650.0	731.0
フィリピン	120.0	103.0
ブルネイ	5.5	4.5
ベトナム	100.0	100.0
カンボジア	30.0	30.0
ラオス	1.0	16.0
ミャンマー（ビルマ）	85.0	100.0
東南アジアを除くアジア	38.5	32.3
日本	10.0	23.4
アングロ・アメリカ	186.0	364.3
アメリカ	126.0	272.3
カナダ	60.0	92.0
ラテン・アメリカ	46.0	109.6
ヨーロッパ	87.0	193.8
オセアニア	29.0	52.8
オーストラリア	20.0	37.2
ニュージーランド	3.2	11.1
アフリカ	9.0	12.0

出所：天児ほか編（1999: 116）および Ma and Cartier eds. (2003: 13-16) より作成。

おいてみられるナショナルな結合と表象の論理とのあいだにはもはや一対一の照応関係が認められないという（Castells 1997: 11）。少なくとも企業とかブランド[7]，NGOや多民族〔マルチ・ナショナル〕「国家」あるいは華僑のような「社会」（表1

---

7) 今日，ブランド化された製品とか広告が人びとが自分たちをグローバルであると同定する拠り所になっているという。

参照）が国民国家の境界と一致しなくなっていること，またそれとともに「境界線のある領土」が人びとのアイデンティティ形成／国民の自己規定にとっても中心的でなくなっているのはまぎれもない事実である。それでは人びとが同じ市民であるとイメージする「社会空間」がますます国家から乖離するにつれて，「国境を越えた共同体」が伸張する一方で，国家は一様に無力化する方向に向かうことになる，と果たしていえるのであろうか。

　この点で興味深い指摘を行なっているのはバウマンである。彼は国家の性格が庭園師から「猟場番人」に代わっている／回帰しているという。つまり国家の役割が個々の植物にとっての適切な生育条件を把握し，庭園の維持に際して生産的なものと非生産的なものを決定するような庭園師から，動物たちの移動を制限し，個々の猟場で猟師が狩りをすることができるような条件を確保する（すなわち狩りのために資源を調整する）ような「猟場番人」へと代わっているというのである（バウマン 1995）。この「猟場番人」というメタファーは，現代の国家がかつてのような財やサービスを直接供給することから，多種多様な私的，ボランタリー，準公的，公的な機関による財やサービスの供給を統制することへとシフトしていること，つまり活動の監視とか規格の標準化といった調整的なものに特化していることを適確にとらえている。同時に，ヒト，モノ，貨幣，情報，イメージのフローが国民国家による統制をいとも簡単にすり抜けていくため，もはや自らの社会を庭園として維持することができないという現状を見据えたものであるといえる。

　ちなみに，ドゥルーズとガタリは，以上のような「猟場番人」としての国家の性格を，国家の「外」に存在する巨大な世界機械[8]や新しい原始部族社会[9]の台頭をにらみながら，国境を越えて拡がる空間の調整という文脈で，以下のように敷衍している（Deleuze and Guattari 1986: 59-60）。

---

8) この言葉によってすぐさま想起されるのは，大企業型組織，産業コンビナートなどであるが，ここにはキリスト教，イスラム教，さらにメシア思想の運動のような宗教団体も含まれている。
9) ここでは切片的な社会の権力を維持しようとする立場から国家的な権力機構に対峙する徒党的，周辺的集団とかマイノリティ集団のことをさしている。

国家の基本的な任務のひとつは，それが君臨する空間を条理化することである。……あらゆる国家にとって重要な関心事とは，遊牧民を征服することだけでなく，移民を管理することであり，またもっと一般的には，「外部」全体に対して，つまり全世界を貫くフローの総体に対して，諸々の権利の地帯を確定することである。それが国家に役立ち得るかぎり，国家は，住民，商品，貨幣，資本などのあらゆる種類のフローを捕捉する過程から自らを引き離したりはしない。……国家は，運動を分解し再構成して変容させたり，あるいは速度を調整したりすることをけっして止めないのである。

　ともあれこのようにして，国家は空間に線を引いて区分（＝条理化）しながら平滑で脱領土化されたフローを調整するのである。もちろん，そのことは国家がグローバルなフローに席捲されることを意味するのではなく，むしろ多様なネットワークに対して国家が産婆役＝触媒としてますます重要な機能を担うようになっていることを示すものである。そして国家がこのように「社会的調整者」として行為することを可能にするのは，コンピュータ制御のデジタル化に加えて，国家自体が複雑系の一部位として立ち現われていることによる。

　繰り返すまでもないが，国家権力の決定に際してもはやかつてほどに物理的な強制手段をともなわないこと，そして国民国家が庭園師としての役割を果たしながら，秩序づけと調整を可能にするような純粋にナショナルな環境を想定しがたくなっていることは明らかである。にもかかわらず，国家がグローバルなフローに対していっそう多様な機能を果たすようになっているのも事実である。だが考えておかねばならないのは，そうであればあるほど国家の「社会的調整」の機能がコンピュータにもとづく新しい形態での情報の収集，検索，提供に依存せざるをえないこと，すなわち高度なメディア化をともなわざるをえないことである。詳述はさておき，その先に見えてくるのは，パワーのいう「監査社会」（パワー 2000）に類同的に立ち現われている監視社会である[10]（写真 2）。

写真2　ゲイティド・コミュニティ

出所：'Krystal Country Homes'（http://www.fastpages.com/krystal/）より。

　この「監視社会」への移行についてはさておき，ドゥルーズとガタリがいうように巨大な世界機械と新しい原始部族社会とが相互作用しながら国家の支配を忌避したり国家への抵抗を強めたりする一方で，そうした動きに符節を合わせて国家がフーコー流の国民の内生的調整者と呼びうるものから，多種多様なフローに対応しそういったものを変成するような外生的行為項へと変容を遂げていることは明らかである。そしてすでに本章の第2節で述べた

10) 新たな電子メディアが他者に関する情報をいとも簡単に入手するにもかかわらず，人びとはそうした電子メディアが生み出すバーチャル・コミュニティの全体について知らない／知らされていない。そうした事態から，いまや人間がコンピュータ制御下にある「監視」と「システム」によって管理されているという状況が広範囲に立ち現われている。

ように，堅固に警備された国境の内側で社会ならびにその社会特有の市民といったものをイメージすることが急速に難しくなっているのである。

3) ローカルなものの多様な形態

それでは以上のようなナショナルな枠組みの再審／「社会的調整者」としての国民国家の変容とともに，それ自体グローバルなフローとネットワークの「嫡子」として，どのようなローカルな形態が立ち現われているのであろうか。この点について対照的な議論をしているのがハーヴェイとカステルである。

いうまでもなく，グローバルなフローとネットワークにはそれらに特有の時間的，空間的変容をともなっている。ちなみに，ハーヴェイはそれを，以下のような感覚（の変容）とともにある「時間と空間の圧縮」(time-space compression) の裡にみている（Harvey 1996: 246）。

イメージの嵐が加速する世界にあり，ますます場が失われつつある。われわれは誰であるのか，そしてどの空間に所属しているのか。私は世界市民なのか，国民なのか，地元民なのか。あるいはサイバー・スペースをただようバーチャルな存在としてあるのだろうか……。

ハーヴェイによると，指摘されるような「時間と空間の圧縮」，つまり時間的，空間的障壁の影響が弱まるということは，まぎれもなく資本の創造的破壊の力によってもたらされたものである（ハーヴェイ 1999）。注目されるのは，そこで資本，とりわけ移動資本によるローカルなものの差異化への誘因が高まっている，平たくいうなら，資本によるローカルの争奪戦の激化によってローカリティの強化がみられると考えられていることである。この考え方は，後述する場所論のひとつの有力な立場を構成している。ただ近年のハーヴェイに関していうと，資本戦略にからめてローカルなものを位置づけるこうした立場は，もはや後景にしりぞいており，むしろカルチュラル・スタディーズの強調する個別性／種別性の文脈でローカルをとらえるようにな

っている (Harvey 1996)。

　他方，カステルはといえば，ローカルの表出をグローバルな秩序と制度（それ自体，流動体としてある）への抵抗という形態の裡にみてとるのである。そうした抵抗の事例として彼が掲げるのは，さまざまな環境 NGO，第三世界の女性と子どもに対するグローバルな市場の影響をめぐって立ち現われている各種女性運動，ニューエイジ，宗教上の原理主義などである。その核をなすのは「抵抗的アイデンティティ」であり，それをめぐって編成される以下のようなバーチャルなコミュニティ，すなわち「個々のメンバーが活動家の言説，文化的生産物，メディア・イメージという非-地理的な空間で構築される同一化を介して，互いの結びつきを唯一の要件として組織される」(Castells 1997: 11) コミュニティである。

　いうまでもなく，こうした捉え方はグローバル化を流動体として把握する立場，つまり社会関係の中軸に非人間的なハイブリッドを据える立場から派生している。同時に，論者自身がどう否定しようとも，そこには非-場所ではあるが「近接性」に対する抑えがたい衝動が伏在している。それはハーヴェイの先に一瞥したローカルなものの捉え方と通底するものであるが，それがローカルを安定性や親密性の拠り所としてとらえるいまひとつの理論動向と部分的に響き合っているのも事実である。とはいえ，それはいわゆるグローバルとローカルの，同一平面での二分法に還元されてしまうものではない。もともと，カステルの上述のような捉え方は，グローバル化をネットワークとか流動体のメタファーでとらえる理論地平にあり，したがって非物質的なものが世界を一様にぬりつぶす同質化（homogenization）のプロセスとしてとらえる件(くだん)のグローバル化認識の極北／対向にある。考えてみれば，グローバル化をいわば文化帝国主義の強制に一元化するような議論は，文脈からも時間からも，はたまた身体からも超越している凝視(ゲイズ)にもとづくものであり，したがってローカルをただ視覚的消費を待ち受けるだけの場とみなすものである。そして結局のところ，時間論-空間論の文脈でいうと，明らかに単眼をもって世界の幾何学化を推し進めるデカルト的伝統の内部にある[11]。

　カステルそして近年のハーヴェイのみているローカルなものは，まぎれも

なくこうした伝統の外にある。つまり「離れた位置から客観的に，無関心な態度で観察する」(Ingold 1993: 40)，「ひとつの球体として想像された世界」(ibid.: 32) とは異次元のものであり，グローバルなフローとネットワークへの共同的なかかわり（＝抵抗）の延長線上に布置するものである。そこでは「近接性への衝動」にみられるようにコミュニタリアンへの傾斜が部分的にみられるものの，基本的にはグローバル化の「約束」の内容を「多重多層の別様のアイデンティティを活性化し，伝承された市民のあり方に，潜在的により大きな流動性を導き入れる」(モーリス－スズキ 2002: 226) ようなやり方で，ローカルなものとして確認しようとするものである。

　それではこのようなローカルなものの議論を受けて，具体的にどのような場所のナラティブが立ち現われているのであろうか。

4　場所のナラティブとコミュニティの再定式化

1）競合する場所のナラティブ

　今日，場所をめぐる論議は，アーリが「学問分野の境界を横断する学問的移動」(Urry 2000: 210) と称するものの内実を問うかたちで展開されている。現象学を嚆矢として地理学や社会学が加わるかたちで，場所論をめぐる「創造的な境界性」(ibid.) の模索がなされているのである。ところで場所のナラティブは部分的に，前節で概観したローカルなものの把握を起点にして，そこからの展開／転回というかたちで語られはじめているようにみえる。

　まず先行する場所のナラティブは，ひとつは「場所には単一の本質的なアイデンティティがあるとする観念，内面化された起源を求めて過去を掘り下げ，それに基づいて内向化された歴史から場所のアイデンティティ――場所感覚――が構築されるとする観念」(吉原 2004: 177) にもとづいて編まれた

---

11) デカルトは単眼によって世界を幾何学化し，空間を遠近法主義空間とみなす立場の礎を築いた。また時間を長さと数字で表わすことのできる絶対時間とみなした。

ものである。それはマッシーが「《生成》としての《時間》という進歩的な次元からの転換」ゆえに「進歩的な場所感覚」と称するものに底礎している（マッシー 2002: 38-39）。その範型は，ハイデガーの「場所のまわりに線を引く」場所認識にもとめられる[12]。そしていまひとつは，前節でみたハーヴェイのローカルをめぐる議論とほぼ重なる「場所を資本にとって好ましく整備された地表の一部として捉え，資本や情報の流れによって均質化された空間が形成されたのちに世界において作り出される場所の差異を問題とする立場」（遠城 1998: 214）の上に構成されたものである。

　以上2つの立場は，地理学に即していうと，ややラフな言い回しになるが，一方では人文主義，他方ではマルクス主義という旗を掲げてしのぎをけずってきた。そして相互に鋭い緊張関係をはらむ正反対のナラティブを構成してきたのである。だがそれらは，基本的には「遠くて近い」関係にあったのである。ちなみに，前者は明らかに可視的なレベルで「安定性や何の問題のないアイデンティティ」に足をおろしてきたのに対して，後者は「時間による空間の絶滅」[13] にはじまって資本による「場所の強化・再演」がみられるなかで，場所のもつ安定感や親密性に目が向けられてきた。だからこそ，2つの立場は否定的に交錯しながら，「場所のアイデンティティ」が「場所の仕掛け」に転化し，また後者が前者に反転する磁場を形成することになったのである。

　しかし「根本的にフラクタル的であって，ユークリッド的な境界や構造や規則性をもはや備えていない」（アパデュライ 2002: 27）グローバル化の布置状況（constellation）が社会の前景に立ち現われてくるに従って，上述の2つの立場に拮抗して，あるいはそれらを凌駕するようなかたちで場所を「社会的諸関係，社会プロセス，そして経験と理解がともに現前する状況のなか

---

12) 場所をいわば局地性と示差性を有する〈場所〉（Ort）とみなすこの認識の特徴については，吉原（2004: 152-155）を参照されたい。
13) マルクスに由来するこの概念は，ハーヴェイによると，時間-空間の再編成のことをさしており，このことを通して資本主義は危機を乗り越え，あらたな資本蓄積の段階にいたるという（ハーヴェイ 1999）。

で，その特定の相互作用と相互の節合から構築される」（マッシー 2002: 41）とするような理解が力をもつようになっているのである。いうなれば「社会的諸関係と理解のネットワークが根茎状に節合され，しかも外に向かって開かれている情景を念頭に置いてなされる」（吉原 2004: 179）こうした場所理解を，マッシーは「場所のオルタナティヴな解釈」（マッシー 2002: 41）と呼んでいる。いずれにせよ，グローバルな流動体とハイブリッドな移動性のもと，「現在という時間の，一瞬一瞬の強烈な仲間感覚をもとに定期的に他者と『一緒になる』ために集まる」（Urry 2000: 44）ことが「ネットワーク・メンバーシップ」の唯一の要件となるような状況のなかで，「場所を個人や集団間の対立と協同を含んだ条件依存的な出来事の契機の場として捉える立場」（遠城 1998: 215）がそうした状況にふさわしいものとして立ち現われているのである。

2）身体に媒介された場所

ところでインゴールドは，上述のような場所理解にとって要をなす「つながり」と「できごと」がすぐれて身体化され，あらゆる感覚をともなっていることに着目している（Ingold 1993）。つまりグローバルな流動体とハイブリッドな移動性のもとで見出される場所は，人びとが生活の実践的な営み（＝「できごと」）（多分に偶有性を帯びている）のなかで，「住まうこと」を構成するさまざまな要素と五感を介して関わりあいながら，「諸種のネットワークの重なり合い絡み合った層」（ルフェーヴル 2000: 578）を築き上げることに関連するというのである（Ingold 1993）。ここでは場所が「多重チャンネルとして，つまり関連のあるネットワークとフローが集まり，合体し，連接し，分解する空間の集まり」（Urry 2000: 140）としてありながら，いわば居ること，身を置くこと，安らぐこと，くつろぐこと，畢竟，「住まうこと」を通して得られる人間同士のかかわり合い＝交感が場所に底在するものとして理解されているのである。

あらためて想起されるのは，マルクスとエンゲルスが『フォイエルバッハに関するテーゼ』のなかで行なっている既成の唯物論，観念論に対する以下

のような批判である（マルクス／エンゲルス 2002: 230）。

> 従来のあらゆる唯物論（フォイエルバッハのそれも含めて）の主要な欠陥は，対象が，つまり現実，感性が，ただ客体ないし直観の形式でのみ捉えられ，感性的・人間的な活動，実践として，主体的に捉えられないことである。……反対に観念論——これはもちろん現実的・感性的な活動をそのものを知らない。

ここで述べられている人間的感性の営みは，同じマルクスが『経済学・哲学草稿』で五感による世界の実践的領有（＝「『住まうこと』の全体性＝人間存在の諸条件の人間自身による再獲得」〔吉原 2004: 147〕）として指摘している以下のようなものに通底している（マルクス 1964: 136）。

> 人間は彼の全面的な本質を，全面的な仕方で，したがって一個の全面的人間として自分のものとする。世界にたいする人間的諸関係のどれもみな，すなわち，見る，聞く，嗅ぐ，味わう，感ずる，思惟する，直観する，感じとる，意欲する，活動する，愛すること，要するに人間の個性のすべての諸器官は，その形態の上で直接に共同体的諸器官として存在する諸器官と同様に，それらの対象的な態度において，あるいは対象にたいするそれらの態度において，対象〔をわがものとする〕獲得なのである。

ここにはファビアンが「視覚至上主義」[14]（Fabian 1992）と呼ぶものの対極にある状態，すなわち視覚性が他の諸感覚と協働と互報をともないながら複雑に絡みあう「身体の経験」が呈示されている。まさに場所はこうした身体の経験に織り込まれている／（それを）織り込んでいくし，それゆえすぐれて五感を通して感じられることになるのである。場所において，もはや人

---

14) 視覚だけにもとづいて，世界を生きられた経験の母体から切り離し，一個の「球体」とみなす立場のことである。

びとと事物とのあいだには距離はない。

　もちろん，ローカルなものがそうであるように，場所もまた視覚テクノロジーによってコード化されたグローバルな関係（それ自体，私的利害，支配的な市場関係の擬態としてある）によって構造化され規整(レギュレート)されている面をもっていることは否定できない。同時に，交換価値の命令と市場の論理とをくぐり抜ける，身体のもつ複合的感受性を豊かに湛えているのも事実である。結局のところ，アーリがいみじくも述べているように，「場所は，一方の非常に厚みのある共存的な相互作用を特徴とする近接性と，他方の，とめどなくフローする，身体的，バーチャル的，想像的に距離を越えて広がるウェブとネットワークとの特定の連鎖とみなすことができる」(Urry 2000: 140) のである。そしてそうであればこそ，場所がグローバルなものへの抵抗の拠点になるとともに，グローバルな世界に深く足をおろしているといえるのである (Castells 1997)。

　ここで付言するまでもないが，以上の展開を受けてあえて指摘しておくなら，場所のナラティブは，国民の伝統やイコンの歴史へとなすすべもなく運ばれていく帰属感や原生的なアイデンティティからではなく，「未知なるものとの接触」(Canetti 1973) において「それぞれの〈私〉がすべての他者たちを，相互に包摂し映発し合う」（見田 1984: 33）ような身体的関係から紡がれていくことになるのである。

　さてこのようにみていくと，あらためてコミュニティの再定式化が場所論の再審と響き合うようなかたちで重要な課題となって浮かび上がってくる。周知のように，社会学ではコミュニティに関してこれまで多様な議論が交わされてきたが，ここにきて自らの境界を横断するようなディシプリンの革新をともなってコミュニティの再定式化が取り沙汰されるようになっている。そこで次項では，以上のような場所論の触発を受けて，コミュニティがどのようにとらえ返されようとしているかについて検討してみよう。

3）コミュニティの再定式化

　これまでみてきたところから明らかなように，コミュニティはもはや解体

のプロセスにあるというよりは，さまざまなグローバルなネットワークやフローと共振しながら，場所に根ざした近接性／「つながり」の感覚をベースに据えて再度立ち現われている。その一方で，明確に境界づけられたコミュニティという概念の有効性がはっきりと問われはじめている。

これまで社会学においてコミュニティという概念で含意されてきたのは，大きくは「範域性」，「共同性」，「交感（コミュニオン）」である。第一のものは通常，地理的近接性にもとづく特定の居住地を，第二のものは局所的に境界づけられた，一定のまとまりを有する社会集団やローカルな制度の相互関係を，そして第三のものはメンバー間の人格的な接触から派生する絆，帰属意識，温情をメルクマールとするような人びとの交流を意味するものである（Bell and Newby 1976）。この場合，とくに第三の「交感」がコミュニティという観念にとって重要な意味をもつわけであるが，それがいまや既述したようなグローバルなフローやネットワーク，そして共存的な居住地における社会関係を重視する視角から，地理的近接性とか境界づけられた相互関係がみられないところでも生じうるとみなされるようになっている。つまり日常的に顔を接することがなくても，また自分たちの身体が同一空間になくても，自分たちはコミュニティのメンバーであると想像することができるし，いわんや国民国家に一様に呑み込まれるものでもないというのである。だからこそ，以前とはまったく異なった定義のもとにあるようなコミュニティを位置づけ直さなければならなくなっている。

その場合，再定式化の前提をなすものとして，(1) これまでコミュニティ論の展開においてみられた「範域性」と「共同性」の行きすぎた強調が，コミュニティを特徴づける内側の不平等な社会関係と外側の人間に対する異常なまでの敵意をカムフラージュしてきたこと，(2) コミュニティが身体を通して感じ取られ／身体の経験に織り込まれていることにあまりにも無頓着であったこと，が反省的に問い込まれなければならない。囲われ境界づけられた人びととその相互作用を過度に重視したために，境界をすり抜けて／越えて感じ取られるよその人との「交感」の形態が無視されてきたのである。そしてそのことが結果的に「コミュニティという用語が，その地域が温かく，

気の合った，対面的な交感にもとづいたものであるという意味を誤って伝える」(Urry 2000: 140) ことになってしまったのである。

　さて，以上の点を踏まえたうえで，いまコミュニティを論ずるにあたってあらためて鍵となるのは，それ（＝コミュニティ）がけっして地理的近接性に「帰っていく」ことはないということに加えて，「制度的な構造よりもむしろコミュニケイティブな過程において生ずる」(Delanty 2003: 187) 可動的な交感にもとづいているということである。この交感が聞くこと，触れること，味わうこと，視ること，動くことの優れた統合を介して非地理的な近接性を再興すると考えられるのである。そしてそうしたコミュニティは，自分たちの空間，自分たちの場所を構成するにしても，またそれゆえに種々雑多な社会集団の記憶の痕跡をとどめているにしても，基本的には意識的なものであり，国を越えて自由に選択されるものなのである。いずれにせよ，今日，コミュニティに対して（ローカルなものや場所に対してそうであったように）国民国家という単一の声で語りかけることがきわめて困難になっている。同時に，さまざまなかたちで噴出しているソシエーションの位相＝〈現在性〉を新たなコミュニティ・パラダイムで説き明かすことが避けられなくなっている[15]。

　それにしても，以上のようなコミュニティの再定式化に対して，ある種グローバルなゲゼルシャフトを措定して，そうしたものにローカルなゲマインシャフトを対置させるといった，いまなお斯界において根強くみられる二分法的な設定がきわめて安易な試みであるということを指摘しておきたい。というのも，そうした二分法的なシナリオを無批判に受容することによって，指摘されるような近接性とか交感が「グローバルな市民社会」にではなく閉じられた国民共同体に回収されていく危険性があるからである[16]。基本は，あくなき市場主義が局所的な「範域性」や内に閉じられた「共同性」を掘り

---

[15] きわめて通俗的な課題の設定であるといわれるかもしれないが，さしあたりソシエーションのグローバルな位置価の測定のうえに，いわゆる「コミュニティ－アソシエーション」（→「町内会－NPO/VA」）といった旧くて新しいテーマをいままさに再審する時期にきているといえよう。

崩しているのとパラレルに，グローバルなフローとネットワークが外に開かれ，しかも身体に媒介されたコミュニティのための磁場を構成しつつある（Delanty 2003: 195）ことに対して柔軟なまなざしをもちえるかどうかである。

4）オルタナティブをもとめて

以上，グローバル化をグローバルなフローとネットワークの相(フェイズ)でとらえ返したうえで，そうしたフローとネットワークの積み重ねが「グローバルな市民社会」の形成と展開を促していることを述べた。さらにそうした「グローバルな市民社会」が特定のナショナルな文脈から離脱した集合性／関係性をはぐくみ，そこにローカルなものと場所が位置づくことを明らかにした。ますますメディア化していく現代の市民社会は，バーチャリティがもたらす底のない不安を抱え込みながら，いったんはその地平に降り立って，コミュニタリアンとリバタリアンの不毛な論争によって傷ついた場所を寄り戻していくしかないのである。そしてこの自覚的な問い込みが場所に対する新しい「読み」＝ナラティブを可能にするのである。むろん本章は，全体としてみれば，ナラティブの了解事項を部分的に提示したにすぎず，またそうした点では場所のナラティブはいままさに始まったばかりであるといわざるをえない。

しかしそれにしても，われわれを深く包み込んで展開している「グローバルな市民社会」は，（われわれを）ますます予測不可能でカオス的なシステムへと導いているようにみえる。いまや「グローバルな市民社会」とともに語られる傾向のあるトランスナショナルな市民の連携は，いくつもの境界(デバイド)を乗り越える一方で，その数倍の境界を新たにつくり出しているようにみえる[17]。「グローバルな市民社会」を活性化している，グローバルなフローとネットワークを通底するフラクタクルなものが脱秩序化から再秩序化の機制

---

16) こうした危険性に陥らないためにも，伊豫谷が指摘する「ナショナルな存在への批判とグローバリゼーションへの対抗の双方をおこないうる場」（伊豫谷 1998:235）としてのコミュニティを築きあげていく必要があろう。

へと反転して,特定の権力／知の布置構成のための布石となること,また場所が複数的で多元的な「読み」から正統とされる「読み」に回帰するといったことが絶対にないとはいえないのである。

 国民国家の持続的な権力の保持がもはや困難であることについてはすでに述べた。しかし上述のような「グローバルな市民社会」の反転あるいは場所の「読み換え」と符節を合わせるようにして,国家が「社会的調整者」としての役割を「監視社会」を深める方向で機能純化していくであろうことは,十分に想定される。そのときふたたび高まるであろうグローバル化懐疑論(=清算主義的否定論)に対して,われわれはどのようなオルタナティブを提示しうるのであろうか。いずれにせよ,われわれが抱え負っている課題は途方もなく遠大であるといわざるをえない。

参考文献
天児慧ほか編(1999)『岩波 現代中国事典』岩波書店。
アパデュライ,A.(2002)門田健一訳「グローバル文化経済における乖離構造と差異」『思想』933号(Arjun Appadurai, *Modernity at Large: Cultural Dimension of Globalization*, Minneapolis: University of Minnesota Press, 1996)。
バウマン,Z.(1995)向山恭一ほか訳『立法者と解釈者——モダニティ・ポストモダニティ・知識人』昭和堂(Zygmunt Bauman, *Legislators and Interpreters*, Cambridge: Polity, 1987)。
Bell, C. and H. Newby (1976) 'Communion, communalism, class and community action: the sources of new urban politics', in D. Herbert and R. Johnston (eds), *Social Areas in Cities*, vol. 2, Chichester: Wiley.
Brodie, J. (1998) 'Global citizenship: Lost in space', Rights of the City Symposium, University of Toront, June.
Canetti, E. (1973) *Crowds and Power*, Harmondsworth: Penguin.
Castells, M. (1997) *The Power of Identity*, Oxford: Blackwell.
Delanty, G. (2003) *Community*, London & New York: Routledge.
Deleuze, G. and F. Guattari (1986) *Nomadology*, New York: Semiotext.

---

17) いうまでもなく,この文脈で注目されるのは,グローバル・シティのみならず第三世界のメガシティにおいていわゆるゲイティド・コミュニティ(gated community)があちこちで出現していることである(Keller 2003: 260-261)。なお,ここで付け加えておくなら,ゲイティド・コミュニティはすぐれて既述した「監視社会」の裏面を構成している。

Fabian, J. (1992) *Time and the Work of Anthropology: Critical Essays, 1971-91*, Chur, Switzerland: Harwood.

ギデンズ,A. (1993) 松尾精文・小幡正敏訳『近代とはいかなる時代か? モダニティの帰結』而立書房 (Anthony Giddens, *The Consequences of Modernity*, Cambridge: Polity, 1990)。

Harvey, D. (1996) *Justice, Nature and the Geography of Difference*, Oxford: Blackwell.

ハーヴェイ,D. (1999) 吉原直樹監訳『ポストモダニティの条件』青木書店 (David Harvey, *The Condition of Postmodernity: An Enquiry into the Origins of Cultural Change*, Oxford: Blackwell, 1989)。

Ingold, T. (1993) 'Globes and spheres: the topology of environmentalism', in K. Milton (ed.), *Environmentalism*, London: Routledge.

伊豫谷登士翁 (1998)「グローバリゼーションとナショナリズムの相克」伊豫谷登士翁ほか編『グローバリゼーションのなかのアジア——カルチュラル・スタディーズの現在』未來社。

Jones, S. (1995) 'Understanding community in the information age', in S. Jones (ed.), *Cybersociety*, London: Sage.

コーエン,R. (2001) 駒井洋監訳『グローバル・ディアスポラ』明石書店 (Robin Cohen, *Global Diasporas*, London: UCL Press, 1992)。

コーク,P. (1995) 坂井達郎訳『ポストモダンと地方主義』日本経済評論社 (Philip N. Cooke, *Back to the Future: Modernity, Postmodernity and Locality*, London: Unwin Hyman, 1990)。

ルフェーヴル,H. (2000) 斉藤日出治訳『空間の生産』青木書店 (Henri Lefebvre, *La production de l'espace*, Paris: Édition Anthropos, 1974)。

Ma, L. J. C. and L. Cartier, eds. (2003) *The Chinese Diaspora: Space, Place, Mobility and Identity*, Lanham: Rowman & Littlefield Publishers.

マーシャル,T. H./T. B. ボットモア (1993-98) 岩崎信彦・中村健吾訳『シティズンシップと社会的階級』法律文化社 (Thomas H. Marshall and Thomas B. Bottomore, *Citizenship and Social Class*, London: Pluto, 1992)。

マルクス,K. (1964) 城塚登・田中吉六訳『経済学・哲学草稿』岩波書店 (Karl Marx, *Ökonomisch-philosophische Manuskripte*, in *MEW*, Erg. Ed. 1, 1844)。

マルクス,K./F. エンゲルス (2002) 廣松渉編訳『新編輯ドイツ・イデオロギー』岩波書店 (Karl Marx/Friedrich Engels, *Die deutsche Ideologie*, 1845-1846)。

Mckay, G. (1996) *Senseless Acts of Beauty*, London: Verso.

マッシー,D. B. (2002) 加藤政洋訳「権力の幾何学と進歩的な場所感覚」『思想』933号 (Doreen B. Massey, 'Power-geometry and a progressive sence of place', in J. Bird *et al.* eds., *Mapping the Futures: Local Cultures, Global Changes*, London & New York: Routledge, 1993)。

見田宗介 (1984)『宮沢賢治』岩波書店。

モーリス–スズキ,T. (2002) 大川正彦訳「NGOにたいするイエスとノー」『思想』

933 号(Tessa Morris-Suzuki, 'For and against NGOs: the politics of the lived world', *New Left Review*, Mar./Apr. 2000)。
遠城明雄(1998)「都心地区の衰退と『まちづくり』活動をめぐって」荒山正彦・大城直樹編『空間から場所へ——地理学的想像力の探求』古今書院。
オルブロウ,M.(2000)会田彰・佐藤康行訳『グローバル時代の歴史社会学』日本経済評論社(Martin Albrow, *The Global Age*, Cambridge: Polity, 1996)。
パワー,M.(2003)國部克彦・堀口真司訳『監査社会——検証の儀式化』東洋経済新報社(Michael Power, *The Audit Explosion*, London: Demos, 1994)。
Scannell, P.(1996)*Radio, Television and Modern Life*, Oxford: Blackwell.
Soysal, Y.(1994)*Limits of Citizenship: Migrants and Postnational Membership in Europe*, Chicago: University of Chicago Press.
Urry, J.(2000)*Sociology beyond Societies: Mobilities for the Twenty-first Centry*, London & New York: Routledge.
吉原直樹(2004)『時間と空間で読む近代の物語——戦後社会の水脈をさぐる』有斐閣。
Yuval-Davis, N.(1997)*National Spaces and Collective Identities: Borders, Boundaries, Citizenship and Gender Relations*, Inaugural Lecture, University of Greenwich.

---------- あとがき ----------

　本書は，二十数年間にわたって都市社会の構造と変動を理論的，経験的に分析してきた社会学研究グループが，これまでの調査研究の蓄積を踏まえながら，グローバル化の進展とともにかつてない変容を余儀なくされつつある都市的世界の「いま」を，さまざまなアングルから浮き彫りにしようとしたものである。こんにち，都市的世界を分析する方法と枠組みは無数にあり，しかもそれらは容易に和解しがたい状態にある。少なくともいまのところ，「神々の闘争」（ウェーバー）が「神のみえざる手」（スミス）に回収される気配はない。他方，都市をめぐる言説はといえば，夥しい数にのぼり，それにともなって都市の表象形式が無秩序に増殖している。
　こうした状況下で，私たちはモノグラフの累積とともにこれまで展開し推敲してきたいくつかの方法の到達点を踏まえながら，都市的世界の現実に即してそれらを練り直し分析へと適用することにした。これが成功しているかどうかは読者の判断にゆだねるしかないが，本書はそのことを各執筆者がごく緩やかに確認するところから出発している。
　さて，本書の企画に加わった執筆者が都市に寄せる思いはさまざまであり，都市を取り上げる切り口もまた多様である。しかしそれぞれの論述を仔細に検討してみると，そこには共通に認識されている都市的現実があるように思われる。ひとつは，都市を境界づけるものがきわめてあいまいになっていること，いいかえれば，都市が一定の枠にとどまらない流動体のような性格を帯びるようになっていることである。そしていまひとつは，都市を構成するものが，さまざまな要素のハイアラーキカルな組成体というよりはむしろ，各要素がリゾーム状に立ち上がってアーティキュレーション（節合）を経な

がら織り成すネットワーク状のものとしてあることである。

　やや比喩的な言い方になってしまったが，本書のタイトルは，そうした都市的現実を文字どおり「越境する都市」と「ガバナンス」という2つのキーワードによって示しているといえる。たしかに，本書に寄せられている各論文は論述のスタイルにおいてきわめて個性的であり，また論の射程も複雑に分岐している。しかしそれらをたぐり寄せてひとつの道筋をつけてみると，そこに通底するものが上述の2つのキーワードであることもまた事実である。

　グローバル化とともに語られる都市は，さまざまな言説と修辞をもって語り尽くすにはあまりにも奥行きが深く統御しがたい，どこまでも続く姿態の拡がりを有している。だからこそ，理論的世界と経験的世界の間にたって自己反省的な問いを発する〈知〉の枠組みがもとめられている。果たして，本書のもとに結集した執筆者たちがどの程度この〈知〉の枠組みを共有しているかについては，ふたたび読者の判断にゆだねることになろう。

　なお，ここで本書成立の経緯について，ひとこと触れておきたい。先に述べたように，本書は二十数間にわたってさまざまな都市に向き合ってきた社会学研究グループがこれまでの研究蓄積を踏まえつつ，都市の「いま」を明らかにするために上梓したものである。と同時に，この研究グループを主導してきた似田貝香門氏の退職に符節をあわせ，ささやかながらグループ一同，本書の刊行をもって同氏の学恩に報いたいと考えて企画した。ちなみに，矢澤と吉原は企画全体の進行役として編者をお受けしたものである。

　最後になったが，本書の刊行にあたっては法政大学出版局編集部の勝康裕氏にたいへんお世話になった。企画から刊行までの期間は異例ともいえるほど短いものであったが，氏はきわめて手際よくわれわれを導いてくださった。氏のご尽力がなければ，本書は日の目をみることはなかったであろう。編者・著者を代表して感謝したい。

2006年1月

矢澤　澄子
吉原　直樹

事項索引

[ア 行]
アイデンティティ
　　――に縛られた場　216
　　　抵抗的――　223
　　　文化的――　77
新しい原始部族社会　219, 221
アーバンルネッサンス　82
アメとムチ　190
新たなる行為　17, 23
異議申立て　9, 18
生きられる（生きられた）経験　183
意味　2-3, 5
埋め込まれた自由主義　118
越境的ダイナミズム　2-3, 24
nDK＝家族モデル　91
遠近法主義空間　224
大きな物語　36
表向きの民主化　95
「お礼奉公」的就業　14

[カ 行]
介護
　　――の私事化　156
　　――の社会化　156-157
介入主義　45
開発計画制度　94
開発者負担　65
「顔の見える」関係　24
家計補充型就労者　161
囲われたアットホームネス　216
家族
　　個人化する――　154
　　ポストモダン――　128
家庭生活支援サービス（の職業）　159, 164

ガバナビリティの喪失　132
ガバナンス
　　ガバメントから――へ　55
　　環境――　189
　　グローバル・――　137
　　国際政治――　189
　　コーポレート・――　189
　　ソーシャル・――　132-133, 136, 138-139
　　ローカル・――　137, 139, 182, 187
　　ローカル・ソーシャル・――　138
カルチュラル・スタディーズ　222
環境自治体　200
監査（視）社会　220-221
間主観的な界面現象　27
感情管理　143, 163
〈危機の論理〉　100, 105
企業城下町　90
疑似家族環境　164
規制
　　――緩和　82-83
　　――撤廃　127
既成知　22
帰属の政治学　150
希望　18, 23
客観的現実（actuality）　20
境界性（マージナリティ）　209
境界線のある領土　212, 219
境界地域支援プログラム　78
共通社会政策　135
協働　109, 176, 181
　　官民――　100
　　競争と――　47
　　――的相補性　183

237

公民── 170
　　住民── 170
　　民民── 170
共同的消費手段　91
居住収縮　170-171, 184-187
近接性　iii
　　──への衝動　224
金融の自由化　118
空間
　　──規範　187
　　──的実践　176, 183
　　──の規範　172
　　──の表象　176, 183, 187
　　経験する──　176
　　表象の──　175, 181
〈組み込み agencement〉　2-3, 17-19
グローカル化　137
グローバル
　　──構造決定モデル　48
　　──・シティ　38-39, 48
　　──・スタンダード　37
　　──都市　64
　　──都市地域　38
　　──な競争　51
　　──な空間　117
　　──な市場化　149
　　──な市民社会　iv
　　──な流動体　226
グローバル化
　　──懐疑説（論）　116, 232
　　──の種差的（な）特徴　117-118
　　経済の──　147
　　ポスト・──　56
ケア
　　──空間　163
　　──・サービス　144-149, 157, 161-163
　　──・ニーズ　144, 146-149, 153
　　──の危機　141-142, 144-145, 148, 150, 153-155, 164
　　──の教育　166
　　──の私事化　155

──の市場化　147
──の場　142, 150, 163-164
──の文化　166
──ワーク　142-145, 161-164
ユニット・──　164
計画技術の内閉性　185-186
決定権限の分散　104
建築自由　97
権力の真空　20
合意形成論　100
交感（コミュニオン）　229-230
公共性
　　強い──　152-153
　　弱い──　152-153
公共の意図　176-177, 186
〈構造化〉　1, 5
構造の現出　7
構造分析
　　主体を介しての──　6, 17, 19, 21, 28, 30
　　争点アプローチとしての──　7, 9, 17
国民主義（ナショナリズム）　130
個人化　115-116, 119-121, 124, 127-130, 137-138
　　本質的な──　128
個人主義　120-122
　　新しい──　122-123
　　──的ライフスタイル　130
国家
　　シュンペーター的ワークフェア　134
　　領域型──　135
国境を越えた共同体　219
個別化　128
コミュニティ
　　ゲイティド・──　201, 232
　　──行政　93
　　──事業　107
　　──「新部族」　214
　　──政策　92
　　──戦略　75, 77
　　──・ニューデール　75
　　──・ビジネス　30, 108

──・ベースの地区再生　110
バーチャル・──　210, 221, 223
──論の再定式化　iii
福祉──　101
防災──　101
コモンズ　107, 182-183
──化　180
〈collage-montage 法〉　15
コンパクトシティ　110

[サ 行]
再埋め込み　30
再帰性（reflexivity）　22
──問題　19
相互的──　19
最小介入原理　72
最大近接原理　72
〈裂け目〉　20
サステイナビリティ　iv
サステイナブル
──・シティ　61-62, 72-74, 76-79, 83-85
──・シティズ・キャンペーン　73
──・シティズ・プロジェクト　73
──な開発　61, 72
──な都市発展　72
──な発展　59, 60
サブシディアリティ　176
──の原理　71
ジェンダー　iv
──・ジャスティス　144, 156
私化（privatization）　91
視覚至上主義　227
時間
──的危機　147
──と空間の圧縮　222
──による空間の絶滅　225
自己決定　195
自己統治　191
自己包絡　100
私事化　128

市場
──の社会的深化　146
──の限界　73
──の失敗　94, 121
持続性問題　54
自治体間競争　198
シティ
グリーン・──　76
グローバル・──　232
──・リージョン　77-78
シティズンシップ　iv
ナショナル・──　149
パフォーマティヴな──　212
フロ の　211
「シティ・チャレンジ」　75
資本主義的近代性　151
〈資本の論理〉　61, 95
社会
自己組織化する──　55
──の再生産　5
複雑化した──　1
社会学的な怪物　120
社会権としてのケア（介護）権　157
──の保障　166
社会条項アプローチ　135
社会的
──総合問題　54
──入院　157
──排除　152
ジャーナリズム
市民──　196
パブリック・──　196
集合主義（コレクティビズム）　128, 130
集合的消費　127, 130
住宅継承　187
自由な意志決定　185
住民運動
──組織関連図　7
──展開過程図　7, 10
──展開モデル　7, 11
住民参加

事項索引　239

——型福祉　129
　　——の義務化　96
縦列型競争　198
主観的現実（reality）　20
主体
　　身体という——　20
　　——なき過程　5
　　強い——　192, 194, 200
　　弱い——　192, 200-201
主婦化　153
準市場　157-158
新自由主義　35, 45, 47, 50-51, 56
　　ポスト——　56
身体の経験　227
新都市計画法　80-81
新保守主義　54
進歩的な場所感覚　225
親密圏
　　個別の——　163
　　内閉的な——　154
親密性　iii
隙間　2-3, 17, 20, 189
スマート・グロース　67-68, 70
生
　　——の協約可能性　24
　　——の孤独化　102
　　——の固有性　23-27
　　よき——　142
生活
　　——中心モデル　164
　　——の質　62, 67, 70, 85
　　——利便性　177
〈生活の論理〉　95, 97, 105
成功哲学　51
政策知　53-55
成長管理
　　——型都市　61-62
　　都市（の）——　60, 64, 79, 81, 85
成長マシーン　48
制度的問題化　172
生命系　205

世界機械　219, 221
世界都市
　　失速する——　42
　　——化　37
　　——概念　40
　　——仮説　35, 38
　　——軌道　40
　　——研究　38
　　——政策　45
　　——パラダイム　36
　　——ブーム　51
　　——モデル　41
　　——論　35-37, 41
　　なりたがり　42
　　ヘゲモニー依存型——　52
　　マネーサプライヤー型——　39
「世界」の開離　213
世界の幾何学化　223
セクショナリズム　99
絶対時間　224
線形性　4
戦後住宅政策の終焉　169
全人的介護モデル　164
専門的媒介者　104
想像上の統一空間　50
創造的な境界性　224
創造都市　54
〈争点 issue〉　18
ゾーエーとビオス　23
ソシエーション　214, 230
sociology
　　radical ——　22
　　reflexive ——　22, 28
ソーシャル・ダンピング　125, 134
ゾーニング　63-64, 94
　　——手法　68
　　——制度　80
　　ダウン・——　64, 83
　　排他的——　63
　　ミッドタウン・——　64

[タ　行]

体感治安　201
大競争　124-126
第二の産業循環　204
宅地開発指導要綱　80-81
多元化　199
多国間投資協定　136
戦う知事会　192
脱・学問分野　209
脱統合　iii
脱領土化されたフロー　220
多様化　199
団塊世代の帰農　195
団体主義　122, 127
〈地域〉
　　古典的——　201, 203
　　プロト——　203, 207
　　リスク——　201, 207
地域通貨　206
地域福祉の主流化　156
小さくても輝く自治体　192, 199-200
「小さな家族」化　155
地区計画　94
　　——制度　99, 103
"地区政策"　96
知識ギャップ仮説　202
地方の時代　99
中世主義　216
「調査者 - 被調査者」関係　21-22
〈町内〉　89, 92, 106
　　——的組織　89
町内会　89-90, 92-93, 101, 108, 230
〈通過点〉　16
ツーリズム
　　アグリ・——　195
　　グリーン・——　195
つぎあわされた総体　20
〈出会い recontre〉　23, 25-26
ディアスポラ化　213-214
提案M　64, 66
底辺への競争　126

ディレクトリ　194
伝統的なケア・ジェンダー観　161
討議争点　22
東京テレポートタウン　52
都市
　　健康——　76
　　〈産業型〉——　89
　　〈伝統消費型〉——　89
　　——美　63
　　——への帰属　150
　　農村——　89
都市間競争　198
　　グローバルな——　40
　　国際——　198
都市再生特別措置法　83
（都市）成長管理策　64, 70, 82, 84
都市成長境界線　69
都市の成長主義的開発　60
「共 - に - あること」　21

[ナ　行]
内発的発展　85
ニュー・アーバニズム運動　68
農都交流　195

[ハ　行]
「敗者」の経験　37
場所
　　——のアイデンティティ　225
　　——のオルタナティヴな解釈　226
　　——の強化・再演　210, 225
　　——の仕掛け　225
　　——の論理　204
パートナーシップ
　　——型の地域再生事業　74-75
　　——組織　75-76
　　地域戦略——　76
ハビトゥス　50, 174, 176
パブリック・アクセス　196
バンコ　178-180, 182
反省的な生き方　123

反まちづくり的（な）構造　178, 181, 186
非人間的なハイブリッド　223
標準家族　153
フォーディズム　129
不完全な市民　211
複雑性　3-5
福祉国家
　　ケインズ主義的――　134
　　――の危機　101, 119
　　――レジーム論　133
福祉多元主義　132-133
複数性　iii
planning
　　physical――　87, 92, 98, 103, 105-106, 110
　　social――　87
フロー（の）論理　204, 206
文化帝国主義　223
分権化　96
平成の大合併　190, 192
並列型競争　198
ヘゲモニー国家　41
封建的な中間集団　120
放置住宅問題　170
歩行環境　171
ポスト工業化社会　141
ポストブルジョワモデル　152
ホーム・ルール憲章　69
ボランタリズム　24
　　ミクロ・――　24, 27

[マ　行]
まちづくり
　　市民主体の――　99
　　テーマ型――　85
　　――会社　107
　　――協議会　104, 172
　　――条例　84
　　――トラスト　74
見えざる手　121
見捨てられた境遇　200

未知なるものとの接触　228
ミッションベイ　65-67
民活路線　101
民主主義
　　草の根――　63, 66, 70
　　直接――　66
無意識の豊かさ　165
「メジャー7」　70
メトロ　69-70
モダンリビング　153

[ヤ　行]
やまさか　173-174, 176, 183
〈有限性のあらわ〉　27

[ラ　行]
リアクション
　　コミュニタリアン的な――　216
　　ネオリベラル的な――　216
リージョン
　　サブ・――　29
　　トランスナショナルな――　62
　　マクロ・――　28
　　ミクロ・――　29
リスク
　　環境――　216
　　コミュニティ・――　182
　　――社会　120
リテラシー・ギャップ　202
リバブル・アジェンダ　68
猟場番人　219
リンケージ政策　64-65
労働の柔軟化　128
「ローカル・アジェンダ21」　72-74, 76-77

[ワ　行]
ワーク
　　アンペイド――　142, 154
　　ディーセント・――　143, 162
　　ペイド――　142, 144

人名索引

[ア 行]

アーリ（Urry, John） 211, 217, 224, 228
アレント（Arendt, Hannah） 23, 200
イグナティエフ（Ignatieff, Michael） 150–151, 152
石塚又造 191
伊豫谷登士翁 231
イリイチ（Illich, Ivan） 5, 20
インゴールド（Ingold, Terry S.） 226
内橋克人 204
エスピン－アンデルセン（Esping-Andersen, Gøsta） 133
エンゲルス（Engels, Friedrich） 226–227

[カ 行]

カステル（Castells, Manuel） 214, 217–218, 222, 223–224
カーソン（Carson, Rachel） 62
ガタリ（Guattari, Felix） 219, 221
加茂利男 39
カント（Kant, Immanuel） 4
ギデンズ（Giddens, Anthony） 122–123, 217
木村　敏 27
キャンベル（Campbell, Colin） 130
クラッセン（Klassen, David R.） 59
クリントン（Clinton, Bill） 68
コーエン（Cohen, Robin） 213

[サ 行]

齋藤純一 145, 151
佐々木利明 178
佐々木信夫 198
サッセン（Sassen, Saskia） 35, 36, 38, 40, 41
志賀　勉 170, 179
ジョーンズ（Jones, Steven G.） 213
ジョンソン（Johnson, Norman） 132
セイル（Sale, Kirkpatrick） 206
ソイサル（Soysal, Yasemin N.） 211

[タ 行]

ダイシー（Dicey, Albert V.） 121–122
玉野井芳郎 205
玉野和志 89
都留重人 61
鶴見和子 85
デカルト（Descartes, Rene） 224
デュルケム（Durkheim, Emile） 119–120, 124
ドゥルーズ（Deleuse, Gilles） 219, 221
トゥレーヌ（Toulaine, Alain） 20

[ナ 行]

中谷健太郎 204–205
中邨　章 130–132
名和田是彦 104

[ハ 行]

ハイデガー（Heidegger, Martin） 213, 225
ハーヴェイ（Harvey, David） 222–224, 225
バウマン（Bauman, Zygmund） 219
花崎皋平 4
ハーバーマス（Habermas, Jürgen） 152
パワー（Power, Michael） 220
ピーターズ（Peters, B. Guy） 130
ファビアン（Fabian, Johannes） 227
ブクチン（Bookchin, Murray） 206

243

フーコー（Foucault, Michel）　5, 20
藤村正之　133
フリードマン（Friedmann, John）　35, 36, 40, 48
フレイザー（Fraser, Nancy）　152, 165
フレイレ（Freire, Paulo）　5
ブローディ（Brodie, Janine）　215
ベック（Beck, Ulrich）　120-121, 124, 127

[マ　行]
マーシャル（Marshall, Thomas H.）　210
マッケイ（Mckay, George）　214
マッシー（Massy, Doreen B.）　225-226

マルクス（Marx, Karl）　225, 226-227
宮川幸夫　178
宮本憲一　61, 79

[ヤ　行]
山田昌弘　128
ユーヴァル-ディヴィス（Yuval-Davis, Nira）　211

[ラ　行]
ラギー（Ruggie, John G.）　135-136
ルフェーブル（Lefebvre, Henri）　204

執筆者紹介（執筆順，＊は編者）

似田貝 香門（にたがい・かもん）＊
1943 生まれ
現在，東京大学大学院人文社会系研究科教授
主要著作：『社会と疎外』世界書院，1984 年；『都市社会とコミュニティの社会学』日本放送出版協会，1994 年；『都市政策と市民生活——広島県福山市を対象にして』（共編）東京大学出版会，1993 年

町村 敬志（まちむら・たかし）
1956 年生まれ
現在，一橋大学大学院社会学研究科教授
主要著作：『「世界都市」東京の構造転換——都市リストラクチュアリングの社会学』東京大学出版会，1994 年；『越境者たちのロスアンジェルス』平凡社，1999 年；『開発の時間 開発の空間——佐久間ダムと地域社会の半世紀』（編著）東京大学出版会，2006 年

西山 八重子（にしやま・やえこ）
現在，金城学院大学現代文化学部教授
主要著作：『イギリス田園都市の社会学』ミネルヴァ書房，2002 年；「都市空間の商品化と〈住むこと〉の復権——東京の都心問題から」『都市問題』第 91 巻第 10 号，2000 年；「人間の顔をした都市再生を求めて」（共著）『世界』第 708 号，2002 年。

清水　亮（しみず・りょう）
1967 年生まれ
現在，東京大学大学院新領域創成科学研究科助教授
主要著作：「震災復興のまちづくりと土地利用——コミュニティ復興の現状と課題」地域社会学会編『シティズンシップと再生する地域社会』（地域社会学会年報第 10 集）1998年；「問題の制度的解決と非制度的解決」地域社会学会編『地域における「公共性」の再編成』（地域社会学会年報第 14 集）2002 年；「問題解決過程に見る『地域の多様化』——震災復興の事例から」地域社会学会編『分権・合併・ローカルガバナンス——多様化する地域』（地域社会学会年報第 16 集）2004 年。

武川 正吾（たけがわ・しょうご）
1955 年生まれ
現在，東京大学大学院人文社会系研究科教授
主要著作：『社会政策のなかの現代』東京大学出版会，1999 年；『福祉社会の社会政策』法律文化社，1999 年；『韓国の福祉国家・日本の福祉国家』（共編著）東信堂，2005 年

矢澤 澄子（やざわ・すみこ）＊
1942 年生まれ
現在，東京女子大学文理学部教授
主要著作：『講座社会学　ジェンダー』（共編著）東京大学出版会，1999 年；『少子化時代のジェンダーと母親意識』（共編著）新曜社，2000 年；『都市環境と子育て──少子化・ジェンダー・シティズンシップ』（共著）勁草書房，2003 年

森反 章夫（もりたん・あきお）
1952 年生まれ
現在，東京経済大学現代法学部助教授
主要著作：「街づくりとローカル・ガバナンス」地域社会学会編『〈ローカル〉の再審』（地域社会学会年報 17 集）2005 年；「マイナー・プラニングの実践について」延藤安弘編『「人と縁をはぐくむまち育て──まちづくりをアートする』萌文社，2005 年；「『家族は解体するか』の問いかけの構図」都市住宅学会編『都市居住の未来──データで読みとく』学芸出版社，2005 年

中澤 秀雄（なかざわ・ひでお）
1971 年生まれ
現在，千葉大学文学部助教授
主要著作：『住民投票運動とローカルレジーム』ハーベスト社，2005 年；「争議のサイクルとレパートリーからみる社会変動」曽良中清司ほか編著『社会運動という公共空間──理論と方法のフロンティア』成文堂，2004 年；「サステナブル都市論と日本の環境自治体政策」『日本都市社会学会年報』22 号，2004 年

吉原 直樹（よしはら・なおき）＊
1948 年生まれ
現在，東北大学大学院文学研究科教授
主要著作：『都市空間の社会理論──ニュー・アーバン・ソシオロジーの射程』東京大学出版会，1994 年；『都市とモダニティの理論』東京大学出版会，2002 年；『時間と空間で読む近代の物語──戦後社会の水脈をさぐる』有斐閣，2004 年

越境する都市とガバナンス

2006年3月17日　初版第1刷発行

編著者　似田貝香門・矢澤澄子・吉原直樹
発行所　財団法人　法政大学出版局
　　　　〒102-0073　東京都千代田区九段北3-2-7
　　　　電話03(5214)5540／振替00160-6-95814
　　　　製版・印刷　平文社／製本　鈴木製本所

Ⓒ 2006 Kamon NITAGAI, Sumiko YAZAWA,
　　　 Naoki YOSHIHARA
ISBN4-588-67511-7　　Printed in Japan

場所を消費する
J. アーリ／吉原直樹・大澤善信監訳 ……………………………………4800円

観光のまなざし
J. アーリ／加太宏邦訳 ………………………………………………………3300円

都市とグラスルーツ　都市社会運動の比較文化理論
M. カステル／石川淳志監訳 ………………………………………………14000円

グローバル化シンドローム
J. H. ミッテルマン／田口富久治・中谷義和他訳 ………………………4700円

人間はどこまでグローバル化に耐えられるか
R. ザフランスキー／山本尤訳 ……………………………………………1600円

他者の受容　多文化社会の政治理論に関する研究
J. ハーバーマス／高野昌行訳 ……………………………………………4500円

討議倫理
J. ハーバーマス／清水多吉・朝倉輝一訳 ………………………………3300円

近代の観察
N. ルーマン／馬場靖雄訳 …………………………………………………2800円

社会の法（1・2）
N. ルーマン／馬場靖雄・上村隆広・江口厚仁訳 ………（1）4400円／（2）4600円

文化の場所　ポストコロニアリズムの位相
H. K. バーバ／本橋哲也・正木恒夫・外岡尚美・阪元留美訳 …………5300円

PR!　世論操作の社会史
S. ユーウェン／平野秀秋・左古輝人・挾本佳代訳 ……………………6900円

老人ホームの錬金術
T. ダイヤモンド／工藤政司訳 ……………………………………………2800円

東京に働く人々　労働現場調査20年の成果から
松島静雄監修／石川晃弘・川喜多喬・田所豊策編 ……………………3500円

事実の都市
五十嵐敬喜＋美しい都市をつくる研究会 ………………………………2700円

都市と思想家（Ⅰ・Ⅱ）
石塚正英・柴田隆行・的場昭弘・村上俊介編 ………（Ⅰ）3000円／（Ⅱ）3300円

法政大学出版局　（表示価格は税別です）